Kremlchefs

Herausgegeben
von
Lothar Kölm

KREMLCHEFS

Politisch-biographische
Skizzen
von Lenin bis Gorbatschow

Dietz Verlag Berlin

Bildnachweis:
Dietz Verlag Berlin (2), ADN-Zentralbild (5)

Kremlchefs : politisch-biographische Skizzen
von Lenin bis Gorbatschow / Hrsg. von Lothar Kölm. –
Berlin : Dietz Verlag GmbH, 1991. – 239 S. : 7 Abb.

ISBN 3-320-01697-0

Mit 7 Abbildungen

© Dietz Verlag Berlin GmbH 1991
Typographie: Sylvia Lang
Einband und Schutzumschlag: Ines Bussenius
Printed in Germany
Gesamtherstellung: Graphischer Großbetrieb Pößneck GmbH
Ein Mohndruck-Betrieb

Vorwort

Während des Gipfeltreffens zwischen Michail Sergejewitsch Gorbatschow und Ronald Wilson Reagan im Dezember 1987 in Washington kam es zu einem interessanten Ideenaustausch. Reagan zitierte den amerikanischen Philosophen Ralph Waldo Emerson, daß es eigentlich keine Geschichte, sondern nur Biographien gäbe. Kommentierend fügte der Präsident hinzu, daß es falsch wäre, die Geschichte einfach auf Kräfte und Faktoren zu reduzieren. Gorbatschow stützte sich in seiner Erwiderung ebenfalls auf ein Emerson-Zitat – der Lohn einer vollbrachten Leistung, so gab er zu bedenken, bestehe darin, sie vollbracht zu haben.

Die sich seit 1985 in der Sowjetunion vollziehenden Entwicklungen zwingen zu neuen Überlegungen und Fragestellungen, auch hinsichtlich der politischen Geschichte des Landes. Das Thema Persönlichkeit und vollbrachte historische Leistung ist dabei von exponierter aktueller Bedeutung für ein Geschichtsverständnis, das frei ist von Schablonen, Vereinfachungen, von Apologien und von Affirmations- und Legitimationsdogmen. Ein Geschichtsnihilismus, wie er in der sowjetischen Publizistik immer mehr zu beobachten ist, kann dazu keinen konstruktiven Beitrag leisten.

Zum gegenwärtigen Zeitpunkt – Sommer 1991 – müssen Aussagen und Wertungen zur sowjetischen Geschichte, auch im Detail, mehr den Charakter von Fragestellungen haben. Tragfähige Konzepte könnten erst durch eine umfassende Diskussion über das Wesen und den Inhalt sowie über konkrete Sachverhalte der sowjetischen Geschichte, d. h. des Sozialismus, erarbeitet werden. Dabei ist generell der theoretische Anspruch im Kontext des historischen Prozesses, der praktizierten Wirklichkeit zu prüfen, womit die eigentliche Schwierigkeit benannt ist.

Die Autoren des Bandes näherten sich diesem Problem auf unterschiedliche Weise, was erklärte Absicht war.

Auf eine inhaltlich-konzeptionelle »Vereinheitlichung« der Beiträge wurde daher bewußt verzichtet. Vielmehr sollte die individuelle »Handschrift« zur Geltung kommen. Kontroverse Standpunkte sind deshalb nicht ein Makel oder ein Ausdruck konzeptioneller Defizite, sondern gehegte Hoffnung.

Berlin, im Juni 1991   Lothar Kölm

Wladimir Uljanow-Lenin

(1870–1924)

Ludmila Thomas

7

»Wir sagen: Lenin
und meinen: die Partei;
Wir sagen: die Partei –
und meinen: Lenin.«

W. Majakowski

Majakowskis Zeilen, in höchster Verehrung kurz nach Lenins
Tod geschrieben, wirken heute wie eine Anklage oder zumindest wie die Bekräftigung eines Verdachtsmomentes. Dies
wird durch die Tatsache, daß niemals ein völlig stimmiges Bild
des Dichters existiert hat, kaum entkräftet. Wenn es auch im
Empfinden des Volkes eine so weitgehende Identität von Partei und Führer nicht gegeben hat, so hat der Dichter doch etwas seiner Zeit Eigenes erfaßt: den heute kaum nachzuempfindenden Stolz auf Lenins größte Schöpfung – die Partei der
Bolschewiki.

Lenins Tod im Januar 1924 war für viele Persönlichkeiten aus
Politik, Wissenschaft und Kultur in aller Welt Anlaß, sich über
seine Person und sein Wirken zu äußern. Auch Karl Kautsky,
der bedeutendste ideologische Gegner Lenins in der deutschen Sozialdemokratie, zählte dazu.[1] Eines hat seine Art, Lenins Größe zu demonstrieren, mit Majakowskis Art gemeinsam: Sie hat heute eine Wirkung, die auf groteske Weise der
von damals entgegengesetzt ist. Lenin sei, schrieb Kautsky an
den »Iswestija«-Redakteur Solski, »eine Kolossalfigur gewesen,
wie ihrer nur wenige in der Weltgeschichte zu finden sind«.
Bismarck sei unter den Regenten der Großstaaten in ihrer Zeit
eigentlich der einzige gewesen, der Lenin »an Wucht einigermaßen näher kommt«. »Ihre Ziele«, räumte Kautsky ein, »waren natürlich diametral verschieden: hier die Allmacht der Dynastie der Hohenzollern in Deutschland, dort die proletarische
Revolution. Das ist ein Gegensatz wie Wasser und Feuer. Und
klein war Bismarcks Ziel, ungeheuer groß das Lenins. Aber
gleich dem eisernen Kanzler war auch Lenin ein Mann von zä-

hester, unbeugsamster und kühnster Willenskraft. Gleich ihm begriff er sehr wohl die Bedeutung der bewaffneten Macht in der Politik und wußte er sie im entscheidenden Falle rücksichtslos anzuwenden.«

Die heute gängige Meinung läßt den Vergleich mit Bismarck als eine Schmeichelei für Lenin erscheinen. Das liegt an der Überbewertung Bismarcks, des Gründers des Deutschen Reiches – die Zählebigkeit dieses Reiches wird uns gerade wieder unter Beweis gestellt –, wie an dem aktuellen Bedürfnis, es Lenin für den gegenwärtigen Zustand des von ihm gegründeten Staates heimzuzahlen. Nun darf jedoch nicht übersehen werden, daß Kautsky andere Absichten mit dem Vergleich verfolgte. Sie betrafen das Prinzipielle seiner Kontroverse mit Lenin. »Wenn Bismarck erklärte, die großen Probleme der Zeit müßten mit Blut und Eisen gelöst werden, so war dies auch Lenins Auffassung« – auf diese Feststellung zielte sein Vergleich.

Kautsky war erstaunt, daß die »Iswestija« den Brief lediglich mit einem redaktionellen Kommentar versah, in dem die von ihm erwartete Empörung über den Vergleich mit Bismarck ausblieb. Empörung rief dagegen eine andere Feststellung hervor, die Kautsky mehr nebenbei getroffen hatte: Lenins Erwartung einer Weltrevolution sei eine Illusion gewesen, der nur jemand verfallen konnte, der Westeuropa absolut nicht kannte. Dieser Vorwurf war nun aber kaum weniger harmlos als der zitierte Vergleich mit Bismarck, stellte er doch Lenins Kompetenz und die seiner Nachfolger in den Belangen der westeuropäischen Arbeiterbewegung in Frage.

Die Episode mit Kautsky, die dem Leser östlich der Elbe weitgehend unbekannt sein dürfte, steht hier für ein Problem, das zu beachten selbst den Historikern nicht immer gelingt, nämlich für die Schwierigkeit, den historischen Kontext einer vor nicht allzu langer Zeit wirkenden Persönlichkeit ausreichend zu berücksichtigen.

Es fällt heute auf neue Weise schwer, Lenin gerecht zu werden. Jahrgang 1870. Die Stadt, in der er zur Welt kam, gibt es nicht mehr. Sie trägt heute seinen Namen, genauer gesagt den Namen, auf den er verzichtet hat. Das Land, in dem er geboren wurde, ist umbenannt worden. Die Stadt, von der aus er an der Spitze der von ihm geschaffenen Partei die Oktoberrevolution, eines der folgenschwersten Ereignisse unseres Jahrhunderts, zuwege brachte, trägt ihm zu Ehren den Namen, der nicht sein Name war.

Lenin hat sehr tiefe Spuren in der Geschichte hinterlassen, doch seine Spuren sind bis zur Unkenntlichkeit verwischt. Das trifft im großen Maße auch auf sein geistiges Erbe zu. Zitate aus Lenins Arbeiten wurden nach seinem Tode zu einer ideologischen Massenvernichtungswaffe. Kommentare zu seinen meist politisch motivierten Feststellungen dienten als Beweis für die Fähigkeit eines Geisteswissenschaftlers, schöpferisch tätig zu sein. Da die 50 Bände seiner Werke wie die gesamten dazu verfaßten kommentierenden Untersuchungen nicht ausreichen, um Lenins bis zum heutigen Tag andauernde Wirkung zu verstehen, wurden in letzter Zeit immer wieder neue, bislang unbekannte Zitate an die ideologische Börse gebracht. Die Methode ist die alte geblieben. Sie ist ebenso Zeichen für eine Revision des Sozialismus, die nicht allein die Länder des »Realsozialismus« berührt. Im Lande Lenins ist das bilderstürmende Bedürfnis am größten. Das an der eigenen Zeitgeschichte verzweifelnde Volk ist dabei, gegen den Begründer des Sowjetstaates anzutreten. Unvermeidlich verlagert sich das Interesse von den geistigen und politischen Erben auf den Protagonisten. Solange nur wegen der Verfälschung der Idee Anklage erhoben wurde, standen, zu verschiedenen Zeiten, Trotzki, Bucharin, Stalin u. a. vor Gericht. Jetzt geht es jedoch um die Idee selbst, um die Reformierbarkeit eines Gesellschaftssystems, das über 70 Jahre die moderne Geschichte mitbestimmte.

Psychogramme von historischen Persönlichkeiten werden gegenwärtig als Mittel, der Geschichte auf die Spur zu kommen, angeboten. Das Studium des Privatlebens einer solchen Persönlichkeit ist Voraussetzung, um ein solches Psychogramm herzustellen. Die Schwierigkeit besteht meistens darin, ausreichend Material für umfassende Aussagen zu bekommen.

Im Falle Lenins gibt es eine zusätzliche Schwierigkeit. Das spärliche Material – vor allem Erinnerungen der Leute, die Lenin nahegestanden hatten bzw. ihm auch nur begegnet waren – ist schon mehrmals filtriert worden. Zeugnisse aus seinen Kinder- und Jugendjahren zeigen das Bild eines für sein Alter zu ernsten, eines disziplinierten, begabten, alles in allem artigen

Jungen.² Für die Jugendlichen, denen er Jahrzehnte später das »Lernen, Lernen und nochmals Lernen« zum Wohle ihres Staates nahelegte, wären solche Zeugenberichte wegen ihrer Vorbildwirkung nützlich gewesen. Doch sie tragen kaum zum Verständnis des Mannes bei, der ein paar Jahre später beschloß, sein Leben der Revolution zu widmen. Das Reifezeugnis des Musterschülers Uljanow verrät nicht viel über den Weg des 17jährigen zum Revolutionär.³ Vielleicht aber verstehen wir auch nur nicht, das uns Bekannte zu deuten. Wie der Weg ausgesehen hat, der aus dem Kind einer angesehenen, religiösen, ordentlich, gar pedantisch wirkenden Familie einen Revolutionär von diesem Format machte, darüber besitzen wir keine zuverlässigen Zeugnisse. Allerdings war der junge Lenin der dritte Revolutionär in der Familie. Die beiden älteren Geschwister schlossen sich während des Studiums in Petersburg der revolutionären Bewegung an. Im Frühjahr 1887 kam die Nachricht von der Festnahme des Bruders Alexander. Der 21jährige Zoologiestudent war für Wladimir in jeder Hinsicht ein Vorbild. Seinem Urteil über die Welt, über die Literatur, seine Vorstellungen darüber, was gerecht und was zu verurteilen sei, vertraute er voll. Wegen der Teilnahme an einer terroristischen Verschwörung, die ein Attentat auf den verhaßten Zaren Alexander III. plante, wurde Sascha, so hieß der Bruder zu Hause, in dem bekannten Terroristenprozeß von 1887 verurteilt und anschließend hingerichtet. Dieses erschütternde Erlebnis soll, laut Überlieferungen, Lenins Entschluß herbeigeführt haben, die Methode des individuellen Terrors abzulehnen. Eine diesbezügliche Äußerung seinerseits wird oft fehlinterpretiert. Sie enthält auf gar keinen Fall den Beweis für die törichte Behauptung, daß Lenin eine Revolution ohne revolutionären Terror im Auge gehabt hätte.

Die Theorie der proletarischen Revolution, die Begründung ihrer ökonomischen und politischen Determiniertheit hat Lenin bei Marx studiert. Während seiner ersten, »milden« Verbannung auf dem Dorf seiner Eltern gehörten dessen Schriften neben Arbeiten von Tschernyschewski zu seiner bevorzugten Lektüre. Als er im Herbst 1888 nach Kasan, in die Stadt, in der er ein Jahr zuvor das Jurastudium an der Universität abgebrochen hatte, zurückkehrte, war der Eintritt in einen marxisti-

schen Zirkel für ihn die folgerichtige Entscheidung. Doch ver-
gingen noch weitere vier bis fünf Jahre, bis die Tätigkeit als Be-
rufsrevolutionär zum Hauptinhalt seines Lebens wurde. Diese
Jahre waren durch den Umzug der Familie nach Samara, durch
den externen Abschluß des Jurastudiums an der Petersburger
Universität und die anschließende Arbeitsaufnahme am Be-
zirksgericht von Samara ausgefüllt. Ganz legal siedelte er auch
nach Petersburg über, wo er bei einem Rechtsanwalt zu arbeiten begann.

Unter der legalen Oberfläche seines Alltags war das andere
Leben versteckt – die erste größere publizistische Arbeit, über
die Auseinandersetzung zwischen den »Volksfreunden« und
den Anhängern der Marxschen Geschichtsauffassung in Rußland, sowie die Gründung des Petersburger »Kampfbundes für
die Befreiung der Arbeiterklasse«. Die ersten Aktivitäten der
neuen Organisation, die mehrere kleinere revolutionäre Zirkel
vereinigt hatte, zogen die Verhaftung fast der gesamten Leitung nach sich. Für Lenin bedeutete dies drei Jahre Verbannung nach Sibirien und kurz nach dem Ablauf der Verban-
nungszeit die Emigration nach Westeuropa. Die publizistische
Arbeit während der Verbannung war eigentlich dem Thema
gewidmet, das Lenin schon in den »Volksfreunden« beschäftigt
hatte: der Anwendbarkeit der Marxschen Theorie der Entwicklung der modernen Gesellschaft auf Rußland. Marx' Erklärung
der Welt faszinierte ihn. Dessen Version von der Veränderung
der Welt entsprach auch den revolutionären Ambitionen seiner Mitstreiter.

Doch wer gehörte zu Lenins Mitstreitern? Auch diese Frage
wird heute neu gestellt. Es wird noch lange dauern, bis man
der Geschichte alle Namen zurückgegeben hat, vor allem, bis
über die Rolle jedes einzelnen tatsächlich Klarheit besteht.
Heute wissen wir, daß es Menschen mit sehr unterschiedlichen
Auffassungen und Zielen waren. Die Begeisterung für den
Marxismus war unter der gebildeten Jugend jener Zeit eine
verbreitete Erscheinung. Es wäre falsch zu glauben, all die bisher erwähnten Entscheidungen des jungen Lenin hätten ihn
außerhalb seiner Gesellschaft gestellt. Das Gegenteil war der
Fall. Die kritisch denkende, sozial wache Jugend Rußlands
vom Ende des vorigen Jahrhunderts besaß die Erfahrung der

Verhaftungen, der Verbannung, der Ausweisung. Unter ihnen waren nicht nur Revolutionäre, geschweige denn Marxisten. Nikolaj Berdjajew, ein christlicher Sozialist, der heute oft als Lenins weltanschaulicher Antipode in Rußland betrachtet wird, hielt den Sozialismus für die damals herrschende religiöse Glaubensrichtung der russischen Intelligenz. Die russische Intelligenz wandte sich seiner Meinung nach in den 60er Jahren des 19. Jahrhunderts von Gott ab, weil sie die in der Religion enthaltene Rechtfertigung der Leiden und der Ungerechtigkeiten in der Welt nicht ertragen konnte. Diese Grundthese, mit der Berdjajew den Umschwung von einer tiefen Gläubigkeit zum Atheismus zu erklären versuchte, demonstrierte er an den Lebensläufen von Belinski, Tschernyschewski, Pissarew, den anerkannten Vorläufern der russischen Sozialdemokratie. Zugespitzt formulierte er das Problem so: Zum Nihilismus, dieser russischen Geisteskrankheit, konnte nur eine Seele gelangen, die, in strenger Rechtgläubigkeit erzogen und über die Ungerechtigkeit der Welt verzweifelt, den Glauben verloren hatte.[4]

Lenin gab später einmal an, daß er bis zum 16. Lebensjahr gläubig war. Mit 17 las er das »Kapital« von Marx. Ein Glaubenswandel, der nicht ganz untypisch war. »Was rebellieren Sie, junger Mann, Sie haben doch eine Mauer vor sich.« »Eine Mauer schon, aber eine morsche, man stoße dagegen, und sie bricht zusammen.« Dieser Dialog soll angeblich zwischen Lenin und einem Polizeibeamten bei der ersten Festnahme stattgefunden haben.

Die Mauer der Selbstherrschaft war es, die Lenin als morsch bezeichnet hatte. Ob er noch mehr wollte, als diese Mauer zu stürzen, wird heute von neuem gefragt. Wladimir Wejdlé äußerte schon in den 50er Jahren seine Skepsis hinsichtlich der Konstruktivität des Ziels, das die Bolschewiki in der Oktoberrevolution verfolgten. Lenin sei vor allem ein hervorragender Revolutionär gewesen, beflügelt von einer ganz klaren, verhaltenen, unromantischen Leidenschaft: der Zerstörungswut gegenüber jeder bestehenden Ordnung, in Rußland und auf der ganzen Welt. Die Revolution sei für Lenin an und für sich das Absolute, Endziel und höchster Wert in einem gewesen, nicht der Sozialismus. Seine Tragödie habe nicht in der Weiterführung der Revolution im Sinne des Sozialismus, sondern in der Verteidigung ihrer Ergebnisse bestanden.[5]

Es gibt Momente in Lenins Tätigkeit, die eine solche Interpretation zu belegen scheinen. Lenins Auffassungen von der russischen Geschichte wie auch von der russischen Wirklichkeit gehören vor allem dazu. Die Auseinandersetzung mit der russischen Geschichte in der Form, wie wir sie von anderen Philosophen und von Literaten kennen, d. h. vom Standpunkt der Fixierung dessen, was an Rußland, russischer Seele, russischem Charakter besonderes ist, finden wir bei Lenin nicht. Ein Begriff, den er immer wieder wertend gebraucht, ist das Attribut »asiatisch«. Damit werden nicht geographische Gegebenheiten und nicht ethnische oder gar rassische Besonderheiten angesprochen. Eine gewisse Unschärfe des Begriffs scheint aber trotzdem beabsichtigt: asiatisch als Gegensatz zu zivilisiert, kulturvoll, fortschrittlich, europäisch, amerikanisch. Letzteres steht vor allem als Synonym für technischen Fortschritt, für Sachlichkeit in den Beziehungen zwischen ethnischen und sozialen Gruppen. Das Entzücken am Russischen kommt in Lenins Briefen selten vor: In München überfällt ihn Weihnachten 1900 Sehnsucht nach dem echten russischen Winter; ebenso sind Naturbilder aus Sibirien zu registrieren, deren Schönheit durch Vergleiche mit der Schweiz betont wird. Liebte Lenin seine Heimat, liebte er die Musik, liebte er die Natur, die Literatur? Wahrscheinlich meinen es Biographen bekannter Revolutionäre gut mit ihren Helden, wenn sie ihnen Aufgeschlossenheit den gewöhnlichen »Freuden des Lebens« gegenüber bescheinigen. Nicht immer erweisen sie ihnen damit einen guten Dienst. Zum Glück hat Lenin nicht so viele Zeugnisse seiner privaten Vorlieben hinterlassen wie etwa Rosa Luxemburg. Einzelheiten aus seiner Privatsphäre würden vermutlich den Vorwurf, er habe ein »instrumentales Verhältnis zu Menschen und Dingen«[6] besessen, nur bestätigen. Um nicht ungerecht zu sein und um ihn nicht mit gewöhnlichen Despoten zu verwechseln, muß man hinzufügen, daß er allerdings ein solches Verhältnis auch zu sich selbst hatte.

Lenins Einmaligkeit, ja sogar seine Genialität betonen nicht nur seine Anhänger, sondern auch die Intelligenten unter seinen Feinden. Diesen seinen Ruf konnte nicht einmal die offi-

zielle Propaganda der Ideologen seiner Partei vernichten. Jahrzehntelang waren sie bestrebt, ihn als ein Universalgenie erscheinen zu lassen, indem sie seine privaten Neigungen, seine
Geschmackseigenarten, seine Urteile über alle Gebiete der
Kultur, der Kunst, der Wissenschaft dem Rest der Menschheit
als der Weisheit letzter Schluß verordneten.

Was jedoch an Lenin tatsächlich genial war, war seine Fähigkeit zur Einseitigkeit, zu einer ausschließlichen Konzentrie-
rung auf ein Ziel, dem über lange Strecken alle Interessen und
Belange untergeordnet wurden. So war auch sein Verhältnis
zur russischen Geschichte, sein Rußlandbild, darauf reduziert,
Beweise dafür zu finden, daß nur die revolutionäre Umgestaltung die notwendige Besserung der Zustände herbeiführen
könne. Damit beschäftigte er sich in der polemischen Arbeit
»Was sind die ›Volksfreunde‹ und wie kämpfen sie gegen die
Sozialdemokratie«. So wollte er z. B. Marx' Thesen, vor allem
dessen Aussagen über den Fortschritt in der Gesellschaft, der
sich in der Abfolge der gesellschaftsökonomischen Formatio-
nen zeigen würde, bezüglich der russischen Geschichte modi-
fizieren. Für ihn stand fest, daß Rußland den kapitalistischen
Weg beschritt. Zwar kritisierte Lenin die Narodniki dafür, daß
sie voreilig Urteile über Entwicklungen in Rußland fällten, die
noch nicht entschieden waren, doch tat er das nicht, um die
Grundthese von dem herankommenden Kapitalismus zu wi-
derlegen, sondern um die geringe Kompetenz ihrer Theoretiker zu beweisen.

Wer also vorhat, Lenins Rußlandbild anhand seiner Äußerungen zur russischen Geschichte zu rekonstruieren, ist
schlecht beraten und würde dem Politiker Lenin Unrecht tun
müssen. Nicht um ein objektives, ausgewogenes Bild ging es
ihm. Jede größere oder kleinere Veränderung, zu der sich die
Regierung oder eine staatliche Behörde entschloß, jedes dem
Zaren von der Gesellschaft abgetrotzte Zugeständnis erfuhr in
Lenins Publizistik eine scharfe »klassenmäßige« Kritik, da es
sich – gemessen an revolutionären Maßnahmen – nur um Teil-
zugeständnisse handelte. Für diese Methode gibt es genügend
Beispiele. Ob es um die Einschätzung der Bauern- und der Ge-
richtsreformen der 6oer Jahre, um die Urteile über die
Semstwo-Verwaltung oder um den Zarenukas ging, der den

Verkauf großer Staatsländereien in Sibirien an Privatpersonen verfügte, stets gipfelte Lenins Analyse in einer Anklage gegen das Regime wegen der Unvollkommenheit des Erreichten. Das Ziel, für die Revolution zu wirken, verlor er nie aus den Augen, er verfolgte es hartnäckig und mit unterschiedlichem Geschick. Abgesehen davon, welche Schwierigkeiten Historiker mit dieser Geschichtsinterpretation haben müßten und ab und zu auch tatsächlich hatten, barg Lenins Methode, wenn man sie ernsthaft anwandte, von Anfang an die Gefahr des Realitätsverlustes in sich. Kritik am »Voluntarismus« Lenins, der nicht wie Marx auf Determiniertheit der Geschichte, sondern auf die Aktivität, auf den Willen zur Veränderung der Welt, auf den »subjektiven Faktor« setzte, wurde später, aber auch schon zur damaligen Zeit geäußert. Es ist ein Thema für sich nachzuprüfen, ob der Unterschied zwischen Marx und Lenin tatsächlich so groß war. In einem Punkt war er allerdings außerordentlich bedeutsam – in der Auffassung von der Rolle der revolutionären Partei der Arbeiterklasse.

Lenin hatte keine Illusionen über die vom Standpunkt der Marxschen Lehre betrachtete soziale Reife der russischen Gesellschaft. Auch die von ihm selbst dargebotenen Beweise, daß Rußland ein kapitalistisches Land gewesen sei, betrafen vor allem die Entwicklung des Kapitalismus auf dem Lande. Die Perspektive, daß die Arbeiterklasse zahlenmäßig stärkste Schicht in Rußland werden könnte, sah er nicht gegeben. Klar war ihm, daß sich dadurch die Bedingungen für die Entwicklung der revolutionären Bewegung von denen Westeuropas grundsätzlich unterschieden. Andererseits folgte er Marx in der Überzeugung, daß nur die Arbeiter imstande seien, ihrem Kampf ein sozialistisches Ziel zu geben. Das bäuerliche und das kleinbürgerliche Element waren für ihn die ständige Quelle spontaner, unkontrollierbarer, wenngleich nicht weniger massiver sozialer Ausbrüche. Es galt, diese Potenz einer bewußteren und organisierteren Kraft unterzuordnen, die nur – so sah es schon Marx – bei den Arbeitern zu finden war. Die Idee, beide Bewegungen unter der Voraussetzung zu kombinieren, daß die letztere unter die Führung einer geschlossenen, disziplinierten und geschulten Organisation von Berufsrevolutionären gestellt wird, kam erst Lenin.

Im Februar 1902 vollendete Lenin eine seiner wichtigsten Arbeiten. Schon der Titel war nicht zufällig gewählt – »Was tun?« –, eine demonstrative Anlehnung an Tschernyschewski. Das Motto enthielt den oft zitierten Gedanken aus einem Brief Lassalles an Marx, daß »die Partei sich stärkt, indem sie sich purifiziert«. (»Säuberungen« nannte man später die gefürchteten Aktionen in den kommunistischen Parteien, bei denen die Reinheit der Reihen mit inquisitorischen Methoden erreicht werden sollte.) Gleich am Anfang der Arbeit ziehen zwei dicht beieinander stehende Aussagen die Aufmerksamkeit auf sich. Die eine wurde oft zitiert: »Wir schreiten als eng geschlossenes Häuflein, uns fest an den Händen haltend, auf steilem und mühevollem Weg dahin. Wir sind von allen Seiten von Feinden umgeben und müssen fast stets unter ihrem Feuer marschieren. Wir haben uns, nach frei gefaßtem Beschluß, eben zu dem Zweck zusammen getan, um gegen die Feinde zu kämpfen und nicht in den benachbarten Sumpf zu geraten.«[7] Das romantisch anmutende Bild einer Verschwörergruppe in Anlehnung an die Gestalten des italienischen Risorgimento läßt den Zusammenhang, in dem es gebraucht wurde, übersehen. Lenin polemisierte gegen die »Modeströmung« unter den Demokraten und Sozialisten aller Länder, die nach »Freiheit der Kritik«, von ihm als Opportunismus bezeichnet, trachtete. Die zweite Stelle, die hingegen kaum zitiert wird, lautet: »Leute, die tatsächlich davon überzeugt sind, daß sie die Wissenschaft vorwärtsgebracht haben, würden nicht die Freiheit für die neuen Auffassungen neben den alten fördern, sondern eine Ersetzung der alten durch neue.«[8] Lenin war von der Unfehlbarkeit der neuen Gesellschaftstheorie, die er vertrat, überzeugt, und er sah keinen Nutzen darin, daß die Partei, die er aufbaute, das Prinzip der Freiheit der Kritik – mit anderen Worten: das Recht darauf, diese neue Theorie zu kritisieren – zu ihrer Maxime macht. Ein Verschwörerhäuflein konnte sich seiner Meinung nach so einen Luxus nicht leisten.

Es ist wichtig zu betonen, daß es Lenin zu jener Zeit um die Prinzipien des Aufbaus einer Partei und nicht um die Normen einer ganzen Gesellschaft ging. Probleme, die aus der Umwandlung der illegalen Gruppe in eine diktatorische, im Namen des Proletariats herrschende Kraft mit politischem Machtbefugnis erwachsen würden, waren noch nicht abzusehen. 1902 galt es, sich gegen die Anhänger des Marxismus durchzusetzen, die nicht bereit waren, die Leninsche Interpretation zu akzeptieren. Diese enthielt einige Thesen, die bei einer Partei, die erst um Masseneinfluß kämpfte, nicht opportun wirkten.

Überhaupt machten Lenin und seine Anhänger zu jenem Zeitpunkt nicht den Eindruck einer Gruppe, die sich sehr darum bemühte, von den Massen akzeptiert zu werden. Zu den unpopulären Thesen in »Was tun?« gehört z. B. die wiederholt getroffene Behauptung, daß die Arbeiter nicht imstande wären, durch die Erfahrungen ihres Lebens, die lediglich den ökonomischen Kampf einschlössen, zu einem richtigen politischen, sprich sozialdemokratischen Bewußtsein zu gelangen. Dieses müsse von außen hineingetragen werden.

Solche und andere ähnliche Begründungen für die Notwendigkeit einer Partei von Berufsrevolutionären waren verbunden mit sehr hohen Anforderungen an das Engagement der Parteimitglieder. Die Auseinandersetzungen, die zur Spaltung der Partei in Bolschewiki und Menschewiki führten, betrafen nicht zufällig vor allem Statutenfragen. Auf dem II. Parteitag im Sommer 1903 wurde der Bruch vollzogen; eine Vorahnung jedoch, daß die harten Bedingungen, die Lenin an die Parteimitgliedschaft knüpfte, auf Widerstand stoßen würden, konnte man schon bei der Lektüre von »Was tun?« bekommen. Lenin war es, wie sich später mehrmals zeigte, durchaus ernst mit der Behauptung: »1. Keine einzige revolutionäre Bewegung kann ohne eine stabile und die Kontinuität wahrende Führerorganisation Bestand haben; 2. je breiter die Masse ist, die spontan in den Kampf hineingezogen wird, die die Grundlage der Bewegung bildet und an ihr teilnimmt, um so dringender ist die Notwendigkeit einer solchen Organisation und um so fester muß diese Organisation sein (denn um so leichter wird es für allerhand Demagogen sein, die unentwickelten Schichten der Masse mitzureißen); 3. eine solche Organisation muß hauptsächlich aus Leuten bestehen, die sich berufsmäßig mit revolutionärer Tätigkeit befassen; 4. je mehr wir die Mitgliedschaft einer solchen Organisation einengen, und zwar so weit, daß sich an der Organisation nur diejenigen Mitglieder beteiligen, die sich berufsmäßig mit revolutionärer Tätigkeit befasssen und in der Kunst des Kampfes gegen die politische Polizei berufsmäßig geschult sind, um so schwieriger wird es in einem autokratischen Lande sein, eine Organisation ›zu schnappen‹, und 5. um so breiter wird der Kreis der Personen aus der Arbeiterklasse und aus den übrigen Gesellschaftsklassen sein, die die Möglichkeit haben werden, an der Bewegung teilzunehmen und sich in ihr aktiv zu betätigen.«

Das lange Zitat ist für das Verständnis der wichtigsten Seite in Lenins Tätigkeit für die Revolution sehr aufschlußreich. Auf »Dutzende Schlauköpfe« setzend, war Lenin sich bewußt, welche Angriffsflächen seine Position bot: »Ich werde diesen Grundsatz verfechten, so sehr ihr auch die Menge wegen meines ›Antidemokratismus‹ usw. gegen mich aufhetzen möget.«[9] Der Ernst der Meinungsverschiedenheiten wurde damals von den meisten Beteiligten verkannt. Vermutlich spielte die Unterschätzung der Person Lenins eine Rolle. Es kam hinzu, daß seine Einwände sich »lediglich« auf Organisationsfragen bezogen. Alexander Martynow erinnerte sich an die erste Begegnung mit Lenin. Als er meinte, die Übereinstimmung zwischen beiden in allen »prinzipiellen« Fragen feststellen zu können, wurde er nach seiner Meinung über Lenins Organisationsplan gefragt. »Bei dieser Frage wurde ich sofort borstig. ›In diesem Punkte stimme ich mit Ihnen durchaus nicht überein. Ihr Organisationsplan erinnert mich an die Organisation von mazedonischen Kampfgruppen. Sie wollen in die Partei eine Art militärische Disziplin einführen; weder bei uns in Rußland noch in Westeuropa haben die Sozialdemokraten jemals derartiges gesehen.‹ Wladimir Iljitsch kniff spöttisch lächelnd ein Auge zu und antwortete mir: ›Sie sind nur in diesem Punkt mit mir nicht einverstanden – aber das ist ja gerade das Wesentliche, es hat also gar keinen Zweck, daß wir weiterreden.‹«[10] Der Menschewik Alexander Potressow führte in seinen Erinnerungen zur Situation von 1903 aus, man habe Lenins Entwicklung von dem treuesten Adepten der Marxschen Lehre zu dem Mann, dessen Vorstellungen über die Partei mit dem Geist der internationalen Sozialdemokratie radikal gebrochen haben, verpaßt.[11] Ob der Bruch so radikal war, läßt sich bestreiten. In den Vorstellungen der Väter der II. Internationale von der Rolle des Individuums und der Klassen in der Gesellschaft gab

es durchaus Raum für Lenins Konsequenzen. Die zwei Partei-
varianten, die Potressow ansprach, waren 1903 in der internationalen Sozialdemokratie vorwiegend als Keime verschiedener Theorien vorhanden.

Die Bedingungen der Illegalität, unter denen die Sozialdemokratie in Rußland arbeiten mußte, waren ein sehr wesentliches Argument für den Verzicht auf »breite Demokratie« innerhalb der Partei. Aber es taugt nicht als theoretische Begründung für die Organisationsstruktur der Partei neuen Typus,
wie Lenins Kreation genannt wurde. Eine elitäre, streng durch-
organisierte Vereinigung sollte sie auch dann bleiben, wenn
sich die äußeren Bedingungen verändern würden. Zunächst jedoch schien die Entscheidung, entweder eine offene, eine demokratische Massenpartei oder eine Art harten Kern von Anhängern des Marxismus um sich zu vereinigen, eine rein theoretische Frage zu sein. Die etwa über 50 Delegierten, die zum
II. Parteitag in einem Mehlspeicher in Brüssel zusammenge-
kommen waren, mußten die Sitzungen unterbrechen, da die
belgische Polizei den auf mehrfache Weise illegalen Teilneh-
mern auf die Spur gekommen war. Der Parteitag wurde nach
London verlegt. Viele der Delegierten waren aus Gefängnissen
geflohen, um an den Beratungen teilnehmen zu können.
Einige wurden dann bei ihrer Rückkehr nach Rußland an der
Grenze verhaftet. Es war also keinesfalls unbegreiflich, keinesfalls eine Versteckmanie, daß Lenin der Ansicht war, für die
Polizei sei es leichter, hundert Dummköpfe als »Dutzend
Schlauköpfe« zu schnappen. Wer so rechnen mußte, konnte
kaum Verständnis für liberale Grundsätze des Parteiaufbaus
aufbringen.

Es wäre allerdings falsch anzunehmen, daß eine Partei, die
die schweren Bedingungen der Illegalität überstand, erst recht
die Zeiten der bürgerlichen Freiheit meistern würde. Schon
die Revolution 1905 hat das Gegenteil gezeigt. Die entscheidenden Tage und Wochen der Revolution mußte Lenin aus
dem Ausland verfolgen. Er kam erst im November 1905 nach
Rußland. Natürlich stürzte er sich gleich in die revolutionäre
Führungsarbeit. Er glaubte fest, daß der Höhepunkt der Revolution noch nicht überschritten sei. Dementsprechend lehnte
er die Perspektive einer Beteiligung an der Duma, Rußlands

erstem Parlament, total ab. Die Wende in der Einschätzung und auch in der Taktik kam fast über Nacht. Mitte August 1906 verfaßte er den Artikel »Über den Boykott«. In ihm vertrat er den Standpunkt, daß die Situation neuerdings eine Beteiligung der Partei an der Wahl zur Duma erfordere. Die rein politische Fähigkeit zur plötzlichen Wendung, die Lenin hier demonstrierte, ist vor allem im Jahre 1917 und danach immer wieder zu beobachten. Hier ist die Aufmerksamkeit auf die Tatsache zu lenken, daß er seine Anhänger innerhalb und außerhalb der Partei zu veranlassen vermochte, abrupt alle Illusionen über ein Weitergehen der Revolution aufzugeben und sich mit der Perspektive parlamentarischer Arbeit anzufreunden. Ein neues, ungewohntes Terrain stellte diese Arbeit für alle russischen Parteien dar, doch nicht bei allen war der politische Werdegang so weit vom Alltag des Parlaments entfernt verlaufen wie bei den russischen Sozialdemokraten. Im übrigen war die Haltung letzterer zur parlamentarischen Arbeit zu jenem Zeitpunkt noch nicht von brennendem Interesse.

Lenin äußerte sich später verschiedentlich darüber, was für ein Lehrmeister die Revolution sowohl für die Massen als auch für ihre Führer gewesen sei. Nur mit Mühe kann man in solchen Feststellungen die Bereitschaft zur Selbstkritik erkennen. Bei einem Vergleich von Lenins erster Reaktion auf die russische Revolution etwa mit der von Rosa Luxemburg überrascht, wie wenig die Urteile des russischen Arbeiterführers aussagten. Mit ihrem ausgeprägten Gespür für das aus unerwarteten Richtungen kommende Neue, aber auch mit ihrem Glauben an die Weisheit und schöpferische Potenz der revolutionären Massen hat Rosa Luxemburg die Bedeutung der russischen Revolution schon in den ersten Wochen erkannt. Für sie war diese »moderne Klassenerhebung ... eine neue Erscheinung, die für die künftigen revolutionären Kämpfe des europäischen Proletariats viel typischer sein dürfte als die früheren bürgerlichen Revolutionen in Frankreich und Deutschland«. Sie erkannte die ungeahnten Konsequenzen, die eine politische Massenstreikbewegung haben kann, als ein Moment der Revolution und deshalb »als eine Erscheinung, in der genau so viel oder so wenig aktiver Plan und bewußte Leitung der Sozialdemokratie Raum haben wie in einer Straßenrevolution und die selbst nur auf dem Fond einer großen gesellschaftlichen Krise entstehen kann, die tiefste Lebensinteressen der breiten Volksmasse berührt«.[12] Lenins Äußerungen der ersten Wochen und Monate beschränkten sich neben dem Registrieren des Offensichtlichen auf die Voraussagen für eine unbestimmt entfernte Zukunft. Die Geschlossenheit und die Organisiertheit der Sozialdemokratie und der Aufruf zum bewaffneten Volksaufstand als Orientierung – das ist eigentlich alles, worauf er im Ergebnis einer ersten Revolutionsanalyse zu dem Zeitpunkt verweisen konnte.

In späteren Reflexionen wird die Entstehung der Sowjets als Form der revolutionären Machtausübung, die 1905 zum ersten Mal gefunden und praktiziert wurde, besonders gewürdigt.[13] Erstmals, und zwar ganz vorsichtig erwähnte Lenin die Sowjets im März 1906, bei der Vorbereitung zum Vereinigungsparteitag. Offensichtlich war er nicht in dem Maße wie Rosa Luxemburg bereit, die Ergebnisse der Revolution anzunehmen, sie zu bejahen. Sprach diese Zurückhaltung für ihn? Rosas »Revolutionsromantik« stieß schon damals auf Widerstand in der deutschen Sozialdemokratie. Es handelte sich übrigens nicht nur um Romantik, kannte sie doch den revolutionären Alltag in den westlichen russischen Gouvernements sehr gut. Lenin hingegen hatte ihr die Erfahrungen mit dem östlich von Petersburg gelegenen Rußland voraus. Rührte seine Skepsis gegenüber dem spontanen Element von dieser Erfahrung her? Die Kenntnis von der russischen Vielfalt, von der Neigung zum formlosen Ausufern kann ein Aspekt gewesen sein, aus dem seine Ungeduld, gar Hilflosigkeit gegenüber organisatorisch schwer beherrschbarer Situationen resultierten. Doch in den Jahren der ersten Revolution und danach muß diese Besonderheit Lenins schon die Form einer bewußten Haltung angenommen haben, die theoretisch begründet war.

Unter den vielen Arbeiten, die Lenin in diesen Jahren schrieb und in denen er die Erfahrungen der Revolution analysierte, gibt es eine, die später, nach 1917, zu den »Standardwerken« der ideologischen Arbeit gehörte, aber auch schon gleich nach ihrem Erscheinen nicht unbemerkt blieb. Es handelt sich um den Artikel »Parteiorganisation und Parteiliteratur«. Sergej Gindin veröffentlichte in der »Literaturnaja gaseta« vom

22. August 1990 den Aufsatz des namhaften russischen Dichters Waleri Brjusow, den dieser zwei Tage nach der Veröffentlichung des Lenin-Artikels geschrieben hatte. Scharf und treffend ist seine Polemik mit Lenins Ansichten über die Redefreiheit. Das allgemein bekannte Postulat der Abhängigkeit jedes Individuums von seiner Umgebung wurde für Lenin zum Ausgangspunkt für die zugespitzte Verallgemeinerung, daß die Freiheit eines bürgerlichen Literaten, der in Wirklichkeit von dem »Geldsack« abhänge, eine ebensolche Fiktion sei wie die Freiheit eines von der Partei abhängigen Schriftstellers oder Künstlers. Man solle daher diese Abhängigkeit freimütig anerkennen und diejenigen, die diese Tatsache nicht akzeptieren, vor die Tür setzen. Lenins einschränkende Bemerkung, daß es sich dabei nur um die Parteiliteratur handele, akzeptierte Brjusow nicht. Er verwies auf die verhängnisvollen Folgen, die aus einer solchen Haltung sowohl für die Sozialdemokratie als auch für die Gesellschaft entstehen könnten. Die Gefahr, von einer neuen, der sozialdemokratischen Zensur härter bestraft zu werden, als es die alte vermochte, nahm er ernst, da er die Möglichkeit des Sieges der Partei schon im Ergebnis der Revolution 1905 real gesehen hat.

Doch diesmal hatte er sich noch geirrt. Die Partei hatte nicht gesiegt, gewann aber nach den Revolutionsgefechten sowohl im Land als auch im Ausland an Ansehen. Das traf auf die linken und oppositionellen Kräfte in Westeuropa zu, während die Regierungen und die Monarchen allen Grund hatten, die russische Revolution zu fürchten. Sie taten es nicht, zumindest nicht ernsthaft. Der deutsche Kaiser versorgte seinen Neffen Nicky (so nannte er den Zaren in Privatbriefen) mit guten Ratschlägen und Belehrungen, wie er selbst solche Situation meistern würde. Vorherrschend waren allerdings Gleichgültigkeit, überhebliche Intoleranz bei den Herrschenden und Schadenfreude bei den Außenseitern. Rußland war weit.

Lenin, bald wieder in der Emigration, bemühte sich um neue theoretische Begründungen für seine Hoffnungen auf eine proletarische Revolution in Rußland. Eine solche Begründung war die Imperialismus-Theorie, die er allerdings, entgegen anderslautenden Behauptungen, nicht erfunden hat. Als er Mitte 1915 mit der Arbeit an der – wie er selbst sagte – populären Broschüre über den Imperialismus begann, konnte er bereits auf eine umfangreiche Literatur zurückgreifen. Zwar ging es den Autoren der 148 Bücher und 230 Aufsätze, die er studiert hatte, nicht durchweg um den Nachweis, daß der Kapitalismus, bevor er endgültig untergeht, das imperialistische Stadium durchläuft. Aber auch diese Version wurde vor ihm schon von prominenten Autoren geäußert.

Bekanntlich standen die europäischen Theoretiker, vor allem die Sozialdemokraten der II. Internationale, vor der Notwendigkeit, die Marxsche Theorie des gesellschaftlichen Fortschritts mit der neuen Entwicklung in Übereinstimmung zu bringen. Während Bernstein das Marxsche Modell zu retten versuchte, indem er ihm das wesentliche Glied – die Revolution – herausoperierte, gingen Karl Kautsky im Jahre 1909 und Rudolf Hilferding ein Jahr später von der entgegengesetzen Seite an die Revision der Revolutionstheorie heran. Sie begründeten zuerst ausführlich, daß der Kapitalismus in sein letztes, imperialistisches Stadium, in die Epoche der Kriege und der Revolutionen eingetreten sei. Die kriegerischen Konflikte als Folge des außerökonomischen Expansionsdranges der vom Finanzkapital beherrschten nationalen Gruppierungen würden zur Zuspitzung aller Klassenwidersprüche und zum Zusammenbruch des Kapitalismus führen. Die Aufgabe der internationalen Arbeiterbewegung sei es dann, die vom Krieg hervorgerufene politische und ökonomische Krise für den Sieg der sozialistischen Revolution zu nutzen. So sahen die im November 1912 in Basel versammelten Führer der Internationale die Welt. Bis zum Ausbruch des ersten Weltkrieges verblieben nur noch knapp zwei Jahre. Nicht nur der Glaube an die internationale Arbeitersolidarität sollte sich als Illusion erweisen. Der vier Jahre dauernde moderne Krieg verschärfte nicht nur, wie erwartet, alle gesellschaftlichen Widersprüche, er deformierte auch die Gesellschaft zu einer auf das nackte Überleben eingestellten rauhen, brutalen Masse. Sicherlich hat dies die Orientierung auf einen bewaffneten Sturz der Regierung in jedem der kriegführenden Länder erleichtert. Zugleich aber war es schwieriger geworden, eine solche soziale Revolte unter Kontrolle zu halten. Die Tatsache des Ausbruchs des ersten Weltkrieges schien die Imperialismus-Theorie bestätigt zu haben. Demgegenüber bot nicht allein die Haltung einiger Arbeiterparteien zum Krieg (Vaterlandsverteidigung) Anlaß, an der gesamten Konstruktion des Theoriegebäudes zu zweifeln. Auch verschiedene Gruppierungen des Großkapitals bzw. der Handelsbourgeoisie verhielten sich zu dem Krieg nicht so, als wäre er für sie der einzige Ausweg aus ihren Schwierigkeiten gewesen.

Schon im September 1914 hatte Karl Kautsky eine bemerkenswerte Analyse der sozialökonomischen Entwicklung veröffentlicht. Seinen Ausgangspunkt bildete die Frage, ob mit dem Imperialismus die Entwicklungsmöglichkeiten des kapitalistischen Systems tatsächlich erschöpft wären. Er unterbreitete die Version vom Ultraimperialismus, als dessen wichtigstes Merkmal er die Fähigkeit definierte, die Widersprüche lösen zu können, ohne die Gesellschaft zwangsläufig in Kriegskatastrophen zu stürzen. Kautsky hielt eine solche Entwicklung zumindest für denkbar, wenn er auch eingestehen mußte, daß ihm die Voraussetzungen für eine gründliche Beweisführung fehlten. Daß diese neue Wendung des anerkannten Theoretikers der II. Internationale nicht ohne Einfluß auf die Strategie der Sozialdemokratie bleiben würde, begriff Lenin sehr bald. Anfang 1916 schloß er die Arbeit »Der Imperialismus als höchstes Stadium des Kapitalismus« ab. In einem nach dem Oktober 1917 verfaßten Vorwort bemerkte er nicht ohne Stolz, die Oktoberrevolution habe im Weltmaßstab bestätigt, daß der Imperialismus der Vorabend der sozialistischen Revolution sei.

Das andere wichtige Gebiet, mit dem sich Lenin in Vorbereitung auf die Revolution befaßte, war die Nationalitätenfrage einschließlich ihrer Lösung im Rahmen einer sozialistischen Revolution. Seine Auffassung zur nationalen Frage war widersprüchlich. Als echter Internationalist trat er gegen die »Verräter an der Sache der Arbeiterklasse« auf, die mit Beginn des Weltkrieges zu »Vaterlandsverteidigern« geworden waren. Die Verteidigung des Rechts jeder Nation auf Selbstbestimmung bis zur Lostrennung und Gründung eines selbständigen Staates stellte die andere Seite seiner Auffassung dar. In der Theorie konnte man beide Prämissen nebeneinander stehenlassen, ohne die Prioritäten zwischen Klasseninteressen und nationalen Interessen festlegen zu müssen. Ähnlich wie in der Einstellung zur Religion unterschied Lenin zwischen Anforderungen an seine Parteifreunde und Politik gegenüber dem Volk. Und wie im Falle der Religion zeigten sich Schwierigkeiten erst dann richtig, wenn es darum ging, politische Entscheidungen mit den theoretischen Grundsätzen in Übereinstimmung zu bringen. Zur Rechtfertigung politisch notwendiger praktischer Maßnahmen konnte die Theorie nicht genügend Freiraum bieten. Gerechterweise sollte man jedoch berücksichtigen, daß keine andere zu Beginn des Jahrhunderts vorhandene Theorie zur nationalen Frage in Europa auch nur ausprobiert werden konnte. Die österreichischen sozialdemokratischen Vorstellungen, etwa von Otto Bauer oder Karl Renner, blieben Theorien, die bis heute nicht widerlegt sind.

Beladen mit dem Gepäck einer auf die Revolution in Rußland, dem schwächsten Glied der imperialistischen Kette, zielenden Theorie sowie einer Organisation, die nach strengen zentralistischen Prinzipien aufgebaut war, trat Lenin in das Jahr 1917. Die Nachricht vom Beginn der lang erwarteten russischen Revolution im Februar ließ ihn Aktivitäten entfalten, über die es mehr Literatur gibt als über seine Haltung zur Februarrevolution insgesamt. Seine Rückkehr nach Rußland über Deutschland, die in Absprache mit höchsten deutschen Behörden erfolgte, lieferte den Nährboden für die Legende, bei der russischen Revolution habe Deutschland seine Hand im Spiel gehabt. Es war bezeichnend für Lenin, daß er sich kaum um die Widerlegung dieses Gerüchts kümmerte. Es gibt allerdings eine zweite Legende, die nicht sorgfältig genug widerlegt worden ist: Es hieß, Lenin habe die Revolution gemacht und damit das Land in ein Chaos gestürzt. Zu berücksichtigen ist jedoch folgendes:

Nach vier Kriegsjahren, als im Verlauf der russischen Revolution der Zar abdankte und die Machtübernahme durch eine vom Volk gewollte demokratische Regierung notwendig wurde, herrschte in ganz Europa Chaos. Die Revolution im Februar war durch mehrere Faktoren ausgelöst worden. Das Komplott der Liberalen, die Unterstützung der Entente, die Bauernunruhen und die Radikalisierung der Arbeitermassen und nicht zuletzt die Erinnerung an die Revolution 1905 sowie die Erfahrungen mit den Sowjets, den Räten, spielten eine bedeutende Rolle. Es besteht auch heute kein Zweifel daran, daß weder die Provisorische Regierung noch die Rätemacht sich imstande fühlten, die politische und ökonomische Krise zu bewältigen. Bilder vom Chaos im Rußland des Sommers 1917 haben mehrere, politisch unterschiedlich orientierte Zeitgenossen überliefert. Pitirim Sorokins leidenschaftlicher Appell an alle konstruktiv denkenden Kräfte, sich in der Bekämpfung des Chaos zu vereinigen, wurde vor kurzem in der UdSSR veröffentlicht.[14] Das Bild der russischen Katastrophe, das Lenin in seiner letzten größeren vor der Oktoberrevolution vollendeten Arbeit entwarf, fasziniert nicht nur durch die groteske Parallelität zur Gegenwart: »Rußland droht eine unabwendbare Katastrophe. Das Eisenbahntransportwesen ist unglaublich zerrüttet, und diese Zerrüttung schreitet immer weiter fort. Der Eisenbahnverkehr wird zum Erliegen kommen. Die Rohstoff- und Kohlezufuhr für die Fabriken wird aufhören. Die Getreidezufuhr wird versiegen. Bewußt und unablässig sabotieren (schädigen, untergraben, lähmen und hemmen) die Kapitalisten die Produktion ...«[15] Lenins Vorstellungen, wie man die Krise überwinden könne, folgten dem Muster der Kriegswirtschaft kapitalistischer Länder Europas, in erster Linie Deutschlands. Lenin nannte fünf Maßnahmen, um die todkranke russische Wirtschaft zu heilen:

1. die Nationalisierung der Banken und die staatliche Kontrolle über ihre Operationen,
2. die Nationalisierung der größten Monopolvereinigungen,
3. die Abschaffung des Kommerzgeheimnisses,
4. die Zwangsvereinigung der kleineren Unternehmen zu Syndikaten,
5. die Zwangsvereinigung der Bevölkerung zu Verbrauchergesellschaften und die Einführung der Kontrolle über diese.

Diese Maßnahmen hielt er nicht nur unter den außergewöhnlichen Kriegsbedingungen für den einzig realen Ausweg, sondern er sah zugleich in ihnen den entscheidenden Schritt auf dem Weg zur sozialistischen Gesellschaft.

»Nun versuche man einmal, an Stelle des junkerlich-kapitalistischen, an Stelle des gutsbesitzerlich-kapitalistischen Staates den revolutionär-demokratischen Staat zu setzen, das heißt einen Staat, der in revolutionärer Weise alle Privilegien abschafft, der sich nicht davor fürchtet, auf revolutionärem Wege den Demokratismus voll und ganz zu verwirklichen. Man wird sehen, daß der staatsmonopolistische Kapitalismus in einem wirklich revolutionär-demokratischen Staate unweigerlich, unvermeidlich einen Schritt, ja mehrere Schritte zum Sozialismus hin bedeutet!«

Bezeichnenderweise erläuterte Lenin diesen Schritt ausgerechnet anhand der Einführung der allgemeinen Arbeitspflicht. Sie war für ihn »ein Schritt vorwärts auf der Grundlage des jüngsten monopolistischen Kapitalismus, ein Schritt zur Regulierung des Wirtschaftslebens in seiner Gesamtheit, nach einem bestimmten allgemeinen Plan, ein Schritt zur Einsparung von Volksarbeit, zur Verhütung der sinnlosen Vergeudung dieser Arbeit durch den Kapitalismus«.[16]

Daß die Arbeitspflicht eine Einmischung des Staates in eine der wichtigsten privaten Entscheidungen der Menschen darstellte, spielte in diesen Überlegungen keine Rolle.

Unsere heutigen Erfahrungen lassen uns auch über die Sorglosigkeit staunen, mit der Lenin die Frage nach den Mechanismen der Kontrolle über die ausführenden Organe der neuen, der Proletariermacht ignorierte. »Im Sozialismus werden a l l e der Reihe nach regieren und sich schnell daran gewöhnen, daß keiner regiert.«[17] Der an naiver Utopie kaum zu übertreffende Satz stammt aus »Staat und Revolution«, einer Arbeit, die Lenin parallel zur »Drohenden Katastrophen« schrieb und, wie er im Nachwort nicht ohne Selbstzufriedenheit bemerkt, wegen der willkommenen Unterbrechung durch die Oktoberrevolution nicht vollenden konnte. Es waren Lenins Entscheidung und auch sein Drängen, die die Bolschewiki zum Entschluß veranlaßten, die zweite Revolution innerhalb von einem Jahr zu riskieren. Das bedeutete, daß die Bolschewiki das spontane Element, das Chaos noch stärker herausforderten, um die Macht zu bekommen und diese gegen das Chaos einzusetzen. »Alle Macht den Sowjets« – diese Losung, unter der die Revolution siegte, zielte auf die Sowjets, in denen die Bolschewiki die Macht besitzen sollten. Lenins politische Praxis geriet eindeutig in Gegensatz zu seinen theoretischen Überlegungen, wobei die von ihm geschaffene Partei und ihre Funktion in dem neuen Staat den Kern des Widerspruchs bildeten. Auf die

Partei der Bolschewiki, auf die Kohorte der Berufsrevolutionäre, baute Lenin. Sie war für ihn der Schlüssel, mit dem die Tür zur sozialistischen Gesellschaft geöffnet werden sollte. 73 Jahre später ergab eine Umfrage, die vom Allunionszentrum zur Erforschung der öffentlichen Meinung durchgeführt wurde, daß bei der Frage nach den Schuldigen »an dem Unheil der Revolution und des Bürgerkrieges« der Partei 61 Prozent der Befragten die Hauptverantwortung und 27 Prozent einen Teil der Verantwortung zumaßen. Die Antwort auf diese gewiß provokativ formulierte Frage wird nur zum Teil durch die Antwort auf die Frage nach der Sympathie für zehn während der Revolution wirkende Politiker verschiedener Richtung relativiert: Lenin wurde von 64 Prozent der Befragten als der beliebteste genannt.[18]

Lenins Arbeiten, und zwar die längst bekannten wie die neu entdeckten, bieten genügend Raum für verschiedene Versionen über die Ziele der Oktoberrevolution. Eine von ihnen ist die Konzeption von der Weltrevolution, für die die russische Revolution nur der erste Schritt wäre. Die ersten Dekrete der Sowjetregierung, die Erklärungen an das Proletariat der Welt, die Argumente für die Unterzeichnung des Brester Friedens, die Gründung der III. Internationale, die unlösbar verknüpften Fäden der sowjetischen Außenpolitik bis Ende 1923, d. h. bis zum Scheitern der letzten, längst nicht mehr realistischen Hoffnungen auf die Revolution in Deutschland, das sind politische Fakten, die das Vorhandensein einer solchen Konzeption bestätigen. Die daraus resultierende Politik bot allerdings einen ziemlichen Freiraum. Mit dem Hinweis auf die zu erwartende Weltrevolution konnte man Maßnahmen rechtfertigen, die im Widerspruch zu den Interessen der Mehrheit der proklamierten Arbeiter- und Bauernmacht standen.

Die Durststrecke bis zur siegreichen Revolution in anderen Ländern wurde 1924 auf höchstens fünf Jahre geschätzt. Georgi Sinowjew hatte bereits anläßlich des fünften Jahrestages der Komintern unmißverständlich erklärt: »Es werden wieder fünf Jahre vergehen, und das internationale Proletariat wird das erste Jahrzehnt des Bestehens der Kommunistischen Internationale zweifellos in einer Situation des Sieges des Kommunismus wenigstens in einer Reihe von bedeutenden Ländern begehen können.«[19] Diese grundlegende Fehleinschätzung der Weltsituation 1924 war weniger erklärlich als die von 1918. Damals brachen Revolutionen in mehreren europäischen Ländern, vor allem in Deutschland, aus. Sie führten aber nicht wie in Rußland zum Sieg der revolutionären Macht. Doch die Hoffnung auf weitere soziale Kataklysmen lag nicht jenseits rationaler Berechnungen. Wenn die Weltrevolution sich lediglich etwas verspätete und wenn ohne den Sieg der Revolution in den ökonomisch weiterentwickelten Ländern der Aufbau des Sozialismus in Rußland nicht ernsthaft vorangetrieben werden konnte, so blieb dennoch die Pflicht, die revolutionäre Macht mit allen Mitteln zu verteidigen.

Eine heute diskutierte neue Version über Lenins Handeln nach der Machtergreifung beschäftigt sich nicht mit der Frage, ob Lenin die Maßnahmen, die er durchsetzte, schon als »sozialistisch« oder erst als »staatskapitalistisch« einschätzte. Mit demonstrativer Gleichgültigkeit gegenüber dieser Fragestellung, von der die theoretischen Gegner wie auch die Anhänger der Marxschen Lehre lebten, begibt sie sich auf den Boden des Pragmatismus. Ohne die aktuellen Parallelen zu verschleiern, äußerte der Historiker Wladlen Logiunow in der »Komsomolskaja Prawda« vom 7. November 1990, daß es naiv sei anzunehmen, Politiker würden sich in Zeiten großer Krisen nach bestimmten ideologischen Doktrinen verhalten. Im Gegenteil: Es gehe ihnen einfach darum, die Krise zu überwinden, d. h. in dem konkreten Falle, alle Kräfte des Landes zu mobilisieren, um die Fragen zu lösen, die die bürgerliche Regierung nicht zu lösen vermochte. Eine solche Deutung verkennt die Bedeutung der ideologischen Komponente für die Politik der Bolschewiki.

Bekanntlich dauerte die politische Krise länger, als Lenin und seine Mitstreiter angenommen hatten. Mit dem Widerstand einer Minderheit – der Vertreter des Adels und der Großbourgeoisie sowie der Parteiprominenz liberaler und bürgerlich-demokratischer Parteien (um beim Vokabular jener und späterer Zeit zu bleiben) – hatten sie gerechnet. Unerwartet kam jedoch der sowohl passive als auch zunehmend aktive Widerstand der Massen. Der Bürgerkrieg kündigte sich an, lange bevor er ausbrach: zuerst durch die sogenannte demokra-

tische Opposition, die sich gegen die Auflösung der Konstitu-
ierenden Versammlung und später gegen die Ausschaltung der
linken Sozialrevolutionäre wandte. Die Opposition, zu der bekannte Künstler, Wissenschaftler, Geistliche gehörten, verschaffte sich Gehör und Vertrauen in den demokratisch ge-
sinnten Kreisen der Intelligenz des In- und Auslandes.

Während der Auseinandersetzungen um den Brester Frie-
densvertrag bildete sich die sogenannte patriotische Opposition heraus. Ihr gehörten meist aus der Zarenarmee kommende, ehemalige Militärangehörige an, die sich in der Ablehnung des »unglücklichen« Brester Vertrages mit den linken
Kommunisten einig waren, wenn auch die Gründe für die Ablehnung diametral auseinander gingen. Es gelang Lenin, den
Widerstand innerhalb der Partei zu brechen. Es gelang ihm allerdings nicht, die Probleme, die in diesem Vertrag steckten,
zu lösen. Rußland verlor große, lebensnotwendige Territorien
an den Kriegsgegner. Dieser Umstand wog für die »patriotische Opposition« schwerer als die weltanschaulichen bzw. par-
teipolitischen und sozialen Unterschiede zu den linken Kommunisten. Männer wie Admiral Koltschak, die während der
Brester Verhandlungen verzweifelte Schritte gegen das Zustan-
dekommen des Separatvertrages unternahmen, gehörten Monate später zu der weißgardistischen Führung der konterrevo-
lutionären Truppen. Die Einmischung von außen, die formell
vorbildlich organisiert, im wesentlichen ahnungslos und ohne
jegliches Verständnis für den eigentlichen Konflikt erfolgte,
konnte am Ausgang des Bürgerkrieges nichts ändern, hat aber
die Dauer der Auseinandersetzung beeinflußt. Nachdem die
Intervention abgeschlagen war, sah sich die innere Konterrevolution außerstande, den Widerstand fortzusetzen.

Die Großmächte des ersten Weltkrieges, die in dieser oder
jener Form an der Intervention in Rußland teilgenommen hatten, taten dies nicht, weil sie über die Perspektive einer sozialistischen Umgestaltung beunruhigt waren. Die österreichische
Regierung, die 1917 ihre Befürchtungen hegte, Rußland würde
für andere Länder ein nachahmenswertes Beispiel werden, war
eine Ausnahme. Sie hatte inzwischen die Bestätigung ihrer
Ängste erfahren müssen. Andere Mächte hatten mehr oder weniger schwerwiegende soziale Probleme, doch an Rußland war

für sie nicht die soziale Seite interessant, sondern das Verhalten im Kriege. Kerenski oder Lenin – für England war diese Frage wegen der russischen Allianzverpflichtung wichtig, während Frankreich erst, nachdem es die Gefahr für seine in Rußland investierten Milliarden erkannt hatte, eine aktive antibolschewistische Position einnahm. Der rote Terror, die fehlende Demokratie – diese Themen begann man in den genannten Ländern erst unter dem Einfluß der Emigranten ernsthaft zu debattieren. Defizite an Demokratie in Rußland hatten die Politiker auch vor der Revolution nicht gestört, und Blutvergießen gehörte in dem zweiten Jahrzehnt des Jahrhunderts zum politischen Alltag. Was zu Beginn der Revolution nicht mehr als ein billiger Propagandaeffekt war, wurde nach der Niederlage der Intervention und des Bürgerkrieges angesichts der Perspektive, die Regierung Lenins länger dulden zu müssen, zu einem ernsthaften politischen Argument.

Im Frühjahr 1921 wurde man sich sowohl in Rußland selbst als auch im Ausland der neuen Situation bewußt. Die Sowjetmacht war dabei, die Etappe des Provisoriums zu beenden und sich auf Dauer einzurichten. Die letzten zwei Monate des Vorjahres hatte die Parteiführung mit Fraktionskämpfen zugebracht. Lenin bezeichnete diese Situation einmal ironisch als »den Luxus«, den sie sich angesichts der schwierigen Situation im Lande wohl nicht leisten konnte. Es sind auch andere Einschätzungen von ihm bekannt, so z. B. in dem Anfang 1921 verfaßten Aufsatz »Die Krise der Partei«. Die Partei sei krank, dies sei eine bittere Wahrheit, der man offen entgegentreten müßte.[20] In den Fraktionskämpfen, die gewiß nicht zufällig entstanden waren, ging es genaugenommen um die Grundfrage, d. h. um die führende Rolle der Partei unter den Bedingungen der Diktatur des Proletariats.

Der Angriff kam diesmal – und das war neu – nicht von außen, d. h. nicht von anderen Parteien oder politischen Strömungen, sondern von Mitgliedern der Parteiführung, die die Rolle der Gewerkschaften in Fragen der ökonomischen Politik erhöhen wollten. Allerdings war diese Aufgabe reformierten, von der Partei noch umzugestaltenden Gewerkschaften zugedacht. Die Erweiterung der Basis der Partei unter den Arbeitern wäre ein Nebeneffekt gewesen. Die Demokratisierung des

Parteilebens strebten vor allem Vertreter der »Arbeiteropposition« an, die gegen die »Militarisierung der Wirtschaftsleitung« auftraten. Lenin sah in diesen Versuchen einen Bruch mit dem Kommunismus und einen Sieg des Syndikalismus. Eine solche Zuspitzung der Polemik – sie richtete sich vor allem gegen Trotzki und Bucharin – scheint heute unbegründet. Der sachliche Aspekt spielte allerdings schon einige Wochen später auf dem X. Parteitag keine Rolle mehr. Er bot lediglich den Anlaß zu der folgenschweren Resolution über die Einheit der Partei, die jegliche Fraktionsbildung mit der Mitgliedschaft in der Partei für unvereinbar erklärte.

Die Auffassung, daß jede Spaltung in der Partei »ein Luxus« sei, konnten die Delegierten des Parteitages recht leicht teilen, waren sie doch vor Beginn überraschend aufgefordert worden, gegen die Meuterei in Kronstadt vorzugehen. Auch in Kronstadt ging es nicht um die Bekämpfung des Klassenfeindes. Die Matrosen von Kronstadt galten bis zur Erhebung als Stütze der Revolution. Lenin reagierte auf das Ereignis in sehr bezeichnender Weise. Einerseits versuchte er seine Tragweite zu bagatellisieren. Andererseits deutete er die Reaktion der ausländischen Presse auf Kronstadt als ein Symptom dafür, daß die Welt sich in zwei Lager gespalten hat – in das kommunistische Rußland und in das kapitalistische Ausland.[21]

In unmittelbarer zeitlicher und gedanklicher Nähe zur Entscheidung über die »Einheit der Partei« steht Lenins gravierender Entschluß, seine bisherige Gesellschaftskonzeption durch die Neue Ökonomische Politik (NÖP) zu korrigieren.

Daß es sich um eine Korrektur, um eine Wende handelte, ist mehrmals bewiesen worden. In dem Konzept seiner Rede auf dem X. Parteitag spitzte Lenin die »Lehre von Kronstadt« auf zwei, vom Standpunkt des Demokratieverständnisses entgegengesetzte Tendenzen zu. Den Ausweg in der Wirtschaft sah er in der Befriedung der Mittelbauern durch die »Handelsfreiheit«, durch die »Freiheit des Kapitalismus«. Zugleich hielt er eine größere Disziplin, eine größere Geschlossenheit der Partei, aber auch einen entschiedeneren Kampf gegen Menschewiki und Sozialrevolutionäre für notwendig.[22] Man könnte meinen, daß er der Belebung des spontanen Elements durch die NÖP mit einer übersichtlichen, straff organisierten Partei begegnen wollte. Dieser Widerspruch wird allerdings auch so gedeutet, daß Lenin in dem Moment, da er das Bauerntum befriedete, die Möglichkeit erhielt, mit den ideologischen Gegnern im Lande abzurechnen, ohne den Widerstand des Volkes fürchten zu müssen. Und er habe nicht gezögert, die Situation zu nutzen. Vor Jahren durfte man diese Behauptung noch als eine boshafte, tendenziöse Unterstellung, für die es keine Beweise gebe, ignorieren.

Auch heute gibt es keine stichhaltigen Beweise dafür, daß Lenin ein besonderes Interesse an der raschen Ausschaltung seiner ideologischen Gegner nach dem Stalinschen Muster »Kein Mensch – kein Problem« hatte. Außer der Parallele zu seinem Verhalten ein Jahr später, im März 1922. Wieder befand sich das Land in einer schwierigen Situation. Die Hungersnot erreichte in vielen Regionen einen vorläufigen Höhepunkt. Fälle von Kannibalismus häuften sich. Die russische Provinz verhielt sich angesichts einer solch akuten Notsituation gleichgültig, wenn nicht gar zustimmend gegenüber der im Land durchgeführten Kampagne zur Enteignung kirchlicher Requisiten. Die Goldschätze und Edelsteine wurden der Hungerhilfekommission übergeben. Ganz unerwartet, so berichtete die Presse, flackerte in der Stadt Schuja in der Nähe von Moskau Widerstand auf. Nach einem Zusammenstoß mit der Miliz gab es Tote und Verletzte. Am Abend des gleichen Tages war die Aktion dann aber erfolgreich abgeschlossen. Lenin reagierte auf den Zwischenfall vier Tage später.

Sein streng geheimer Brief an alle Mitglieder des Politbüros wurde im April 1990 zum ersten Mal in der Sowjetunion veröffentlicht, und zwar ausgerechnet zu seinem 120. Geburtstag.[23] Aus dem Brief geht eindeutig hervor, daß Lenin einen bis ins Detail durchdachten Plan, wie man den Zwischenfall in Schuja als Anlaß für Repressalien (Erschießungen) gegen Vertreter der Bourgeoisie und der Kirche ausnutzen sollte, für die Sitzung des Politbüros am 20. März 1922 erarbeitet hatte. Die Aktion sollte schnell und entschlossen durchgeführt werden, nach Möglichkeit noch vor der Konferenz in Genua, und sie sollte »dem Publikum« die Lust am Widerstand für einige Jahrzehnte nehmen. Mitte 1990 wurde der Brief auch in einer russischsprachigen Zeitschrift in Georgien veröffentlicht, ohne Hinweise

auf die Quelle und um 39 Tage vordatiert.[24] Dies erlaubte dem
Herausgeber, das offizielle Dekret über die Enteignung der Kir-
chenschätze vom 23. Februar 1922 als Folge des Lenin-Briefes
darzustellen. Die zeitliche Differenz ist nicht unwichtig. Bei
einem Dokument von solcher Aussagekraft sollten Zweifel an
seiner Echtheit von vornherein ausgeschlossen sein.

In Lenins Brief an die Politbüromitglieder tritt die Mißachtung der Rechtsstaatlichkeit offen zu Tage, und die kleinen
Verdachtsmomente, die man hin und wieder ausgesprochen
hatte, verblassen vor der eindeutigen Beweiskraft dieses Doku-
mentes. Es existieren auch andere Beweise für Lenins unduld-
same Haltung gegenüber Andersdenkenden. Zu den sogenannten Philosophenschiffen, die Professoren, Wissenschaftler,
Geistliche und Künstler in den Jahren 1922/23 außer Landes
brachten, gab es bis vor kurzem nur einzelne Hinweise, die
nun zusammengetragen und veröffentlicht werden.[25] Die Initiative für diese Aktion, in deren Ergebnis Rußland um solche
Leute wie Berdjajew, Bulgakow, Sorokin, Stepun, Frank, Mel-
gunow, Florowski, Nowikow, Mjakotin u. a. ärmer wurde, ging
von Lenin aus. Sein Brief an Dzierżyński, in dem der Leiter
der Tscheka aufgefordert wurde, seine Mitarbeiter mit der
Überprüfung nichtmarxistischer Veröffentlichungen bekannter
bürgerlicher und christlicher Wissenschaftler zu beauftragen,
kündigte am 19. Mai 1922 das Zeitalter der »Giftschränke« an.

Lenins Entscheidungen in jenem Frühjahr vermitteln den
Eindruck, als hätte er es furchtbar eilig gehabt, vollendete Tatsachen zu schaffen. Seine Krankheit, die ihm nach der Operation Ende April immer mehr zusetzte, erklärt ausreichend
diese Eile. Heute kennen wir die von Medizinern analysierte
Krankheitsgeschichte dieses Mannes. Seine Krankheit war so
schwer, daß sie bei der Beurteilung seiner Tätigkeit in den letzten $1^1/_2$–2 Jahren vor seinem Tod nicht ignoriert werden kann.

Vor seiner Operation sorgte Lenin für den Nachfolger an
der Spitze der Partei. Bekanntlich stammte der Vorschlag auf
dem ZK-Plenum am 3. April 1922, Stalin zum Generalsekretär
zu wählen, von Lenin selbst. Der neue Generalsekretär trat allerdings in den ersten Monaten nach der Wahl kaum in Erscheinung. Selbst in der Gesamtausgabe seiner Reden und
Schriften ließ Stalin die erste Zeit seines 30 Jahre während en

Ausharrens auf diesem Posten lediglich mit einer Erinnerung zum 10. Jahrestag der »Prawda« und mit dem seltsam anmutenden Aufsatz »Genosse Lenin in Erholung. Notizen« dokumentieren.[26] Nachdem Stalin zu Beginn dieser Notizen dem Leser zu verstehen gegeben hatte, daß er sie für völlig überflüssig hielt, da Lenins Erholungsperiode zum Glück zu Ende gehen würde und andererseits seine, Stalins Erfahrungen mit Lenin »in Erholung« zu wertvoll seien, um dieses Thema in schlichten Notizen abzuhandeln, entschloß er sich doch zu schreiben, »denn die Redaktion besteht darauf«.

Die Rolle des bescheidenen und disziplinierten Schülers – Eigenschaften, die Lenin zunehmend in seiner Umgebung schätzte – hielt Stalin nach außen hin recht lange durch. Schwierigkeiten bereitete ihm diese Rolle jedoch beim Umgang mit Lenin und dessen Angehörigen. Ende Mai, eine knappe Woche nach der erwähnten Verfügung an Dzierżyński, erlitt Lenin den ersten Schlaganfall. Die Redebehinderung hielt er für besonders gefährlich. Den Sommer verbrachte er in Gorki, bevor er am 2. Oktober noch einmal für 74 Tage in den Kreml zurückkehrte. Er kam nach Moskau, da er an dem Plenum des ZK teilnehmen wollte, auf dem über die Grundsätze des zu bildenden Staatenbundes gesprochen werden sollte. Dringende, prinzipielle Probleme hatte Lenin vorher mit allen zuständigen Mitgliedern des Politbüros mündlich und brieflich erläutert. Er lehnte die von der Kommission unter Stalins Leitung ausgearbeitete Variante der Autonomisierung, die praktisch auf den formellen Anschluß an die Russische Sowjetrepublik hinausliefen, ab. Stalin fügte sich, und der dem Plenum zur Diskussion vorliegende Entwurf schien Lenins Einwände zu berücksichtigen. Allerdings war der Termin für die Tagung kurzfristig vorverlegt worden, so daß Lenin zu spät nach Moskau kam.

Lenins Tragödie zeichnete sich ab. Durch die Krankheit zunehmend zur Machtlosigkeit verurteilt, mußte er erleben, wie erfolgreich das von ihm in Jahren langer Auseinandersetzung geschaffene System der Diktatur an der Spitze der Partei sich gegenüber den Außenseitern, die Korrekturen anbringen wollten, zu wehren verstand. Anfang Dezember erfolgte der zweite Schlaganfall mit Lähmung der Rede- und Bewegungszentren.

Lenin wehrte sich gegen die drohende Hilflosigkeit mit enormer Willensanstrengung. Am 21. Dezember kam es zum Konflikt zwischen Stalin und Nadeshda Krupskaja. Stalin beschimpfte sie dafür, daß sie ihren Mann am Tage diktieren ließ. Lenin wurde von dem Vorfall informiert und diktierte einen Brief an Stalin, in dem er ihn aufforderte, sich bei der Krupskaja zu entschuldigen. Stalins Reaktion lautete: Es sei nicht Lenin, es sei seine Krankheit, die aus ihm spreche. Am 23. Dezember wurde M. Wolodischtschewa, eine der beiden Stenotypistinnen, mit denen Lenin gearbeitet hatte, zu ihm gerufen. Es hieß, er habe dringendes zu diktieren. So begannen die fast täglichen kurzen Diktate, in deren Ergebnis vor allem das sogenannte Testament, aber auch die Tagebuchnotizen und die letzten Arbeiten, die man neuerdings zur demokratischen Alternative zum Stalinismus in Lenins Spätwerk erheben möchte, entstanden. Lenin wehrte sich auf diese Weise gegen die Krankheit und gegen die drohende menschliche und politische Isolierung. Seine Ängste waren keineswegs übertrieben. Die Partei nahm seine Warnungen nicht ernst. Am 25. Januar veröffentlichte die »Prawda« seine Arbeit über die Reorganisation der Arbeiter- und Bauerninspektion. Vorher hatte das ZK erwogen, ob es nicht besser wäre, die »Prawda« nur in einem Exemplar, für Lenin bestimmt, drucken zu lassen.

Zwischen dem 5. und 10. März 1923 – auch hier differieren die Angaben, was Anlaß zu weiteren Legenden bietet – erfolgte der dritte Schlaganfall. Es begann die große Einsamkeit, die eigentlich bis zum Tode andauerte. Unter enormer Kraftanstrengung lernte Lenin, sich wieder zu bewegen und zu verständigen, doch das hatte schon mit Regieren nichts mehr zu tun. Diese letzte Etappe seines Lebens wäre für die politische Biographie uninteressant, wenn sie nicht auf grausame Weise die Mängel seines Hauptwerkes demonstriert hätte: Der Parteiapparat besaß keine Mechanismen der Selbstkorrektur. Auf Gedeih und Verderb war die führende Kraft des Landes an die Eigenschaften der Männer an ihrer Spitze gebunden.

Gleich nach Lenins Tod setzte die Welle seiner Glorifizierung ein. Während es in der vom Kommunisten Henri Guillebeaux 1923 veröffentlichten Lenin-Biographie noch hieß: »Despot, extremer Phantast, elender Parteihäuptling, Sezessionist, deutscher Agent, Verräter, so wurde er vor kaum fünf Jahren genannt. Heute vergleicht man ihn mit Peter dem Großen«[27], weigerte sich Sinowjew ein Jahr später, überhaupt Vergleiche mit den Großen dieser Welt für Lenin zu akzeptieren. Man begann, Lenins Spuren in der Geschichte zu verwischen, was in diesem Falle durch seine Überdimensionierung erreicht wurde.

Josif Stalin

(1879–1953)

(K)ein Theoretiker?

Wladislaw Hedeler

Die Notwendigkeit, sich dieser Frage zu stellen, bedarf heute keiner Begründung. Immer noch gehört das damit angesprochene Thema zu den Stiefkindern neuerer sowjetischer Publizistik sowie zu den weitgehend ausgeblendeten Themen in den von westeuropäischen, sowjetischen und amerikanischen Autoren vorgelegten Stalin-Biographien. Veröffentlichungen von bisher unzugänglichem Archivmaterial in sowjetischen Fachzeitschriften haben wenig zur Aufarbeitung des Stalinismus unter diesem Blickwinkel beigetragen. Wissenschaftler, Publizisten und Politiker aus Ost und West verstehen darunter in erster Linie eine politische Doktrin. Die berechtigte Frage nach Wirkungsmechanismen, -bedingungen und Strukturen verdrängt die nach der Programmatik auf einen der hinteren Plätze.

Dabei galt Stalins Werk jahrzehntelang als »Wegweiser« der kommunistischen und Arbeiterparteien. Der Generalissimus wurde in einem Atemzug mit Nikolaus Kopernikus, Galileo Galilei, Charles Darwin und Max Planck, vor allem aber mit Karl Marx und Friedrich Engels genannt. Die Würdigung als »Lenin unserer Zeit« war eine weit verbreitete Formel. Die Namen jener, die ihm huldigten, sind austauschbar. »Es gibt, wie gesagt, keine einzige bedeutsame Frage des gesellschaftlichen Lebens und Denkens, zu der Stalin nicht einen richtungsgebenden Beitrag geleistet hätte.«[1]

Nun, am Ende der Sackgasse angelangt, gilt es, die unter dem Banner des »realen Sozialismus« zurückgelegte Wegstrecke einer kritischen Prüfung zu unterziehen. Der Zusammenbruch des administrativ-bürokratischen Kommandosystems, das Scheitern des stalinistischen Gesellschaftsmodells sind nicht ohne Auswirkung auf die Debatten über die Lebensfähigkeit der sozialistischen Idee, das Verhältnis von Theorie und Politik geblieben. Hat der Stalinismus den Sozialismus bis zur Unkenntlichkeit verzerrt oder bis zur Kenntlichkeit gebracht?

Kann Stalin auf Marx zurückgeführt und Lenin für die eingeschlagene Politik verantwortlich gemacht werden, oder gab es zwischen Lenin und Stalin mehr Unterschiede als Gemeinsamkeiten? Wie steht es um die Entwicklung des Sozialismus von der Utopie zur Wissenschaft? Stalins Biographie, Werk und Wirkung sind aufzuarbeiten, es geht nicht an, mit der Verdammung seiner Person Jahrzehnte der in seinem Namen geführten Theorieproduktion zu verdrängen. Derartige Versuche hat es zur Genüge gegeben. Hierzu gehört die Erklärung Stalins zur Unperson durch Walter Ulbricht, der am 4. März 1956 feststellte: »Von nun an könne Stalin nicht mehr zu den Klassikern gerechnet werden.«[2] Als ein dem Gegenstand unangemessener Interpretationsversuch erwies sich der Beschluß des ZK der KPdSU »Über die Überwindung des Personenkults und seiner Folgen« vom 30. Juni 1956.[3]

Stalin geht als »Totengräber der Revolution« in die Geschichte der Arbeiterbewegung ein. Leo Trotzkis Bannfluch, ausgesprochen auf einer Politbürositzung des ZK der KPdSU(B) im Jahre 1926, ist in Erfüllung gegangen.

Da Stalinismus sowohl Synonym für ein Herrschaftssystem mit einer adäquaten Struktur als auch Inbegriff für die Technik der Machtausübung ist, ist die Frage nach dem zugrunde liegenden Theoriemodell berechtigt. Was verbirgt sich hinter dem Terror der Säuberungen, der letzten Endes auch nur Mittel zum Zweck war? Sind Angst, Unterdrückung und Entfremdung jene Mechanismen, die die Lebensfähigkeit des Systems erklären? In Ermangelung von schlüssigen Antworten greifen einige Autoren auf die These vom Paranoiker oder Antiintellektuellen Stalin zurück. Punktuelle, vom Ende, vom Zusammenbruch des Systems her in Angriff genommene Analysen greifen meist nicht. Sie sind ausgesprochen kurzlebig und konjunkturabhängig. Das ist auch einer der Gründe, der die Schwerpunktverlagerung in stalinismuskritischen Artikeln sowjetischer Autoren erklärt. Nicht die Ermordung Sergej Kirows im Dezember 1934, sondern die Diskreditierung Trotzkis im Jahre 1923 birgt den Schlüssel für die Lösung des Problems.

Wie war das Verhältnis des Pragmatikers Stalin, der sich als Schüler Lenins verstand, zu den von ihm propagierten Losungen? Obgleich sie ständig in aller Munde war, hat es dennoch keine in sich geschlossene theoretische Fundierung der »Generallinie« gegeben. Woran orientierten sich die Bolschewiki in der Zeitspanne, deren Eckpunkte das Programm der Kommunistischen Partei aus dem Jahre 1918 und die Verfassung von 1936 bildeten? Sowjetische Autoren sprechen in neueren Untersuchungen vom Stillstand der Theorieproduktion, womit sie de facto Trotzkis in den Streitschriften gegen Stalin entwikkelte Argumentation aufgreifen. Trotzki hob 1936 hervor, daß ab Mitte der 20er Jahre, obgleich der Marxismus in der UdSSR formell als die Staatsdoktrin galt, keine einzige marxistische Abhandlung erschienen sei, die irgendwelche Aufmerksamkeit oder die Übersetzung in eine andere Sprache verdient hatte. »Die Theorie«, faßte er zusammen, »geht über scholastisches Flickwerk nicht hinaus. Der Stalinismus läßt sich nicht von der Theorie des Marxismus oder überhaupt von einer Theorie leiten, sondern von den empirischen Interessen der Sowjetbürokratie«,[4] schrieb er ein Jahr später.

Sowjetische Publizisten greifen begierig die wenigen punktuellen Analysen unterschiedlicher Ereignisse aus den Jahren 1922–1953 auf. In Abhängigkeit vom jeweiligen Sachverhalt oder Dokument formulieren sie ihre Hypothesen. Einige Autoren bedienen sich, da keine gesellschaftsübergreifenden Modelle vorliegen, der klassischen Antiutopien Ray Bradburys, Aldous Huxleys, Franz Kafkas, Arthur Koestlers, Vladimir Nabokows, George Orwells, Andrej Platonows und Jewgeni Samjatins. Für die Berechtigung dieses Herangehens steht das Huxleys »Schöner neuer Welt« vorangestellte Motto aus der Feder des russischen Philosophen Nikolai Berdjajew: »Utopien erweisen sich als weit realisierbarer, als man früher glaubte. Und wir stehen heute vor einer auf ganz andere Weise beängstigenden Frage: Wie können wir ihre endgültige Verwirklichung verhindern? Utopien sind machbar. Das Leben hat sich auf Utopien hinentwickelt. Und vielleicht beginnt ein neues

Zeitalter, ein Zeitalter, in dem Intellektuelle und Gebildete Mittel und Wege erwägen werden, die Utopien zu vermeiden und zu einer nichtutopischen, einer weniger vollkommenen und freieren Gesellschaftsform zurückzukehren.«[5]

Stalins Biographen, 1949 Isaac Deutscher, 1962 Roy Medwedjew, 1965 Robert Payne, 1973 Robert Tucker, 1975 Maximilien Rubel und 1989 Dmitri Wolkogonow, haben Trotzkis Bannfluch aus dem Jahre 1926 aufgegriffen und variiert. Die von ihnen erarbeiteten Studien stehen heute mehr denn je zur Diskussion. Mit Lenin oder Trotzki als Kontrastmittel sowie unabhängig davon, ob sie sich dem Thema unter dem Blickwinkel der Analyse des Stalinismus (Rubel), des Terrormechanismus (Anton Antonow-Owsejenko und Payne), der Sozialpsychologie (Medwedjew), Stalins Weg zur Macht (Tucker), der politischen Biographie bzw. des politischen Porträts (Deutscher bzw. Wolkogonow) nähern, wird (Rubel bildet hier eine Ausnahme) dargelegt, daß Stalins Praxis der von Marx, Engels und Lenin widersprach. »Das war nicht, wofür Marx und Engels gearbeitet hatten – obwohl sie die Konsequenzen ihrer erratischen Philosophie dunkel voraussahnten. Sie hatten die Diktatur der proletarischen Massen gefordert. Unter Lenin und Stalin artete die Diktatur der Massen in die Diktatur eines einzelnen Menschen aus, dessen Leben so unschätzbar wertvoll war, daß es um den Preis des totalen Terrors bewahrt werden mußte.«[6]

Stalin, von 1922 bis 1953 der erste Mann in der Sowjetunion, bleibt jedoch im Schatten, entzieht sich immer wieder dem Zugriff des Forschers. Er gleicht »einem Nebel, der lautlos, unsichtbar und seltsam unwirklich ganz Rußland durchdrang«.[7] Darüber sind sich Autoren aus Ost und West einig. »Leider starb Stalins Geheimnis mit ihm, und wir werden nie erfahren, was er wirklich von sich selbst, der Partei, der Welt oder dem von ihm aufgebauten Sozialismus hielt«[8], konstatiert der sowjetische Philosoph Alexander Zipko.

Unverständlich ist, das sei hier am Rande vermerkt, wieso bei einem derartigen Defizit an Erklärungen der theoretischen Wurzeln des Stalinismus Wolkogonow der Veröffentlichung einer deutschen Übersetzung seines Buches zustimmte, die gerade dort Auslassungen aufweist, wo sich in der russischen

Ausgabe die am Cäsarismus-Begriff festgemachten Erklärungsversuche des »Phänomens Stalinismus« finden.

Verlockend, wenn auch m. E. nicht stichhaltig, ist Rubels Argumentation. Die Problemsicht, mit der er seine Monographie über Stalin einleitet, nämlich daß die geschichtliche Figur Stalins nur vom Stalinismus her zu begreifen ist, von einer geschichtlich bedingten Herrschaftsstruktur, die der Person des Diktators vorgegeben war und seine Wirkungszeit zwangsläufig überdauert, klammert von vornherein zu vieles aus. Die tradierte, von Ronald Hingley in der Enzyklopädie »Sowjetsystem und demokratische Gesellschaft« vorgegebene Lesart »Stalin, Stalinismus« ist weiter zu thematisieren. Auf sie bezugnehmend, wies Hans Hecker 1979 zu Recht darauf hin, daß »zwischen der unmittelbar mit dem historischen Stalin verbundenen Epoche in der Geschichte der Sowjetunion von Mitte der zwanziger Jahre bis 1953 und der allgemeinen politikwissenschaftlichen Bezeichnung bestimmter politischer Methoden und Verhaltensweisen zu unterscheiden«[9] ist.

Stalinismus umfaßt mehr, als eine Untersuchung der Tätigkeit Stalins an den Tag bringen kann. Der heute in der sowjetischen Fachliteratur verbreitete Ausgangspunkt der Stalinismusanalyse ist die Thematisierung des auf die sozialistische Revolution, die von den Akteuren als antikapitalistische und nicht als positive Aufhebung der bürgerlichen Gesellschaft verstanden wurde, folgenden Versuchs, die soziale Revolution künstlich beschleunigen zu wollen. Er bedeutete einen offenen Bruch mit der von Marx und Lenin vertretenen Konzeption des naturhistorischen Charakters der Formationsentwicklung. Neue Produktionsverhältnisse wurden der Gesellschaft aufgepfropft und den Produktivkräften, die noch unterentwikkelt waren, übergestülpt. Diese Abkehr vom Marxschen Konzept erhielt in dem 1926 veröffentlichten Aufsatz »Zu den Fragen des Leninismus« die Weihe als neuentdecktes Gesetz: »Die bürgerliche Revolution beginnt gewöhnlich, wenn mehr oder weniger fertige Formen der kapitalistischen Ordnung vorhanden sind, die schon vor der offenen Revolution im Schoße der feudalen Gesellschaft herangewachsen und ausgereift sind, während bei Beginn der proletarischen Revolution fertige Formen der sozialistischen Ordnung fehlen oder fast fehlen.«[10]

Kurz: Stalins politische Laufbahn ist mit dem Geltungsbereich des Begriffs »Stalinismus« nicht deckungsgleich. Darüber, wann letzterer einsetzt, sind die Biographen nach wie vor unterschiedlicher Meinung. Rubel datiert den Beginn mit der Februarrevolution, Antonow-Owsejenko bezeichnet den Parteitag im Dezember 1927 als das entscheidende Ereignis in der politischen Biographie Stalins. Medwedjew verlegt die Geburtsstunde des Stalinismus in das Jahr 1923. Hieraus ergibt sich u. a. die Frage, wie die Biographie des jungen Stalin zur Verwirklichung des Systems ins Verhältnis zu setzen ist. Wie steht es um die »Lehrlings- und Gesellenjahre«, um einen Ausdruck Stalins aufzugreifen, in denen er, wie Rubel behauptet, lediglich die von Lenin betriebene Umkehrung der Marxschen Gesellschaftslehre in den Blanquismus konsequent fortsetzte. Rubels Feststellung mündet in die These, daß »der Fälscher Stalin möglich war, weil die Russische Revolution unter falscher Flagge in die Annalen der Geschichte eingehen konnte. Im Sinne jener Theorie, auf die sich die bolschewistischen Berufsrevolutionäre beriefen, um ihr Machtstreben ideologisch zu verhüllen, war sie weder proletarisch noch sozialistisch.«[11]

Unter diesem Blickwinkel erscheint der asiatische Plebejer Stalin in Rubels Buch als konsequenter Praktiker in der Durchführung des Auftrags, den Lenin in seinem Testament verkündet hatte. Auf diese Weise gerät jedoch die Fragestellung nach dem eigenständigen theoretischen Beitrag Stalins aus dem Blickfeld. Welchen Extrakt er aus den Schriften von Karl Marx, Friedrich Engels, Karl Kautsky, Leo Trotzki und Georgi Plechanow, um nur einige Autoren seiner 390 Bände umfassenden Bibliothek zu nennen, in den Jahren 1920–1936 zog, bleibt weiter zu untersuchen. Die im Dezember 1990 veröffentlichte Auswahl von Unterstreichungen und Marginalien aus Stalins Bibliothek läßt den Schluß zu, daß er grundsätzlich andere Auffassungen als die genannten Autoren, die damals den Ruf von Klassikern genossen, in den von ihnen angesprochenen revolutions- und staatstheoretischen Fragen vertrat. Den thematischen und chronologischen Rahmen der Veröffentlichung im »Kommunist« stecken die zwei folgenden Kommentare Stalins ab. 1920 erschien Trotzkis Buch »Terrorismus und Kommunismus« in Sowjetrußland. Stalin las und kommentierte den zwischen Kautsky, Lenin und Trotzki geführten Disput. Er unterstrich Trotzkis Feststellung »Die Aufgabe des revolutionären Paris sieht Marx also nicht darin, von seinem Siege her an den schwankenden Willen der Konstituante zu appellieren, sondern darin, über ganz Frankreich eine zentralisierte Organisation von Kommunen auszuspannen, die sich nicht auf äußerliche Prinzipen der Demokratie, sondern auf tatsächliche *Selbstverwaltung der Erzeuger* gründen.«[12] und vermerkte am Rande: »Das hat keine Zukunft.«[13]

Engels' Sätze aus der »Einleitung zu K. Marx ›Der Bürgerkrieg in Frankreich‹«, veröffentlicht 1937, darüber, daß der Staat nichts anderes sei als eine Maschine zur Unterdrückung einer Klasse durch die andere, versah Stalin mit dem Kommentar: »Nicht nur«. Auch diese Vorstellung war nicht neu. Bereits 1923 notierte Stalin zu Lenins »Staat und Revolution«: Die Theorie von der allmählichen Aufhebung des Staates ist eine »verhängnisvolle Theorie«. 1930 stießen Engels' »verworrene Passagen« aus dem Brief an Joseph Weydemeyer vom 12. April 1853 sowie aus der »Kritik am Entwurf des Erfurter Programms« über die Möglichkeit des friedlichen Hineinwachsens in den Sozialismus auf Widerspruch. Auch das, was Engels über die Erringung der Herrschaft durch das Proletariat unter Bedingungen der demokratischen Republik schrieb, galt laut Stalin 1930 schon nicht mehr.

Kautsky traf es am härtesten. Seine Ausführungen über die russische Revolution bezeichnete Stalin als die eines Blödians und eines Schurken. Er folgte weitestgehend Trotzkis Entgegnung, in den entscheidenden Punkten jedoch wich er von dessen Konzept ab: Im Unterschied zu Trotzki sah Stalin in der Partei die ein für allemal eingesetzte und beständig herrschende politische Institution.[14]

Stalins Originalität, betont Rubel, »bestand darin, sich in Ermangelung eigener Theorien der Gedanken anderer für seine politische Praxis zu bemächtigen«[15]. Es bleibt sich gleich, ob sich die Biographen Stalin von dessen Früh- oder Alterswerk her nähern, immer führen sie die Sichtweise ihrer anders herangehenden Kollegen ad absurdum. Der begabte Propagandist Dshugaschwili ist mit dem theoretisch unbedarften Praktiker

Koba und dem Generalsekretär Stalin schwer in Einklang zu bringen. Hinzu kommt, daß die von den Biographen vertretenen Grundmuster mit den Selbsteinschätzungen und autobiographischen Reflexionen Stalins kollidieren. Im »Vorwort des Verfassers« zum ersten Band seiner »Gesammelten Werke« bezeichnete Stalin sich als jungen Marxisten, als theoretisch ungenügend geschulten bolschewistischen Praktiker, »der noch nicht zu einem fertigen (!) Marxisten und Leninisten geworden war«. Stalin verkehrt damit seinen Entwicklungsgang als Theoretiker: Es entsteht das Trugbild eines beständigen Aufstiegs hin zum genialen, in allen Wissenschaften bewanderten, eben »fertigen« Denker.

War es nicht umgekehrt? Die ersten tastenden Versuche, dem Denkgebäude des Marxismus näherzukommen, sich in dieses Gedankensystem hineinzufinden, gingen über eine simple Selbstverständigung nicht hinaus.

Josif Wissarionowitsch Dshugaschwili wurde am 9.(21.) Dezember 1879 in Gori geboren. Sein Vater war Flickschuster, die Mutter arbeitete als Waschfrau. Von vier Kindern starben drei bald nach der Geburt. Über Kindheit und Jugend wissen die Biographen außerordentlich wenig zu berichten. Die zu Lebzeiten Stalins vom Marx-Engels-Lenin-Institut besorgte »Kurze Lebensbeschreibung« setzt mit dem Ausschluß Dshugaschwilis aus dem Priesterseminar ein. Von 1888 bis 1894 hatte er die geistliche Elementarschule in Gori besucht. Schuldirektor und Pope erkannten die Begabung des Jungen und ermöglichten ihm durch ein Stipendium den Besuch des griechisch-orthodoxen geistlichen Seminars in Tiflis.

Deutscher beschreibt das Priesterseminar, die wichtigste höhere Schule im Kaukasus, als ein Zentrum der politischen Opposition. Er und Tucker schildern den jungen Stalin als einen talentierten Propagandisten des Marxismus. Tucker, er legte die bisher ausführlichste Studie über die Verankerung Stalins in der bolschewistischen Bewegung und Theorie vor, zählt eine Reihe von Arbeiten Lenins auf, die von entscheidender Bedeutung für die theoretische Begründung der Strategie und Taktik des Bolschewismus waren. Diese Schriften, faßt er zusammen, enthalten sehr wohl zahlreiche Hinweise auf die Theorie des Marxismus, nur sei das Interesse an der Theorie den Anforderungen der Praxis und den Problemen der revolutionären Bewegung untergeordnet.

Stalin konnte sich der Faszination der Marxschen Theorie nicht entziehen. Im Priesterseminar und unter der Tifliser jungen Intelligenz war der Marxismus die führende und dominierende Strömung. Die Schulleitung hatte allen Grund, an der politischen Zuverlässigkeit ihrer Zöglinge zu zweifeln. Ein Vorwand für die Relegierung war schnell gefunden: Dshugaschwili sei aus unbekannten Gründen nicht zu einer Prüfung erschienen.

In der »Kurzen Lebensbeschreibung« wird Stalins Ausschluß aus dem Seminar mit »Propagierung des Marxismus« begründet. Der Grundstein der Legendenbildung war gelegt. Der Seminarist wird als gebildeter Marxist, der Philosophie, politische Ökonomie, Geschichte, Naturwissenschaften, die zugänglichen Arbeiten von Marx, Engels, Lenin sowie die klassische Weltliteratur studiert hat, vorgestellt. Dshugaschwili, heißt es, las in jeder freien Minute, darunter auch illegale Literatur, die im Priesterseminar in Abschriften kursierte. Anzumerken ist, daß es den Seminaristen verboten war, Bücher aus der öffentlichen Bücherei zu entleihen. Mit dem Ausschluß aus dem Priesterseminar rückte die Lektüre in den Hintergrund.

Dshugaschwili fand im Unterschied zu vielen seiner Kampfgefährten nicht als Intellektueller zur Sozialdemokratie. Er hat in die Theoriedebatten, die um die Jahrhundertwende auch in der Tifliser Organisation geführt wurden, nicht eingegriffen. Aufrufe und Flugblätter, die er verfaßte, enthalten aus der »Iskra« entnommene Argumente. Sein Arbeitsbereich — in der für die russische Sozialdemokratie jener Zeit typischen Verflechtung — bestand in der Organisation der Partei- und Zirkelarbeit. 1900 wurde Dshugaschwili in das sozialdemokratische Tifliser Parteikomitee gewählt.

Iwan Towstucha, Stalins Sekretär, verfaßte eine biographische Skizze für den Mitte der 20er Jahre in der Sowjetunion publizierten Band »Funktionäre der UdSSR und der revolutionären Bewegung«.[16] Nach seiner Schilderung gehörte Stalin zu den »Jungen«, den Anhängern der Straße. Jener Flügel hatte sich letztlich gegen die »Alten«, die Anhänger der rein propagandistischen Arbeit durchgesetzt. Diese Grundaussage bildet das Leitmotiv der biographischen Skizze. Vergeblich wird der Leser nach einem Hinweis auf die theoretischen Leistungen des Berufsrevolutionärs suchen. Die Periodisierung des Lebensweges folgt den Etappen der Verbannung. In der Schilderung der politischen Laufbahn ist kein Platz für den Theoretiker. Ausführlich, fast minutiös schildert Towstucha die Tätigkeit des Berufsrevolutionärs. Dreh- und Angelpunkt dieser von Stalin autorisierten Legende ist die Aussage, er habe stets an der Seite und im Geiste Lenins gehandelt und gedacht.

Auch Deutscher beschreibt Stalins außergewöhnliches, »beinahe instinktives Einfühlungsvermögen für dieses rückständige Element«, gemeint ist die sogenannte träge und rückständige Masse der Bevölkerung. »Mit zwanzig Jahren war Dshugaschwili jener Umgebung schon weit voraus, aus der er gekommen war. Jetzt gehörte er zur Intelligenz, freilich nicht zu der Schicht, die auf einer sicheren wirtschaftlichen Grundlage ein wohlgeordnetes Leben führen kann und die sich deshalb ihres Platzes und ihres Wertes innerhalb der Gesellschaftsordnung wohl bewußt ist. Er gehört zu der halb nomadischen Gruppe der gesellschaftlichen Deklassierten.«[7]

Dieser Faden wird in der Vorbemerkung zum ersten Band der Werke Stalins aufgenommen. »Die richtunggebenden Artikel in ›Brdsola‹ (Der Kampf) über die Fragen des Programms und der Taktik der revolutionären marxistischen Partei stammen aus der Feder J. W. Stalins. Es erschienen vier Nummern der Zeitung ›Brdsola‹, Nummer 1 im September 1901, Nummer 2/3 im November/Dezember 1901 und Nummer 4 im Dezember 1902. ›Brdsola‹, nächst der ›Iskra‹ die beste marxistische Zeitung in Rußland, … verteidigte die theoretischen Grundlagen des Marxismus und propagierte ebenso wie die Leninsche ›Iskra‹ die Notwendigkeit des Übergangs der sozialdemokratischen Organisation zur politischen Massenagitation, zum politischen Kampf gegen die Selbstherrschaft, und verfocht die Leninsche Idee der Hegemonie des Proletariats in der bürgerlich-demokratischen Revolution.«[8]

Stalin erscheint in einer für die Geschichte der Partei wichtigen Zeitspanne, nämlich zwischen dem I. und dem II. Parteitag, dem Jahrfünft der Vorbereitung auf die Revolution von

1905, als Anhänger Lenins. Deutscher jedoch übergeht diese, dem ersten Band vorangestellte Geschichtsklitterung und greift das von Trotzki 1925 in einem Gespräch mit Efraim Skljanski skizzierte Psychogramm Stalins auf: »Sagen Sie mir«, fragte Skljanski, »was stellt denn Stalin dar?« … »Stalin«, sagte ich, »ist die hervorragende Mittelmäßigkeit unserer Partei … Das ist die Reaktion nach der großen sozialen und psychologischen Anspannung der ersten Jahre der Revolution. Die siegreiche Konterrevolution kann ihre großen Männer haben. Aber ihre erste Stufe, der Thermidor, braucht Mittelmäßigkeiten, die nicht über ihre Nase hinaussehen können. Ihre Macht ist ihre politische Blindheit, es ist wie bei einem Mühlenpferd, dem es scheint, es gehe bergauf, während es in Wirklichkeit nur das sich drehende Treibrad hinunterstößt. Ein sehendes Pferd ist für solche Arbeit ungeeignet.«[19]

Von 1902 bis 1913 wurde Stalin siebenmal verhaftet, sechsmal war er in der Verbannung, aus der er fünfmal floh. Anfang 1914 wurde Dshugaschwili, ein Jahr zuvor hatte er sich ein neues Parteipseudonym – Stalin – zugelegt, erneut verhaftet. Aus den Jahren 1914–1917 sind keine Arbeiten und Briefe überliefert. Offensichtlich wurde wieder ein Entwicklungsweg abgebrochen, der sich im Ausland, nicht zuletzt unter Lenins Einfluß, angebahnt hatte.

Dshugaschwili nahm im Dezember 1905 als Delegierter der transkaukasischen Bolschewiki an der 1. Allrussischen Konferenz in Tammerfors teil. Hier begegnete er Lenin zum erstenmal. Auf Anregung Lenins entstanden mehrere theoretische Arbeiten, darunter die 1913 verfaßte Abhandlung »Marxismus und nationale Frage«. Zuvor hatte Dshugaschwili, seit 1912 Mitglied des ZK, Aufsätze, die eher der Selbstverständigung dienten, wie z. B. »Anarchismus oder Sozialismus« (geschrieben 1906/07), vorgelegt. Seine Studien über die nationale Frage (Lenin hatte an der Endredaktion mitgewirkt, Bucharin die Materialsammlung besorgt) bezog Stalin nicht in die Begründung der von ihm skizzierten Nationalitätenpolitik ein.

Medwedjew und Payne traten mit dem Versuch, ein Resümee aus diesen hier skizzierten Entwicklungslinien zu ziehen, hervor. Unter dem Eindruck des Spätwerkes schrieb Payne: »Die Konvulsionen, in die er sein Land trieb, hatten wenig mit der marxistischen Theorie zu tun, in der er übrigens erstaunlich unwissend war.«[20] Diese Sicht wird auf die Jugendschriften projiziert: »Bei der Lektüre von ›Anarchismus oder Sozialismus‹ gewinnt man den Eindruck einer großen Unsicherheit. Stalin fühlte sich anscheinend in der marxistischen Dialektik nicht recht zu Hause. Nichts weist darauf hin, daß er Marx gelesen hätte, seine Zitate sind immer nur die, die in Lenins Artikeln und Broschüren standen. Er wendet sich unruhig und hastig von einem Problem zum anderen und kennt für jedes die Lösung, doch er scheint nicht zu wissen, wohin er geht.«[21]

Medwedjew wandte sich ausschließlich den Leitlinien von Stalins gesellschaftstheoretischen Auffassungen zu, vor allem der These von der Zuspitzung des Klassenkampfes. Stalin, der sich der marxistischen Terminologie bediente, ohne die marxistische Methode zu beherrschen, war eher Mitläufer denn Teilnehmer der Revolution. Ob seiner Theoriefeindlichkeit brauchte er keine Berater, sondern nur ihm treu ergebene Diener und Willensvollstrecker.

Bereits in den frühen Arbeiten Stalins widerspiegelt sich ein Marxismusverständnis, das sich in ausgeprägter Form u. a. im Abschnitt über den dialektischen und historischen Materialismus in der 1938 veröffentlichten »Geschichte der KPdSU(B). Kurzer Lehrgang« findet. Daß dieser Abschnitt ausgerechnet in ein Kapitel, welches die Geschichte der Partei in den Jahren 1908–1912 zum Gegenstand hat, Aufnahme fand, ist kein Zufall. Der »Theorieteil« ist in eine Schilderung der letzten, entscheidenden Auseinandersetzung zwischen den Menschewiki und den Bolschewiki eingebettet. Die Formierung der Bolschewiki zu einer selbständigen Partei, eine Zielstellung, der auch die Theorieproduktion untergeordnet war, erfolgte parallel zur Zerschlagung und Abrechnung mit Abweichlern aller Art. Daß damit gleichzeitig eine Rezeptionslinie von Lenins »Abrechnung« mit den »Revisionisten« im Buche »Materialismus und Empiriokritizismus« festgeschrieben wurde, sei hier nur am Rande vermerkt. Stalin hat auf seinem Exemplar dieses Buches notiert: »1) Schwäche, 2) Faulheit, 3) Dummheit ist das *Einzige*, was als *Sünde* bezeichnet werden kann. Alles andere, sofern das oben genannte fehlt, ist *gerechtfertigt*!«[22]

Den Schlüssel für diese Geschichtsbetrachtung lieferte Stalin auf denm XV. Parteitag der KPdSU(B) im Dezember 1927. In dem mit »Schlußfolgerungen« überschriebenen Teil des Rechenschaftsberichtes führte er u. a. aus: »Geht man die Geschichte der Partei durch, so wird einem klar, daß jedesmal bei ernsten Wendungen unserer Partei ein gewisser Teil der alten Führer aus dem Wagen der bolschewistischen Partei hinauskippte und neuen Leuten Platz machte. Eine Wendung ist eine ernste Sache, Genossen. Eine Wendung ist gefährlich für Leute, die im Parteiwagen nicht fest sitzen. Bei einer Wendung kann nicht jeder das Gleichgewicht behalten. Man macht mit dem Wagen eine Wendung, man sieht sich um, und einer oder der andere ist aus ihm hinausgekippt.

Nehmen wir das Jahr 1903, die Zeit des II. Parteitages unserer Partei. Das war die Periode der Wendung der Partei von einem Übereinkommen mit den Liberalen zum Kampf auf Leben und Tod gegen die liberale Bourgeoisie ... An der Spitze der Partei stand damals die Sechsergruppe Plechanow, Sassulitsch, Martow, Lenin, Axelrod, Potressow. Die Wendung erwies sich als verhängnisvoll für fünf Mitglieder dieser Sechsergruppe. Sie kippten aus dem Wagen. Lenin allein blieb ... Die Tatsachen aber waren so beschaffen, daß gerade dank dem Abgang der Fünf die Partei auf den richtigen Weg gelangte. Jetzt ist es jedem Bolschewik klar, daß unsere Partei sich ohne den entschlossenen Kampf Lenins gegen die Fünf, ohne die Verdrängung der Fünf niemals hätte zusammenschließen können zur Partei der Bolschewiki, die imstande ist, die Proletarier zur Revolution gegen die Bourgeoisie zu führen.

Nehmen wir die nächste Periode, die Jahre 1907 und 1908. Das war die Periode des Rückzugs, nachdem wir in der Revolution von 1905 geschlagen worden waren. Aber diese Wendung erwies sich als verhängnisvoll für eine ganze Reihe alter Bolschewiki. Aus dem Wagen kippte Alexinski, der eine Zeitlang kein schlechter Bolschewik gewesen war. Hinaus kippte Bogdanow, der einer der am ernstesten zu nehmenden Führer unserer Partei gewesen war. Hinaus kippte Roskow, ein ehemaliges Mitglied des ZK unserer Partei. Und so weiter. Die Tatsachen aber besagten, daß unsere Partei nicht imstande gewesen wäre, unter den neuen Kampfbedingungen auf den richtigen Weg zu gelangen, wenn sie nicht von den schwankenden und das Werk der Revolution hemmenden Leuten gesäubert worden wäre. Was bezweckte Lenin damals? Nur eins: die Partei so rasch wie möglich von den schwankenden und lamentierenden Elementen zu befreien, damit sie die Partei nicht am Vorwärtskommen hinderten. So, Genossen, wuchs die Partei.«[23]

Zum Zeitpunkt der Veröffentlichung des »Kurzen Lehrgangs« waren auch die letzten Mitglieder des Leninschen Zentralkomitees »aus dem Wagen gekippt«. Nunmehr jedoch stellte es sich heraus, daß auf den Gegner nicht verzichtet werden konnte. Die Opposition war unersetzlich, denn sie mußte als Sündenbock für die Inkonsequenz des einzig wahren Kurses herhalten. Nur Stalin, der »Lenin von heute«, konnte nicht aus dem Wagen kippen.

Die theoretischen Schwächen der Stalinschen Konzeption, wie die Ausklammerung der Negation der Negation, der Einheit und des Kampfes der Gegensätze aus der Darstellung der Dialektik, die Reduktion der Entwicklung auf einfache Vorwärtsbewegung, die schematische Verkettung von Theorie und Praxis unter Mißachtung ihrer Selbständigkeit etc., können schwerlich aus dem Theoriegebäude selbst erklärt werden. Aber sie lassen sich durchweg auf jene politischen Prinzipien zurückführen, von denen sich Stalin leiten ließ. Deren Vermittlung liegt ein vulgär-materialistisches Verständnis der Identität von Weltanschauung, Theorie und Politik zugrunde.

Diese Verklammerung war gleichzeitig der Garant für die Unangreifbarkeit der politischen Linie. An die Stelle wissenschaftlich begründeter Politik trat Subjektivismus. Eine mit der Einsicht in die Gesetzmäßigkeiten gesellschaftlicher Entwicklung a priori ausgerüstete Führung gestaltet die Gesellschaft im Zuge der Verwirklichung der historischen Mission des Proletariats nach ihrem Willen und ihrer Vorstellung. Ein derartiges Herangehen blieb nicht ohne Folgen für die Bestimmung des Gesetzesbegriffes und der Erkenntnistheorie. Die Triebkräfte gesellschaftlicher Entwicklung waren auf dieser Grundlage nicht zu erklären, es mußten Mechanismen gefunden werden, die, wenn auch im nachhinein, als Erklärungsmuster dienen konnten. Äußere, aus der kapitalistischen Umkreisung resultierende Einflüsse, das Postulat vom sich zuspitzenden

Klassenkampf im Innern, die zum Prinzip erhobene Kritik und Selbstkritik sind in diesem Zusammenhang an erster Stelle zu nennen. Dieses den Individuen keine Freiräume lassende Politik- und Theorieverständnis kollidierte mit dem sich herausbildenden Wissenschaftsbetrieb im jungen Sowjetstaat. Die Abschaffung der NÖP und der 1929 von Stalin öffentlich formulierte Anspruch, die Kluft zwischen Theorie und Praxis schließen zu wollen, bedeuteten die Kampfansage an die Wissenschaft, insbesondere an die Gesellschaftswissenschaft. Meinungsvielfalt, relative Selbständigkeit der Disziplinen und Eingeschworensein auf die »Generallinie« waren unvereinbar. Nach der im Jahre 1922 erfolgten Ausbürgerung bürgerlicher Intellektueller richtete sich der Schlag nunmehr gegen die Generation von Wissenschaftlern, die an Universitäten und Hochschulen der Sowjetunion ausgebildet worden waren.[24]

Am 25. Februar 1931 faßte das ZK der KPdSU(B) einen Beschluß über die von Abram Deborin herausgegebene Zeitschrift »Pod snamenem marksisma«. Darin wurde die Durchsetzung des Leninismus zum Politischen Programm erklärt. Der Leninismus wurde als »Leninsche Etappe« in der Entwicklung der marxistischen Philosophie definiert. Damit war die Ausrichtung der Philosophie auf die »Generallinie« Tatsache. Die Philosophie war zur Magd der Politik herabgesunken.

Stalin gehörte nicht zu denen, die die »Leninismus-Diskussion« initiiert hatten. Bis auf den heutigen Tag unbeantwortet ist auch die Frage, nach welchen Kriterien er aus Lenins Arbeiten das der Legitimation seiner Politik dienende Gebäude des »Leninismus« konstruierte. Bereits 1923 traten sowjetische Gesellschaftswissenschaftler zunächst in der »Prawda«, dann in Fachzeitschriften mit ersten inhaltlichen Bestimmungen des Leninismus hervor. Zur Debatte stand, ob es überhaupt angebracht ist, Marxismus in Leninismus umzubenennen. Dafür sprach die Notwendigkeit, den Marxismus durch das Prisma des Leninismus zu betrachten. In diesen Diskussionen wurde nicht einem enthistorisierten Leninismusbegriff das Wort geredet. Lenin galt als Schüler von Marx, Lenins Rückkehr zu Marx wurde der Verfälschung der Marxschen Theorie durch die führenden Theoretiker der II. Internationale entgegengesetzt. Lenin stand für den Modellfall, nicht aber für die einzig mögliche

Variante der Entwicklung und Propagierung des Marxismus. In diesem Sinne äußerten sich u. a. Nikolai Babachan, Nikolai Bucharin, Wladimir Sorin und Wagarshak Waganjan über Lenin als Theoretiker.

Gleichzeitig betonten und forderten sie, alle Seiten und Aspekte des Leninismus präziser zu bestimmen. Kurz nacheinander erschienen Platon Kershenzews »Leninismus. Einführung in das Studium des Leninismus« (1924), Wladimir Adoratskis »Wie und was von Lenins Werk gelesen werden muß« (1924), Pjotr Stutschkas »Leninismus und Staat« (1924), Wadim Bystrjanskis »Lenin als Materialist-Dialektiker« (1925), Iwan Luppols »Lenin und die Philosophie« (1927).

Ein erster Systematisierungsversuch fand Eingang in die vom V. Erweiterten EKKI-Plenum 1925 verabschiedeten »Thesen über die Bolschewisierung der kommunistischen Parteien«. In ihnen wird der Leninismus als Schule definiert. Die politiklastige, auf Stalin zurückgehende Bestimmung des »Leninismus« konnte sich erst nach Ausschaltung der o. g. Theoretiker und ihrer Schüler aus dem wissenschaftlichen Leben des Landes durchsetzen.

Die hier angedeutete Rezeptionslinie ist in der westeuropäischen sowie sowjetischen Literatur noch nicht gründlich aufgearbeitet. Gegenwärtig wird der Streit darüber geführt, ob Stalin ein originärer Marxist, der sich in der Traditionslinie von Marx, Engels und Lenin bewegte, gewesen sei. Stalin wird sowohl als Ausnahme wie als Regelfall für die Repräsentation des Marxismus seiner Zeit ausgegeben. Betrachtet man Stalins Arbeiten über den Leninismus aus den Jahren 1924 und 1926 vor dem Hintergrund der o. g. Bücher, so steht Stalin eher für die Ausnahme als für die Regel.

Und dennoch waren es gerade Stalins Arbeiten, die sich letztlich durchsetzten und das »Leninismus-Bild« späterer Generationen prägten. »Das war die größte Überraschung für die alten gebildeten Theoretiker des Bolschewismus. Wenn sonst bei einer Parteiversammlung Stalin sich in eine theoretische Darlegung eingelassen hatte, dann wurde er von Rjasanow, dem alten marxistischen Gelehrten, mit dem halb belustigten, halb unwilligen Zuruf unterbrochen, ›halt ein, Koba, blamiere Dich nicht! Jeder weiß, daß die Theorie nicht dein Feld ist!‹«[25]

Im Unterschied zu den genannten Autoren versuchte Stalin, Lenins Grundauffassungen in komprimierter und schematischer Form darzulegen. Stalins Polemik wich der Unterdrükkung von Kommentaren, in denen seine Auffassung als eine von vielen dargestellt wurde. Er habe lediglich Lenins Worte wiedergegeben, wandte er beständig ein.

Zeitgenössische Kritiken dieser Lenin-Aufarbeitung waren rar. Zu den wenigen polemischen Arbeiten gehört Bucharins Aufsatz »Lenin als Marxist«, der 1924 im »Boten der Kommunistischen Akademie« erschien.

Weiterer Untersuchung bedarf auch die Entstehungs- und Wirkungsgeschichte der in den Monaten April/Mai 1924 als Artikelserie in der »Prawda« veröffentlichten Vorlesungen Stalins »Über die Grundlagen des Leninismus« an der Swerdlow-Universität. Medwedjew trat bereits 1971 mit der Behauptung hervor, es handele sich um ein Plagiat.[26] F. A. Ksenofontow hatte von Oktober bis November 1923 eine Studie zum Thema »Lenins Lehre über die Revolution und die Diktatur des Proletariats« verfaßt und nach einer Überarbeitung im März 1924 Stalin um ein Gutachten gebeten. Von April bis Juni 1924 war Stalin im Besitz des Manuskriptes. Ksenofontows Buch kam Mitte 1925 in den Buchhandel. Die Abschnitte über die Bestimmung der historischen Wurzeln des Leninismus, die Entwicklung in den Kolonien und die Perspektiven der proletarischen Revolution sowie das Verhältnis zur Diktatur des Proletariats sind in den Büchern Stalins und Ksenofontows weitgehend identisch.

Medwedjew weist auf die in Stalins Werkausgabe aufgenommenen Fragmente aus dem Briefwechsel zwischen Stalin und Ksenofontow hin. Aus ihnen geht hervor, daß der ehemalige Gutachter dem Autor im Jahre 1926 empfahl, sich nicht mehr auf das Gutachten aus dem Jahre 1924 zu berufen, und ihm riet, »ein für allemal die Gewohnheit abzulegen, eilfertig Bücher über den Leninismus zu fabrizieren«.[27] Ksenofontow wurde 1937 verhaftet und während des ersten Verhörs umgebracht.

Stalin versprach dem Leser, die »Grundlagen des Leninismus« in Form eines gedrängten Konspekts aufzuarbeiten. Die pauschale Begründung, nicht weiter auf den Marxismus einzugehen, da der Leninismus ja dessen Weiterentwicklung darstellt und es darauf ankommt, das Neue, das von Lenin in die Theorie Eingebrachte vorzustellen, wird zum Deckmantel für die Darlegung eigener, weder mit der Marxschen noch mit der Leninschen Theorie zu vereinbarender Grundsätze. Damit gerät die von Stalin angesprochene, aber nicht weiter bestimmte Dialektik von besonderen und allgemeingültigen Erfahrungen der russischen Revolutionäre aus dem Blickfeld. Der »Leninismus« stalinscher Lesart und Prägung wird zur neuen, monolithen und universell gültigen Theorie erklärt.

»Konnten sich die russischen Kommunisten … in ihrer Arbeit auf den nationalen Rahmen der russischen Revolution beschränken? Natürlich nicht! Im Gegenteil, die ganze Situation, sowohl die innere (die tiefgehende revolutionäre Krise) als auch die äußere (der Krieg), trieb sie dazu, in ihrer Arbeit über diesen Rahmen hinauszugehen … und für das Proletariat eine neue Kampfwaffe, die Theorie und Taktik der proletarischen Revolution, zu schmieden, um dem Proletariat aller Länder den Sturz des Kapitalismus zu erleichtern.«[28]

Diese Auslegung steht im Widerspruch zu Lenins Einschätzung der allgemeingültigen und der besonderen Bedeutung der russischen Revolution im »Linken Radikalismus« und kollidiert mit Aussagen aus den »Thesen über die Bolschewisierung«. Anfangs hob Stalin stets hervor, daß seine gedrängte Darlegung der Grundlagen des Leninismus für Korrekturen, Zusätze und Änderungen offen sei. Er selbst engte die Thematik immer mehr ein. Zwei Jahre später stehen im Mittelpunkt der Abhandlung »Zu den Fragen des Leninismus« nur noch die »Mechanismen«, »Hebel«, »Transmissionen« und »lenkenden Kräfte der Diktatur des Proletariats«, die unter dem Blickwinkel der »führenden Rolle der Partei« thematisiert werden. Die fortschreitende Verflechtung von Staat und Partei ist der Leitfaden der von Stalin vorgelegten Abhandlung. Zwang und Gewaltanwendung erscheinen bereits als erprobte und bewährte Mittel. In der von einer Minderheit ausgeübten Diktatur ist das Vertrauensverhältnis, für das Lenin und seine Kampfgefährten eintraten (und dem Stalin bis zum XV. Parteitag verbal zustimmte), durch die nach Lenins Tod betriebene Politik so diskreditiert und ausgehöhlt, daß nur auf Administrieren gesetzt werden kann. Während 1924 noch theoretische Ansätze in

Stalins Artikeln zu erkennen waren, ähnelt die 1926 entstandene Arbeit einem geronnenen Formelwerk.

1926 schrieb Feliks Dzierżyński, von Februar 1924 bis Juli 1926 Vorsitzender des Obersten Volkswirtschaftsrates, die offizielle Politik sei ihren Folgen nach schwerwiegender und verheerender als die von der gerade »zerschlagenen« Opposition verfolgte Linie. Durch die bisher nur halbherzige Durchsetzung der NÖP sei diese so gut wie wirkungslos geblieben. Statt auf die vor allem von Jewgeni Preobrashenski und den »Trotzkisten« propagierte »ursprüngliche sozialistische Akkumulation« zu setzen, gelte es, die NÖP in Gestalt der »Smytschka«, d. h. des Arbeiter- und Bauernblocks konsequent weiterzuführen. Doch gerade hierzu habe die Parteiführung kein Konzept. Laut Dzierżyński hätte aber gerade ein solches Konzept die Antwort auf die Krise von 1922–1924, die die Bedeutung der Steigerung der Arbeitsproduktivität, die Entwicklung der Löhne und die Frage der Ressourcen an den Tag gebracht hatte, dargestellt.

In Briefen an Stalin, an den Vorsitzenden des Rates der Volkskommissare, Alexej Rykow, und den Vorsitzenden der Staatlichen Plankommission, Walerian Kuibyschew, entwickelte Dzierżyński ein Programm, das sich in vorausgegangenen und nachfolgenden Dokumenten von Oppositionellen aller Richtungen fand: Er forderte ein neues System der Leitung, die Trennung von Partei und Staat, die Schaffung von Garantien gegen eine blutige Ein-Mann-Diktatur. Dzierżyński wies nicht zufällig auf die Entwicklung unter Piłsudski und Mussolini in Polen und Italien hin. Wieder war die Warnung ausgesprochen.[29]

Der Generalsekretär nutzte die Propagierung des »Leninismus« zur Festigung seiner Machtposition. Manipulation sowie Ignoranz bestimmter Erkenntnisse Lenins mündeten in ein neues, ausgesprochen pragmatisch gehandhabtes System von Lehrformeln. Dessen Grundlinien bestanden in der Ablehnung der NÖP, die als Rückzug, als Restauration des Kapitalismus interpretiert wurde. Damit einher ging die Vorstellung vom Sozialismus als einem Prozeß formeller statt reeller Vergesellschaftung. Sozialistisches Eigentum bedeute gesellschaftliches Eigentum, letzteres wurde auf staatliches Eigentum reduziert. Ware-Geld-Beziehung und Markt wurden mit Hinweis auf die Existenz der Kolchosen gerechtfertigt, gewissermaßen entschuldigt. Vor allem im Hinblick auf diese Eigentumsform kam es zur völligen Verkehrung des Beziehungs- und Begründungszusammenhanges.

Dabei war die Haltlosigkeit solcherart »Wirtschaftspolitik« schon Anfang der 30er Jahre, gegen Ende des 1. Fünfjahrplans, nicht mehr zu übersehen.

Unter Stalin erfuhr die Ausrichtung auf extensive Wirtschaftsentwicklung keine Änderung. Obwohl z. B. die Traktoren- und Mähdrescherproduktion sogar noch in den 80er Jahren die analoge Produktion in den USA um das 6,5 bzw. das 16fache übertraf, blieb der Ernteertrag weit hinter dem in den USA erzielten zurück. Eine vergleichbare Gegenüberstellung des Ausstattungs- und Effektivitätsgrades der amerikanischen und sowjetischen Landwirtschaft in den 30er Jahren legte bereits Trotzki in seinem Buch »Verratene Revolution« vor.

In dieser Einschätzung waren sich die ehemaligen Kontrahenten Trotzki und Bucharin einig: »Stellt man sich eine ideale Planführung vor, die nicht auf Maximaltempi einzelner Branchen, sondern auf Optimalergebnisse der Gesamtwirtschaft abzielte, so würde der statistische Wachstumskoeffizient in der ersten Zeit niedriger sein, aber die Wirtschaft insgesamt und besonders der Verbraucher könnten dabei nur gewinnen, im weiteren Verlauf auch die allgemeine Dynamik der Wirtschaft.«[30]

Bucharins Jahre zuvor in der Artikelserie »Bemerkungen eines Ökonomen«[31] formulierte Kritik am übertriebenen Tempo des 1. Fünfjahrplans zielte in dieselbe Richtung.

Ein Streitpunkt unter Gesellschaftswissenschaftlern aus Ost und West bleibt, inwieweit sich Stalin, der die NÖP als Rückzug, als Restauration des Kapitalismus verstand und daher ablehnte, in Widerspruch zu Lenins Sozialismuskonzeption befand. Im Unterschied zu vielen seiner Kampfgefährten folgte er nicht dem von Lenin skizzierten Weg, sondern hielt sich an einige, im zweiten Parteiprogramm der KPR(B) formulierte programmatische Positionen, wie z. B. die Orientierung auf einen schnellen Übergang zum Kommunismus, die Kennzeichnung der Sozialdemokratie als Hauptfeind der Arbeiterbewegung, die Ablehnung der Ware-Geld-Beziehung. Gawriil Popow hat erste Ergebnisse der Analyse des zweiten Parteiprogramms, es war immerhin von 1919 bis 1961 gültig, vorgelegt.[32]

Stalin hatte, resümiert Popow, ein originäres Konzept des Aufbaus des Sozialismus – das des »allgemeinen Sturmangriffs«, der rotgardistischen Attacke auf die Bastionen des Kapitalismus, das er aus dem Parteiprogramm herauslas. Seit seiner Sibirienreise im Jahre 1928 setzte Stalin alles daran, seine Vorstellungen auch theoretisch zu untersetzen. Bucharin hatte bereits im Sommer 1928 in einem Gespräch mit Kamenew darauf hingewiesen, daß Stalin geradezu vom Wunsch besessen war, sich als marxistischer Theoretiker zu profilieren.[33] Doch die angekündigte Weiterentwicklung der Theorie blieb letztlich aus, Bucharins diesbezüglicher Versuch wurde auf dem VI. Weltkonkreß der Komintern als Revisionismus gebrandmarkt.

Die Möglichkeit, mit den für Frieden eintretenden bürgerlichen Staaten zusammenzugehen, wurde vertan, der Sozialdemokratie pauschal mit der These vom Sozialfaschismus gegenübergetreten.

Popow ist zuzustimmen, wenn er schreibt, daß an die Stelle einer Analyse des Reifegrades der Gesellschaft die Zusammenbruchstheorie, fußend auf der Theorie der dritten Welle revolutionärer Kämpfe, des möglichen erfolgreichen Losschlagens, trat. Hervorzuheben ist, daß es sich dabei um ein Plagiat der Theorie der permanenten Revolution und keineswegs um einen Rückgriff auf die linke Theorie der Niederschlagung der sogenannten Rechten um Bucharin handelte. Trotzki hatte sich Ende der 20er Jahre bereits weit vom voluntaristischen, von Stalin und seinen Gefolgsleuten vertretenen Kurs losgesagt. Seine Demokratieauffassung und die hierauf aufbauende Faschismusanalyse vermochte Stalin nie nachzuvollziehen.

Gegen Bucharin, den »Cheftheoretiker« und »Liebling der Partei«, begann ein Verleumdungsfeldzug. Die Rezeption der Randbemerkungen Lenins zu Bucharins Buch »Ökonomik der Transformationsperiode« ist ein Beispiel dafür, wie Lenins Nachlaß verfälscht wurde. Die erwähnten Randbemerkungen, die Lenin im Mai 1920, also vor der Wendung zur NÖP verfaßt hatte, schließen lobende Passagen zu Bucharins Ausführungen über die Ausübung von Zwang auf die Bauern ein. Bucharin, der für die Einbeziehung der reichen und der Mittelbauern in den Aufbau des Sozialismus eintrat, wurde 1929 mit diesen, aus dem historischen Zusammenhang gerissenen Stellen konfrontiert. Symptomatisch ist, daß diese Arbeit und nicht das theoretische Hauptwerk Bucharins, die »Theorie des historischen Materialismus«, im Mittelpunkt der Angriffe stand. Es ging ja auch nicht um Theoriedebatten. Stalin war, bildlich gesprochen, beim »ABC des Kommunismus« stehengeblieben.

Stalin hatte sehr wohl originäre, wenn auch keine originellen Vorstellungen im Hinblick auf die Bestimmung der Imperialismus-, der Revolutions- und der Staatstheorie. Diese entsprachen, und das erklärt zum Teil ihre Lebensfähigkeit, den Hoffnungen und Wunschvorstellungen breiter Mitgliedermassen der KPdSU(B). Stalin nutzte jede Gelegenheit, die Abkehr von diesen Vorstellungen als prinzipienloses Schwanken, opportunistischen Verrat sowie revisionistische Preisgabe marxistisch-leninistischer Grundwahrheiten zu brandmarken.

Das war ein Rückfall hinter das von Lenin im Artikel »Über das Genossenschaftswesen« festgeschriebene Hinausgehen über die Konzeption des rohen, auf Gleichmacherei ausgerichteten Kommunismus. Vor allem die sogenannten Rechten bekamen die Auswirkungen der Ablehnung der Ware-Geld-Beziehung als überholter, dem Sozialismus wesensfremder und die Gefahr der kapitalistischen Restauration in sich bergender Beziehung zu spüren. »Das zweite Parteiprogramm entwirft also einen Sozialismus, in dem alles durch einen einheitlichen Plan des Zentrums erfaßt wird, die staatlichen Auflagen die Hauptsache sind, materielle Stimulierung nicht sein soll, in dem es keine Warenproduktion und kein Geld gibt und in dem sich alle an die Disziplin halten. Und das alles ist die logische Folge der Konzeption, nicht warten zu wollen, sondern sofort mit dem Aufbau des Sozialismus zu beginnen und sich dabei auf die administrative Kraft des Staates, auf die ganze Macht seines Zentralismus zu stützen.«[34]

Die ab 1925 konsequent betriebene Ausschaltung der Oppositionellen aus dem politischen Leben des Landes und ihre physische Liquidierung in den 30er Jahren markieren den Ausgangs- und Endpunkt der sogenannten Beseitigung der Kulaken als Klasse. Mit der Verdammung der o. g. Kategorien und der Kriminalisierung der sie ausdrückenden realen Verhältnisse geriet die theoretisch und praktisch-politisch relevante Frage nach den Triebkräften gesellschaftlicher Entwicklung aus dem Blickfeld. Und auch dieser Schachzug konnte unter Berufung auf Marx' Theorie der zwei Grundklassen erfolgen. Im Agrarland Rußland wurden die Bauern mit Gewalt proletarisiert. Kulaken und Mittelbauern wurden zwangsumgesiedelt, die halbproletarischen Schichten erwiesen sich jedoch als unfähig, als Träger der neuen Politik zu fungieren.

Bucharin hatte parallel zur Abkehr von eigenen Ansichten gegen den praktisch-politischen Irrsinn, der aus dieser These folgte, polemisiert. Stalin griff, um ihn zu diskreditieren, auf Bucharins Arbeiten aus dessen »kriegskommunistischer Phase« zurück. So war es ein Kinderspiel, Bucharin im Jahre 1929 die 1920 verfaßten Arbeiten entgegenzuhalten und noch dazu mit Lenins lobenden und zustimmenden Bemerkungen zu konfrontieren.[35]

Es bedurfte ausgesprochener Kenntnis der Materie, Bucharin eine linksradikal ausgerichtete Schrift ins Gedächtnis zu rufen, deren »ultralinkestes« Kapitel die ausdrückliche Würdigung Lenins als gelungenstes der »Ökonomik der Transformationsperiode« erfahren hatte. Lenins Bemerkungen waren bis zu diesem Zeitpunkt nicht veröffentlicht, Bucharin hatte keiner zweiten Auflage der »Ökonomik« zugestimmt. Diese von Stalin initiierte Diskreditierung wog weitaus schwerer als die Erinnerung an die Diskreditierung des 1925 an die Adresse der Bauern gerichteten Aufrufs »Bereichert Euch!«. Stalin betrachtete selbst das im Programm fixierte Zugeständnis an den Mittelbauern – seine Heranführung an den landwirtschaftlichen Großbetrieb – als Verrat an der Sache der Revolution.

In der im zweiten Parteiprogramm verankerten Sozialismuskonzeption nahm die an die Diktatur des Proletariats gebundene Frage der Macht einen zentralen Platz ein. Es galt die Generallinie, der zufolge »jeder, der nicht mit uns, gegen uns ist«. Opponenten wie auch Mitstreiter hatten die Verschmelzung von Partei und Staat als das eigentliche Grundübel, von dem ausschließlich die Bürokratie profitierte, entlarvt. Nach zehn Jahren Revolution gab es keinen einzigen gewählten Kreissekretär mehr, alle waren von oben in ihre Funktion eingesetzt. Die Mentalität der belagerten Festung fand in diesen Kreisen einen idealen Nährboden.

Als Bucharins diesbezügliche Kritik, die er 1928 im sogenannten Geheimgespräch mit Kamenew äußerte, bekannt wurde, warf man ihm sofort trotzkistische Propaganda vor. Jeder Appell an die Wiederbelebung des demokratischen Parteiverständnisses wurde als Abkehr vom geltenden Prinzip verurteilt. Die Entartung der innerparteilichen Demokratie ging einher mit der Durchsetzung des Dirigismus auf staatlicher Ebene.

Seine diesbezüglichen Ambitionen hatte Stalin 1924 im Aufsatz über Jakow Swerdlow zum Ausdruck gebracht. Letzterer sei »ein Organisator durch und durch«[36]. Die Auflistung der Eigenschaften ähnelt einem Selbstporträt: »Was bedeutet es, bei uns, wo das Proletariat an der Macht steht, Führer und Organisator zu sein? Es bedeutet nicht, sich Gehilfen auszusuchen, eine Kanzlei einzurichten und über sie Anordnungen zu treffen, sondern ... es geht darum, die Funktionäre so einzusetzen, daß 1. jeder Funktionär sich am richtigen Platz fühlt; 2. jeder Funktionär der Revolution ein Maximum dessen geben kann, was er auf Grund seiner persönlichen Qualitäten überhaupt zu geben imstande ist; 3. eine derartige Verteilung der Funktionäre keine Störung, sondern Koordinierung, Einheitlichkeit, allgemeinen Aufschwung der Arbeit im ganzen zur Folge hat; 4. die allgemeine Richtung der auf diese Weise organisierten Arbeit die politische Idee zum Ausdruck bringt und realisiert, um derentwillen die Verteilung der Funktionäre auf die verschiedenen Posten durchgeführt wird.«[37]

Als ein solcher Organisator tat sich Stalin im Januar 1928 in Sibirien hervor. Martemjan Rjutin beobachtete die Auswirkungen der Stalinschen Politik aus nächster Nähe. 1929 begab er sich als Bevollmächtigter des ZK der KPdSU(B) für die Kollektivierung nach Ostsibirien, wo er auf grobe Entstellungen der Leninschen Linie, auf Gewaltanwendung und Überspitzung beim Aufbau der Kollektivwirtschaften stieß. Die Notiz an das Politbüro des ZK, die er nach seiner Rückkehr nach Moskau schrieb, rief bei Stalin und Lasar Kaganowitsch, der für Fragen der Landwirtschaft zuständig war, Empörung hervor. Bald jedoch entdeckte Rjutin die prinzipiellen Thesen und Hauptgedanken seiner Notiz auf den Seiten der »Prawda« vom 2. März 1930 in Stalins Artikel »Vor Erfolgen von Schwindel befallen«[38] und im Brief an das ZK der KPdSU(B) »Über die Bekämpfung der Verzerrungen der Parteilinie in der kollektivwirtschaftlichen Bewegung«.

Über die Schattenseiten der Erfolge bei der Kollektivierung hieß es in dem von Stalin verfaßten Artikel: »Was geht aber zuweilen bei uns in Wirklichkeit vor? Kann man sagen, daß der Grundsatz der Freiwilligkeit und der Berücksichtigung der örtlichen Besonderheiten nicht in einer Reihe von Gebieten verletzt wird? Nein, das kann man leider nicht sagen.« Diese »Vergesellschaftung« arte in bürokratisch-papiernes Dekretieren aus, denn noch fehlten die Bedingungen für eine solche Vergesellschaftung. Völlig nebenbei erwähnte Stalin die Tatsache, daß in einigen Gebieten die Gründung der Artels mit dem Herunterholen der Kirchenglocken begann. Solche Erscheinungen tat er als töricht und lächerlich ab. Bald darauf gerieten die »Bagatellen« in Vergessenheit. Auf dem Lande hatte der Artikel eine andere Wirkung. Die Zwangsvereinigungen zerfielen. Damit war in den Augen der Funktionäre die Kollektivierung in Gefahr. Wieder wurde der Kurs geändert.[39] Die von einigen sowjetischen Ökonomen als Neo-NÖP bezeichnete Zeitspanne war 1932 endgültig vorbei.

Die Rechten um Bucharin sowie die sogenannte Bucharin-Schule bäumten sich ein letztes Mal auf. Der seit Mai/Juni 1928 in der Partei schwelende Konflikt wurde nun auf Stalinsche Art und Weise gelöst. Im Laufe dieser Auseinandersetzung bekamen die These von der Zuspitzung des Klassenkampfes und die Forderung nach Liquidierung der Kulaken als Klasse den Status offizieller Pateipolitik. Auf dem April-Plenum 1929 wurde die Niederlage der »Rechten« besiegelt.

Das russische Dorf hatte die denkbar ungünstigsten Startbedingungen für eine marktwirtschaftliche Ausrichtung. Hinzu kamen die sich verschärfenden Disproportionen zwischen der Entwicklung der Landwirtschaft und der Industrie. Letztere konnte nur auf Kosten der ersteren entwickelt werden. Auf Kredite und Auslandsunterstützung konnte man nicht hoffen. Die praktizierte, auf außerordentlichen Maßnahmen fußende

»ursprüngliche sozialistische Akkumulation« untergrub jeglichen Ansatz von Stimulierung und Initiative. 1929, das Jahr des großen Umschwungs, es läutete den Untergang der Bauernwirtschaften ein. Für kurze Zeit konnten die Kolchosen auf das enteignete Eigentum der Kulaken zurückgreifen, dann war auch diese Reserve aufgebraucht. Im Ergebnis des 1. Fünfjahrplans kam es, entgegen der offiziellen Propaganda, nicht zum angestrebten Aufschwung von Industrie und Landwirtschaft. Mit der Wirtschaft ging es kontinuierlich bergab.

Bis 1933 stieß diese Politik, nicht nur im engeren Kreis der Parteifunktionäre, sondern auch in der Öffentlichkeit, auf Widerspruch. Michail Scholochows Korrespondenz und die bereits erwähnte Plattform der Rjutin-Gruppe[40] sind zwei Beispiele für realistische Stimmen, die auf einen Ausweg aus der Situation aufmerksam machten. Die 194 Seiten umfassende Plattform »Stalin und die Krise der proletarischen Diktatur« wurde von Mitgliedern der Gruppe während einer Zusammenkunft in der Nähe von Moskau am 21. August 1932 diskutiert. Im September 1932 erfolgten die ersten Verhaftungen. Innerhalb von zwei Monaten waren alle Gruppenmitglieder in Haft.

Der erste Teil der Plattform ist mit »Der Zufall und die Rolle der Persönlichkeit in der Geschichte« überschrieben. Ihm schließt sich ein Abschnitt über Stalin als prinzipienlosen Politikaster und Intriganten an, der seine Ansichten wechsele wie das Hemd. Es ist nicht möglich, lautete die grundlegende These dieses Abschnitts, die Wende von der Zerschlagung der »Links«- zur »Rechtsopposition« auf ein Konzept zurückzuführen. Prinzipientreue und Folgerichtigkeit seien nur vorgetäuscht.

Stalins 50. Geburtstag hatte den Beginn seiner, auch in der Öffentlichkeit betriebenen Aufwertung zu einem »Klassiker« markiert. Die ihm eigene Pseudodialektik und Sophistik wurden als originäre Dialektik ausgegeben. Rjutin belegte mit Beispielen, daß für Stalins Aufsätze Einseitigkeit, Abstraktheit, unzulässige Verallgemeinerung von Einzelfällen und eine willkürliche Beweisführung typisch sind. An die Stelle der Beweis- und Überzeugungskraft trete der Nachweis von Stärke, die gewaltsame Durchsetzung der von oben kommenden Weisungen.

Stalin, der die Rolle eines genialen Theoretikers beanspruchte, war gezwungen, die Geschichte umzuschreiben. Sein Beitrag als Theoretiker bestand in der weitestgehenden Simplifizierung der Theorie. Jeder Versuch, Stalin als Theoretiker zu untersuchen, behaupteten die Autoren der Plattform, würde in der Untersuchung der von ihm kultivierten Diktatur enden.

Nikita Chruschtschow

(1894–1971)

Mut zum Risiko
oder
die Einsamkeit der Macht

Lothar Kölm

Über 20 Jahre war der Name Nikita Chruschtschow in der Sowjetunion mit einem Tabu belegt, aus dem politischen und gesellschaftlichen Leben des Landes verbannt. Sein Porträt wurde von Fotos peinlich genau retuschiert, aus Filmen herausgeschnitten. Seine Nachfolger taten alles, um ihn und sein Jahrzehnt als erster Mann in der Partei und im Staat im dunkeln zu halten, als ob sie von ihm etwas zu befürchten hätten. Für sowjetische Verhältnisse war diese Art des Umgangs mit in Ungnade gefallenen Personen so neu allerdings nicht.

Zu seinem Geburtstag im April 1964 wurden Chruschtschow noch überschwengliche Lobeshymnen gesungen, im Oktober stürzten ihn seine Lobpreiser und klagten ihn des »Voluntarismus«, des »Subjektivismus«, des »Abenteurertums«, des »Personenkultes« an.[1] Die oft zitierte Ironie der Geschichte kann mitunter recht boshaft sein: Diese plakativen – als politisches Verdammnis ausgesprochenen – Wertungen können ohne große Mühe und ohne Skrupel auf Chruschtschows Nachfolger, Breshnew, angewandt werden; weitere Negativa ließen sich ohne Mühe hinzufügen.

»Voluntarismus«, »Subjektivismus« usw., vom Plenum des ZK der KPdSU im Oktober 1964 Chruschtschow attestiert, sind wenig geeignet, einen Zugang zum Politiker und Staatsmann Chruschtschow zu finden. Mit diesem Stigma verschafften sich seine Nachfolger vielmehr eine Argumentation, die ihrer Machtübernahme einen politisch und ideologisch legitimen Anstrich geben sollte. Indessen stellt sich das Lebenswerk Chruschtschows wesentlich komplizierter, widersprüchlicher und für den Betrachter auch aufregender und interessanter dar.

Ohne Zweifel gehört Chruschtschow zu den herausragenden Persönlichkeiten des 20. Jahrhunderts, und dies nicht nur, weil er ein Jahrzehnt die Geschicke einer Großmacht bestimmt hat.

In der politischen Biographie Chruschtschows war das Jahr 1953 eine entscheidende Zäsur. Am 5. März 1953 starb Josef Stalin, eine Ära schien gleichsam zu Grabe getragen zu sein. Seinen Tod nahmen viele Menschen sowohl in der UdSSR als auch im Ausland als einen schweren Schicksalsschlag, ja als das Ende überhaupt auf. Chruschtschow empfand ihn als »eine schreckliche Tragödie«, die »katastrophale Folgen« auslösen könnte.[2] Mit letzterem meinte er nicht so sehr das Ende der Stalinschen Alleinherrschaft an sich, als vielmehr die Zusammensetzung des Präsidiums des ZK der KPdSU, das über die weitere Entwicklung der Gesellschaft zu befinden hatte. Für andere, und dies waren nicht wenige, bedeutete der Tod Stalins das Ende einer Epoche des Schreckens, der Willkür und der ungezügelten Gewalt, zugleich aber auch ein Zeichen der Hoffnung. Diese, entweder als ausweglos, ja fatalistisch oder als hoffnungsvoll aufgefaßte Situation war Ausdruck einer tiefen Gesellschaftskrise, die sich exponiert als Krise der Macht äußerte. Ein Ausweg schien nicht vorhanden zu sein, denn einen Mechanismus – in welcher Form auch immer – der Machtübergabe gab es nicht. Das von Stalin geschaffene System konnte anscheinend nur von ihm selbst in Funktion gehalten werden. Sein Nachfolger konnte logischerweise nur aus seiner nächsten Umgebung, die er nach seinem Willen geformt hatte, kommen. Da er keinen »anderen Stalin« gesehen hatte, der seiner würdig gewesen wäre (eigentlich ein absurder Gedankengang), war auch eine personelle Nominierung ausgeblieben. Die genauen Zusammenhänge und Motive sind noch nicht ergründet, die Stalin dazu bewogen hatten, auf dem XIX. Parteitag der KPdSU (1952) das Präsidium des ZK auf 36 Mitglieder und Kandidaten zu erweitern, wobei von der »alten Garde« nur noch ein Drittel verblieb, und ein Büro des Präsidiums zu schaffen, in dem noch ein innerer Führungsring existierte. Dieser unerwartete und zudem noch statutenwidrige Schritt gibt noch heute Rätsel auf. Die Variante, daß sich damit Stalin seiner nächsten Umgebung entledigen wollte, ist eine nicht von der Hand zu weisende Deutungsmöglichkeit, die jedoch nicht weit führt. Vielmehr ist davon auszugehen, daß Stalin die Krise seines Machtregimes vorausgesehen und sich deshalb zu diesem Schritt als einer Art Präventivmaßnahme entschlossen hatte. Da er seiner nächsten Umgebung verächtlich die Rolle von »blinden Katzen« zudachte, scheint es nicht abwegig zu sein, daß er die Lösung in einer von ihm »projektierten kollektiven Leitung« sah. Jedenfalls wäre so eine direkte und unmittelbare Machtübernahme durch **einen** seiner »Kampfgefährten« verbaut gewesen; ein neuer »Führer« (woshd) hätte erst einen unerbittlichen Machtkampf austragen müssen, und in dieser Zeit wären die Grundfesten seines Systems unangetastet geblieben.

Am 7. März 1953 veröffentlichte die »Prawda« einen gemeinsamen Beschluß des Plenums des ZK, des Ministerrates und des Präsidiums des Obersten Sowjets, mit dem faktisch die von Stalin vorgenommene »Reformierung« der Partei rückgängig gemacht wurde. Das Büro des Präsidiums des ZK sowie das Büro des Präsidiums des Ministerrates wurden aufgelöst, die Zahl der Mitglieder im Präsidium des ZK wurde auf 10 reduziert und die Anzahl der Kandidaten des Präsidiums des ZK von 11 auf 4 verringert. Somit ergab sich für das Präsidium des ZK folgende Zusammensetzung: G. Malenkow, L. Berija, W. Molotow, K. Woroschilow, N. Chruschtschow, N. Bulganin, L. Kaganowitsch, M. Saburow ud M. Perwuchin. Die Reihenfolge der Namensnennung entsprach der Rangfolge. Es ist sicherlich kein Zufall, daß dieses Präsidium identisch mit dem vor dem XIX. Parteitag war. Die »alte Garde«, einschließlich derjenigen, die zuletzt bei Stalin in Ungnade gefallen waren, z. B. Molotow und Woroschilow, hatte mit einem Handstreich die Zügel in ihre Hand genommen. In diesem Zusammenhang ist nicht die Tatsache, daß eine Reduzierung der Anzahl der Präsidiumsmitglieder vorgenommen wurde, da eine solch große Körperschaft nicht arbeitsfähig sei, sondern das Prinzip, wie und mit welchem Ergebnis dies geschah, von Interesse. Über die Hälfte der auf dem XIX. Parteitag aufgenommenen Präsidiumsmitglieder hatte nicht zur Umgebung Stalins gezählt. Bei einer eventuellen Aufdeckung der Ungesetzlichkeiten, der Repressalien und des Personenkultes Stalins hatten sie nichts zu befürchten. Ganz und gar anders stellte sich in diesem Punkt die Lage für die »alte Garde« dar. Bei einem reduzierten Präsidium hingegen war sie wieder unter sich und konnte alle mit der Person Stalins zusammenhängenden Fragen in ihrem Interesse entscheiden, wobei selbstverständlich keine Garantie dafür bestand, daß es bei allen gleichermaßen motiviert und dauerhaft sein würde. Alle Führungsposten sowohl in der Partei als auch im Staat verblieben in den Händen der »alten Garde«: Malenkow, von Berija vorgeschlagen, wurde Vorsitzender des Ministerrates, zugleich führte er den Vorsitz bei Sitzungen des Präsidiums des ZK. Chruschtschow bekam, auch auf Vorschlag Berijas, das Sekretariat des ZK, den Apparat des Zentralkomitees, zugesprochen. Zuvor war er von dem Posten des ersten Sekretärs des Moskauer Parteikomitees entbunden worden. Obwohl er offiziell nur den Rang eines Sekretärs des ZK innehatte, nahm er de facto innerhalb der Partei die führende Position ein, da er als einziger ZK-Sekretär auch dem Parteipräsidium angehörte. Molotow, der eifrigste und treueste Anhänger Stalins, beanspruchte für sich das Außenministerium. Berija setzte sich an die Spitze des Innenministeriums, das infolge der Zusammenlegung von Innenministerium und Ministerium für Staatssicherheit (MWD und MGB) entstanden war. Damit verfügte er über eine ungeheure Machtfülle, von der er – und daran bestanden keine Zweifel – zum geeigneten Zeitpunkt auch Gebrauch machen würde. Bulganin übernahm das Ministerium für Verteidigung, und Woroschilow wurde Vorsitzender des Präsidiums des Obersten Sowjets (auf diesem Posten löste er Nikolai Schwernik ab, der nun den Vorsitz der Gewerkschaften zugewiesen bekam).

Damit war vorerst die personelle Nachfolge Stalins geregelt. Die Führungskrise schien mit der Orientierung auf eine kollektive Leitung gemeistert zu sein. Man glaubte, der politischen Kategorie des Personenkultes ein adäquates Gegengewicht geschaffen zu haben, um Willkür, autoritäre Herrschaft, Gesetzesbeugung usw. zu verhindern. Am 16. April 1953 war dazu in der »Prawda« zu lesen: »Die Methode der kollektiven Führung ist das Grundprinzip der Parteiführung, deren Verletzung in der Parteiarbeit nicht anders als eine Erscheinung des Bürokratismus, der die Initiative und die Selbständigkeit der Parteiorganisationen und der Parteimitglieder untergräbt, zu betrachten ist.« In dem bereits erwähnten Beschluß vom 7. März hieß es noch andeutungsweise: »Das ZK, der Ministerrat und das Präsidium des Obersten Sowjets halten es in dieser für unsere Partei und unser Land schweren Zeit für die wichtigste Aufgabe von Partei und Regierung, die ununterbrochene und richtige Führung zu sichern ..., was seinerseits erfordert ..., daß jede Unstimmigkeit und Panik vermieden wird, um auf diese Weise die erfolgreiche Realisierung der von unserer Partei und unserer Regierung ausgearbeiteten Politik ... unbedingt zu gewährleisten.« Ein in jeder Hinsicht erstaunliches Dokument. Zwei Tage nach Stalins Tod, die Beisetzung hatte noch nicht stattgefunden, wird der Name des Verstorbenen nicht einmal erwähnt, so als ob er nicht existiert hätte. Auch fehlt gänzlich der Verweis bzw. die Versicherung, daß die Partei, daß die Nachfolger im Stalinschen Sinne wirken werden. Dafür rückt die Partei als Institution an die erste Stelle, sie füllt die Vakanz aus, und sie wird sich ganz und gar um die »erfolgreiche Realisierung« der von ihr »ausgearbeiteten Politik« kümmern. In der »Prawda« vom 10. Juni war dann in einem redaktionellen Artikel zu lesen, sicherlich vom ZK-Präsidium veranlaßt und bestätigt, wie dies zu verstehen sei. Es hieß dort: »Die Kraft unserer Partei- und Staatsführung liegt in ihrer Kollektivität. Das Wesen der Politik unserer Partei wird in den Reden G. M. Malenkows, L. P. Berijas und W. N. Molotows dargelegt.« Wer hatte die schon alle gelesen?

Der Terminus »kollektive Führung«, der wenig dazu angetan ist, Inhalte auszudrücken – mit ihm wird mehr kaschiert als offengelegt –, spiegelte die bestehende Situation wider, die durch einen provisorischen Konsens innerhalb der herrschenden Gruppe gekennzeichnet war. Er war somit das Synonym für Machtvakuum, für Machtkampf und zugleich für die stillschweigende Übereinkunft, solch eine grausame Diktatur nicht mehr zuzulassen. Die notgedrungene Orientierung auf »Kollektivität der Führung«, hatte, der Logik folgend, eine Konsequenz, die das gesamte poststalinsche System der Sowjetunion bestimmen sollte. Eine Modifizierung der Losung nach Lenins Tod »Ohne Lenin, aber auf Leninschem Weg« war nicht möglich. In absehbarer Zeit konnte nur derjenige eine erfolgreiche Politik betreiben und sich durchsetzen, der sich als »Anti-Sta-

lin«, als Antistalinist profilierte. Die Formel von der »kollektiven Führung« paßte genau in dieses Konzept. Malenkow und
Berija waren vermutlich die ersten, die diesen Zusammenhang
sofort erkannt hatten. Bei Malenkow ist es dokumentarisch zu
belegen, bei Berija ergeben es Rückschlüsse aus seiner Tätigkeit. Chruschtschow und die anderen spielten zu diesem Zeitpunkt in dieser Hinsicht noch keine wahrnehmbare Rolle.

Am 10. März, einen Tag nach der Beisetzung Stalins, trat das
Präsidium des ZK zusammen. Anlaß war die Berichterstattung
in der »Prawda« über das Beisetzungszeremoniell, die die Kritik Malenkows herausgefordert hatte. Neben der Bemängelung
von Unkorrektheiten (z. B. wurden nicht alle Namen der Eh-
renwache genannt) richtete sich seine Kritik gegen ein Foto in
der Zeitung, das die »Genossen J. W. Stalin, Mao Zedong und
G. M. Malenkow« vereint zeigte. Solch eine Fotorunde hatte es
nie gegeben, es war eine Fotomontage, die Malenkow als Provokation auffaßte. Dies sei Ausdruck einer bestimmten politischen Tendenz, des Personenkultes. Sein Fazit auf dieser Sitzung: »Wir erachten es als unbedingt erforderlich, mit der Politik des Personenkultes Schluß zu machen.«[3] Chruschtschow
wurde damit beauftragt, alle Materialien zu prüfen, die dem
Andenken Stalins gewidmet würden.[4] Er agiert hier noch ganz
und gar in der ihm vertrauten Rolle des Vollstreckers, der
einen fremden Willen ausführt. Auf dem Juli-Plenum (1953)
ging dann Malenkow noch einen Schritt weiter. »Sie müssen
wissen, Genossen, daß der Personenkult des Gen. Stalin«, so
verkündete Malenkow den Plenumsteilnehmern, »in der tagtäg-
lichen Führungspraxis krankhafte Formen und Ausmaße angenommen hatte. Wir haben nicht das Recht, Ihnen zu verheim-
lichen, daß solch ein entstellter Personenkult zur Unanfecht-
barkeit von Einzelentscheidungen geführt und in den letzten
Jahren der Führung der Partei und des Staates ernsthaften
Schaden zugefügt hat.«[5]

Die wohldosierten Informationen Malenkows waren nur für
die ZK-Mitglieder bestimmt, das Volk wußte von alldem nichts
und sollte auch möglichst lange nichts erfahren. Eine Eruption
wäre zu befürchten gewesen. So wurde das Geheimnis um den
»entstellten Personenkult« sorgsam gehütet. Malenkow war
auch nicht der Charakter, der es hätte lüften können. Er und

andere waren vielmehr sorgsam bemüht, unter die Vergangenheit, auch unter die eigene, einen Schlußstrich zu ziehen und in »reiner Unschuld« den Neuanfang zu wagen. Eine Aufdeckung des Personenkultes zu diesem Zeitpunkt hätte für die »treuen Kampfgefähren Stalins« schlimme Folgen haben können. So erhielt die Formel Malenkows – Einstellung des Personenkultes, kollektive Führung, keine Vergangenheitsbewältigung – auch ihren logischen Zusammenhang. Es verwundert deshalb nicht, daß die Kritik am Personenkult von Anfang an halbherzig, abstrakt und passiv erfolgte. Mit dem Verschweigen von Stalins Namen und der allmählichen Entfernung seiner Porträts glaubte man ihr Genüge zu tun.

Diese Taktik konnte so lange beibehalten werden, wie die »kollektive Führung« Bestand hatte. Doch sehr schnell begriff ein Führungsmitglied, daß dieses Kollektiv keinen inneren Zusammenhalt hatte und seine Existenz nicht von Dauer sein konnte, denn die Ambitionen der Mitglieder waren zu unterschiedlich. Dieser Mann war Nikita Chruschtschow. Als Pragmatiker erkannte er als erster, daß Berija von seiner Machtfülle skrupellos Gebrauch machen würde, um der »kollektiven Führung« den Todesstoß zu versetzen und sich selbst an die Spitze von Partei und Staat zu stellen. Dem möglichen Putschversuch Berijas war nur mit einer Verschwörung gegen ihn zuvorzukommen. Jeder, vielleicht mit Ausnahme Malenkows, konnte sich ausmalen, was er und das Land von einer Machtusurpation durch Berija zu erwarten hatte. Der Kampf der Diadochen begann, schonungslos und nach altbewährter Methode. Das Risiko war sehr groß, denn es wollte schon etwas heißen, den Meister der Verschwörung und Intrige, Berija, zu überlisten und auszuschalten. Dieses Risiko nahm Chruschtschow auf sich. Er, der immer – sowohl zu Stalins Lebzeiten als auch unmittelbar danach – dem Führungskern angehörte, jedoch nicht von seiner Umgebung ernst genommen wurde und so ständig in der zweiten Reihe stand, durchlief eine bemerkenswerte Metamorphose. Bislang das Werkzeug in fremden Händen, ging er nun daran, seine Absichten und Pläne anderen zu diktieren, sie für sich arbeiten zu lassen. Er hatte zwar kein Programm, zumindest nicht 1953, wie z. B. Malenkow oder paradoxerweise Berija, aber er besaß einen ausgeprägten Willen zur

Macht; das Gespür für die Macht zeichnet in erster Linie einen Politiker aus. In der »kollektiven Führung« gab es nur einen, der aus seinen Machtambitionen keinen Hehl zu machen glaubte und dies auch offen und provokativ zur Schau stellte – Berija. Für beide gab es keinen Platz, nur mit dem Unterschied, daß der eine dies wußte und der andere (Berija) solch eine Konstellation überhaupt nicht ins Kalkül zog. Chruschtschows Plan zur Ausschaltung Berijas muß sehr früh entstanden sein, wahrscheinlich noch am Totenbett Stalins in Kunzewo. Seine Verschwörung gegen den Rivalen und »Erzhalunken« ging er zielstrebig und energisch an. Ein Fehlschlag oder eine vorzeitige Entdeckung hätten für ihn den sicheren Tod bedeutet. Doch die Sicherheitsorgane, die Informanten Berijas, denen sonst nie etwas entging, bemerkten nichts. Entweder war die Konspiration Chruschtschows so gut, oder Berija hatte solch eine Entwicklung überhaupt nicht ins Kalkül gezogen. Wie dem auch sei, Chruschtschow jedenfalls gelang es, die wichtigsten Präsidiumsmitglieder (Malenkow, Molotow, Kaganowitsch, Bulganin, Woroschilow) sowie das Militär, angeführt von Marschall Shukow, für sich zu gewinnen.[6] Was das Militär betraf, so konnte Chruschtschow sicherlich aus der Feindschaft zwischen Shukow und Berija profitieren. Seine Entthronung als Sieger im Großen Vaterländischen Krieg, seine plötzliche Abberufung als Oberster Chef der Sowjetischen Militäradministration in Deutschland (1946) sowie seine Verbannung auf einen zweitrangigen Posten verdankte Shukow Berija. Aber nicht nur das. Berija hatte gegen ihn eine Anklageschrift als Volksfeind fabriziert, was Stalin, welch ein seltener Fall, nun doch für zu dick aufgetragen hielt. So verwundert es nicht, daß der Marschall ohne Zaudern Chruschtschows Partei ergriff und die Armee in den Dienst der Verschwörung stellte. Auf die Bitte Chruschtschows, Shukow möge die Verhaftung Berijas vornehmen, soll dieser gesagt haben: »Nikita Sergejewitsch, ich war niemals ein Gendarm, doch diesen Gendarmenauftrag erfülle ich mit großem Vergnügen.«[7]

Am 26. Juni 1953 wurde Berija verhaftet, die Verschwörung war geglückt. Am 10. Juli überraschte die »Prawda« ihre Leser mit der offiziellen Mitteilung von der Verhaftung Berijas. Das Plenum des ZK hatte zuvor den Beschluß gefaßt, ihn als Feind der Kommunistischen Partei und des sowjetischen Volkes aus der KPdSU auszuschließen.

Mit der Entmachtung Berijas hatte Chruschtschow das wichtigste Hindernis auf dem Weg zur Macht überwunden. Die Kräftekonfiguration hatte eine neue Form angenommen, in der sich jetzt abzeichnenden Konstellation besaß der die besten Chancen für die Macht, der die Partei und ihren Apparat fest im Griff hatte. Mehrere Monate existierte eine Art Doppelherrschaft, eine Arbeitsteilung zwischen Malenkow und Chruschtschow. Auf dem September-Plenum 1953 erfolgte der erste Schritt, um diesen Zustand zu beenden und indirekt eine Vorentscheidung in der Machtfrage herbeizuführen. Chruschtschow wurde zum Ersten Sekretär des ZK gewählt. Malenkow, der zwar noch eine gewisse Zeit die Geschäfte des Präsidiums weiterführte, verfügte über keine reale Macht mehr, und seine Ablösung vom Posten des Vorsitzenden des Ministerrates war nur noch eine Frage der Zeit. Den Zustand der Doppelherrschaft in der Partei beendete Chruschtschow im September 1954, wobei er sich die Unterstützung Mikojans, Bulganins, Koslows, Kiritschenkos, Furzewas und anderer sichern konnte.

Obgleich Chruschtschow ein Jahr zuvor zum Ersten Sekretär gewählt worden war, leitete Malenkow nach wie vor die Sitzungen des Präsidiums des ZK. Chruschtschow übernahm nun auch den Vorsitz bei diesen Sitzungen. Im November setzte er dann im Sekretariat des ZK den Beschluß durch, die Allgemeine Abteilung des ZK zu gründen, die den gesamten Aufgabenbereich der vormaligen Kanzlei des Präsidiums, die direkt Malenkow unterstanden hatte, übernahm. Dies bedeutete nicht wenig, denn mit diesem Schachzug hatte Chruschtschow den gesamten Apparat des ZK in seine Verfugungsgewalt bekommen. Den entscheidenden Schlag zur Entmachtung Malenkows, der noch das Amt des Vorsitzenden des Ministerrates bekleidete, führte er dann 1955 auf dem Januar-Plenum. Im Februar wurde Malenkow – auf eigene Bitte – als Vorsitzender des Ministerrates abgelöst. Er bekam das Ministerium für Elektrokraftwerke zugesprochen. Doch Chruschtschow versüßte ihm ein wenig die bittere Pille, denn Malenkow verblieb im Präsidium des ZK und erhielt zugleich den Posten eines Stellvertreters des Vorsitzenden des Ministerrates. Zuvor war schon zu erkennen gewesen, daß sich Chruschtschow immer mehr auf Bulganin orientierte, der faktisch bereits die Regierungsgeschäfte führte, obwohl Malenkow noch nicht von seinem Posten abgelöst war. Auch hier ist wieder interessant, wie Chruschtschow die Ablösung Malenkows betrieb, wie er argumentierte.

Im Zusammenhang mit der Verhaftung Berijas und der Untersuchung aller Nachkriegsprozesse stellte sich die Mitschuld Malenkows, insbesondere an der sogenannten Leningrader Affäre, heraus. Doch dies gab nicht den Ausschlag. Die Kritik Chruschtschows richtete sich in erster Linie gegen Malenkows programmatische Vorstellungen. Im August 1953 hatte dieser sich in seiner Rede vor dem Obersten Sowjet für eine radikale Umorientierung der Wirtschaft ausgesprochen. Die Investitionspolitik sollte zugunsten einer größeren Kapitalinvestition in die Leicht- und Nahrungsgüterindustrie, in die Landwirtschaft und in die Konsumgüterproduktion verändert werden. Seine guten Absichten zur Förderug der Landwirtschaft machte Malenkow selbst zunichte, denn er hielt unbeirrt an seiner auf dem XIX. Parteitag vertretenen These fest, daß das Nahrungsmittelproblem, insbesondere hinsichtlich des Getreideaufkommens, endgültig und für immer gelöst sei. Chruschtschow hatte relativ leichtes Spiel, Malenkows Wirtschaftsprogramm, das für damalige Verhältnisse als ziemlich liberal eingestuft werden kann, zum Scheitern zu bringen. Es genügte zu erklären, daß es fehlerhafte, dem Geiste des Marxismus-Leninismus fremde Auffassungen sowie eine Rechtsabweichung vom Leninismus seien. Kaganowitsch und hauptsächlich Molotow sparten ebenfalls nicht mit Kritik, sie ergriffen eindeutig für Chruschtschow Partei; ihre Argumentation unterschied sich im Tenor nicht von der des Ersten Sekretärs.[8] Es ging den Kritikern jedoch nicht um eine nüchterne Erörterung von Sachfragen, sondern um klare Machtverhältnisse in der Partei – in solchen Fällen hatte sich die Ideologie als probates Mittel erwiesen.

Chruschtschow konnte oder wollte nicht das eigentliche Anliegen Malenkows erkennen, er war noch ganz und gar der Stalinschen Denk- und Argumentationsweise verhaftet. In dem

»Prinzipienstreit« zwischen Malenkow, der Denkansätze für eine intensive Wirtschaftsentwicklung erkennen ließ, und Chruschtschow, der nach wie vor in den Kategorien der »Industrialisierung« dachte, also auf extensive Methoden des Wirtschaftswachstums setzte, blieben die vorhandenen Strukturen und Funktionsmechanismen außerhalb der Diskussion.

Die Neulandgewinnung, untrennbar mit dem Namen Chruschtschows verbunden, stellte in diesem Sinne eine dem konservativ-stalinschen Denken geschuldete traditionelle Maßnahme dar, auf extensivem Wege die Getreideversorgung zu sichern und zu verbessern. Sie war sicherlich Ausdruck der angespannten Situation jener Zeit, die Chruschtschow klar erkannt hatte. Zugleich bedeutete sie auch, daß kurzfristig zwar erfolgversprechende Resultate zu erwarten waren, worauf Chruschtschow in erster Linie baute, langfristig aber der Weg für intensive Produktions- und Arbeitsmethoden in der Landwirtschaft verbaut wurde. Chruschtschow setzte – wie er es gelernt und selber oftmals praktiziert hatte – auf den Enthusiasmus der Massen. Die Hoffnung, die Landwirtschaftsproblematik in den Griff zu bekommen, gab er nie auf. Doch den letztlich eher kläglichen Resultaten versuchte er mit einer unbeschreiblichen Hektik, einer nicht nachlassenden Energie, mit Unnachgiebigkeit und Starrsinn zu begegnen. In diesem Sinne ist Chruschtschow eine tragische Figur. Ihm haftet noch heute das Stigma des »Maispropagandisten« an, wobei er sich tatsächlich bis zur Lächerlichkeit engagierte, dies aber so nicht empfand. Ihm persönlich lag wohl nichts näher, als das Volk vernünftig ernähren zu können. Er, der von allen Generalsekretären der KPdSU am innigsten mit dem Volk verbunden war – der Begriff »volkstümlich« ist sicherlich nicht verfehlt –, hat partiell viel zur Erleichterung der Lage der sowjetischen Kolchos- und Sowchosarbeiter getan, doch generell die sowjetische »Bauernschaft« aus der Stalinschen Leibeigenschaft herauszuführen war ihm nicht gegeben; eine solche Fragestellung wäre ihm politisch als absurd erschienen. Er, der sich für einen Kenner der Landwirtschaft hielt, setzte auf den Enthusiasmus der Massen und auf die richtigen Kader am richtigen Platz. Mit dieser Kombination, meinte er, wäre alles zu schaffen. Die Chruschtschowsche Landwirtschaftspolitik macht aber eines besonders deutlich: Weder Stalin noch Chruschtschow, von Breshnew und seinen unmittelbaren Nachfolgern ganz zu schweigen, waren in der Lage, die Spezifik und die Mentalität der bäuerlichen Produzenten zu erkennen. Dies ist ein Phänomen, das nicht nur bei der sowjetischen Landwirtschaft zu beobachten ist.

Mit dem Januar-Plenum 1955 endete die Doppelherrschaft Malenkow-Chruschtschow in der Partei, im Februar trat Malenkow logischerweise von seinem Posten als Vorsitzender des Ministerrates der UdSSR zurück. Sein Amtsnachfolger wurde Bulganin. De facto war nun Chruschtschow der erste Mann im Staate. Von einer Doppelherrschaft Bulganin-Chruschtschow kann nicht die Rede sein. Eher war zu beobachten, daß sich Bulganin bereitwillig von Chruschtschow lenken ließ. Chruschtschow tat gut daran, diese Partnerschaft nicht von sich aus zu trüben, denn bevor er sich nicht vorbehaltlos auf die Partei stützen konnte, war an die Verwirklichung weitreichender Pläne nicht zu denken.

Das entscheidende Ereignis in der politischen Karriere Chruschtschows war der XX. Parteitag der KPdSU. Es war der erste Parteitag, für den er als Erster Sekretär die politische Verantwortung trug. Lange Zeit war die Haltung des sowjetischen Bürgers zum XX. Parteitag ein Gradmesser dafür, um entweder dem Lager der Stalinisten oder dem der Antistalinisten zugerechnet zu werden. Die Scheidelinie verlief quer durch die KPdSU, die sowjetische Gesellschaft überhaupt sowie durch die gesamte kommunistische und Arbeiterbewegung. Die Motive, die Chruschtschow dazu bewogen hatten, das Terrorregime Stalins zu entlarven und zu verurteilen – der Begriff des Personenkultes erwies sich dabei als ein zwar nützliches, aber nicht tragfähiges Vehikel –, sind nach wie vor nicht hinlänglich geklärt. Sein politischer Werdegang bis zu diesem Zeitpunkt erlaubt wenige oder gar keine Rückschlüsse auf solch einen radikalen Schritt. Die Karriere als Parteifunktionär verlief eher normal, typisch für jene Zeit. Untypisch hingegen war, daß er von dem gefürchteten »schweren Blick« Stalins verschont geblieben war, von gelegentlichen Zurechtweisungen abgesehen, die aber verheerende Folgen nach sich zogen.[9]

Nikita Chruschtschow wurde am 17. April 1894 im Dorf Kalinowka, Kursker Gouvernement, in einer armen Bauernfamilie geboren.[10] Seine Kindheitsjahre unterschieden sich nicht von denen der anderen Dorfjungen. Bis zum Alter von 15 Jahren verblieb er in seinem Heimatdorf, er hütete das Vieh eines Großbauern. Später, in den 50er Jahren, sprach er gern über diese Zeit, was bei westlichen Journalisten, in amerikanischen Geschäftskreisen (»vom Tellerwäscher zum Millionär«) auf großes Interesse stieß, bei »befreundeten« Staats- und Parteifunktionären sowie in seiner nächsten Umgebung Unwillen und Peinlichkeit auslöste. Mit 15 Jahren verließ er das Elternhaus und ging in den Donbass. Bei verschiedenen Bergwerken arbeitete er als Schlosser. 1914 heiratete er. Aus dieser Ehe gingen zwei Kinder hervor: Leonid, er fiel im zweiten Weltkrieg als Pilot, und Julija, sie verstarb 1981. Während des ersten Weltkrieges blieb Chruschtschow vom Kriegsdienst verschont. 1918 trat er in die Partei der Bolschewiki ein. 1919 verstarb seine Ehefrau Jefrosinja an Typhus. Nach Beendigung des Bürgerkrieges, an dem Chruschtschow aktiv teilnahm, kehrte er in den Donbass nach Jusuwka (heute Donezk) zurück. 1922 lernte er, während er an der Arbeiterfakultät in Jusuwka seine Bildung erweiterte, Nina Petrowna Kuchartschuk kennen. Sie hielt vor den Bergarbeitern Vorlesungen, hauptsächlich zu politischen Themen. 1924 gingen beide die Ehe ein, 1929 wurde Tochter Rada und wenig später Sohn Sergej geboren. Nach Beendigung der Arbeiterfakultät schickte man ihn als Parteisekretär in den Kreis Petrowo-Marinsk, Gebiet Jusuwka. 1925 nahm er als Mitglied der ukrainischen Delegation am XIV. Parteitag mit beratender Stimme teil. 1927 war er auf dem XV. Parteitag stimmberechtigter Delegierter. Den Posten des Ersten Sekretärs der Kommunistischen Partei der Ukraine bekleidete damals Lasar Kaganowitsch, beide kannten sich bereits seit der Februarrevolution. Kaganowitsch war es auch, der Chruschtschows politische Karriere förderte. Er holte ihn in den Parteiapparat nach Charkow, der damaligen Hauptstadt der Ukraine. Wenig später, im Herbst 1929, ging Chruschtschow nach Kiew, er übernahm die Organisationsabteilung des Gebietsparteikomitees. Im gleichen Jahr wurde er nach Moskau zum Studium an die Industrieakademie ge-

schickt. Auch hier setzte er sich vorbehaltlos für die »Generallinie« der Partei ein und zog gegen die sogenannten Rechtsab-
weichler zu Felde. Er wurde Sekretär der Parteiorganisation
der Akademie, hier arbeitete er eng mit Nadeshda Sergejewna
Allilujewa, der Frau Stalins, zusammen. Seine Aktivitäten er-
regten die Aufmerksamkeit Stalins. Die Version, daß Nadeshda Allilujewa vermittelt habe, ist ungewiß, wenn auch
nicht gänzlich auszuschließen. Eher wird Kaganowitsch seinen
Protegé ins rechte Licht gerückt haben.[11]

Die Industrieakademie war damals eine wichtige Stütze des
ZK in der innerparteilichen Auseinandersetzung. Aus ihr gingen viele Wirtschafts- und Parteifunktionäre hervor. Hier erhielt ein Teil der »Stalinschen Kader« seine »Stalinsche Biographie«. Chruschtschow konnte das Studium nicht beenden, da
er mit verantwortungsvoller Parteiarbeit betraut wurde, zuerst
als Sekretär des Moskauer Bauman-Bezirkes, danach des Indu-
striebezirkes Krasnaja Presnja. 1932 wurde er zweiter Sekretär
des Moskauer Stadtparteikomitees. Da Kaganowitsch erster
Stadtsekretär und zugleich Sekretär des ZK war, fiel die Haupt-
arbeit seinem Stellvertreter zu. 1933 wurde Chruschtschow auch
noch zweiter Sekretär des Moskauer Gebietskomitees. Darüber
hinaus bekam er die Oberaufsicht über den Bau der Moskauer
Metro übertragen. Anläßlich der feierlichen Einweihung der
ersten Teilstrecke der Metro (1935), der Kaganowitschs Namen
verliehen worden war, erhielt Chruschtschow seine erste hohe
Auszeichnung, den Leninorden. 1934 wurde er auf dem
XVII. Parteitag, dem »Parteitag der Sieger«, in das Zentralkomitee gewählt. Im Zusammenhang mit der Ernennung Kaganowitschs zum Volkskommissar für das Transportwesen (1935)
übernahm Chruschtschow dessen Ämter als erster Sekretär des
Moskauer Gebiets- sowie des Stadtkomitees. Zum Moskauer
Gebiet gehörten damals die heutigen Gebiete Kalinin, Tula,
Rjasan und Kaluga. Wenig später avancierte er zum Kandidaten des Politbüros, womit er endgültig hauptamtlicher Parteiarbeiter geworden war. 1938 gelangte er als Erster Sekretär des
Zentralkomitees an die Spitze der Kommunistischen Partei der
Ukraine. Auf diesem Posten löste er Stanislaw Kossior, der später den Repressalien zum Opfer fiel, ab. Im gleichen Jahr
wurde er Kandidat und ein Jahr später Mitglied des Politbüros

des ZK der KPdSU. Es ist sicherlich davon auszugehen, daß er trotz seiner Vollmitgliedschaft im Politbüro nur in sehr allgemeiner Form von den strategischen und taktischen Überlegungen Stalins und dessen Umgebung hinsichtlich außen- und innenpolitischer Entscheidungen Kenntnis hatte. In der Ukraine verblieb Chruschtschow bis zum Dezember 1949. Hier erlebte er auch den Kriegsausbruch. Er gehörte dem Kriegsrat der Süd-West-Front, der Stalingrader, der Süd-, der Woronesher und der 1. Ukrainischen Front an. Den Krieg beendete er im Rang eines Generalleutnants. Ab 1944 war er wieder Erster Parteisekretär der Ukraine und zugleich Vorsitzender des Rates der Volkskommissare der Ukraine. 1947 wurde er vom Posten des Parteichefs der Ukraine abgelöst. Dieses Amt übernahm nach vielen Jahren wieder Kaganowitsch. Die Umstände dieses Ämterwechsels sind noch nicht geklärt. Wahrscheinlich ist, daß Stalin mit diesem Schritt auf die Hilferufe Chruschtschows an Moskau, die Hungersnot in der Ukraine (1946/47) zu lindern, reagierte. Zugleich sollte dies sicherlich auch ein Schlag gegen die vermeintlichen »ukrainischen Nationalisten« sein, für die sich Chruschtschow eingesetzt hatte. Wenn etwas in »Ordnung« zu bringen war, so war für Stalin Kaganowitsch der rechte Mann. Auch aus diesem Grunde ist der plötzliche Knick als ein Rückschlag in der Parteikarriere Chruschtschows zu betrachten, obwohl er auf dem Posten des Vorsitzenden des Ministerrates der Ukraine verblieb. Eine schwere Lungenentzündung und der bekannte Übereifer Kaganowitschs bewahrten ihn wahrscheinlich vor den in solch einem Fall üblichen Folgen. 1948 bekam er die frühere Parteifunktion zurück. Im Dezember 1949 holte ihn Stalin als ersten Sekretär des Stadt- und des Gebietskomitees nach Moskau zurück. Zugleich wurde er Sekretär des ZK der KPdSU. Über seine Zeit in der Ukraine ist bis heute wenig bekannt, abgesehen von seiner Selbstdarstellung. Die Aufhellung seiner Tätigkeit dort wäre aber um so dringlicher, da dann vieles, was er später als Partei- und Regierungschef unternahm oder auch unterließ, erst ins rechte Licht gerückt werden könnte.[12]

Die weitverbreitete Auffassung, Chruschtschow habe mit dem XX. Parteitag ein neues politisches Leben begonnen, ist unter diesem Aspekt nicht zu unterstützen. Natürlich, im Vergleich zu Kaganowitschs Tätigkeit in der Ukraine (1925–1928; 1947), die nicht von ungefähr als »schwarze Tage« für die Ukraine und später auf dem XXII. Parteitag als »provokativ« bezeichnet wurde, muß Chruschtschows Ukraine-Politik, soweit eine Selbständigkeit überhaupt eingeräumt werden kann, wie ein Segen erschienen sein. Alexander Fadejew, der Vorsitzende des sowjetischen Schriftstellerverbandes, war von der Volksverbundenheit, von dem Humor, von der Persönlichkeit Chruschtschows sehr angetan. Seine Begeisterung für ihn schien überschwenglich zu sein, wovon eine Tagebuchnotiz vom 31. Juli 1946 zeugt: »Und obwohl er Russe ist, wäre es sicherlich schwer gewesen, einen anderen, besseren Chef für die Ukraine zu finden.«[13]

Diese Wertung muß hier unkommentiert bleiben, da es sich um ein besonderes Thema handelt. Wichtig indessen ist, daß viele positive wie negative Eigenschaften Chruschtschows als Partei- und Staatschef der UdSSR ihre Vorgeschichte hatten und somit eine gewisse Kontinuität aufwiesen. Auf drei sei fragmentarisch aufmerksam gemacht. Bereits in der Ukraine gehörte die Landwirtschaft zu seinem bevorzugten Betätigungsfeld. Er erkannte vielleicht deutlicher als andere den katastrophalen Zustand der sowjetischen Landwirtschaft, und er litt auch darunter, doch einen Ausweg sah er nur in administrativen Maßnahmen. Diesen Teufelskreis konnte er zu keiner Zeit durchbrechen. Unverändert gleich blieb sein Interesse an Neuerungen und Erfindungen auf technischem Gebiet. Sein Einsatz für die Raketen- und Kosmosforschung zeigte sein Vermögen, technischen Fortschritt, Ideologie und Politik miteinander zu verbinden. Daraus entstand ein effektives und erfolgreiches Konzept, das außenpolitisch der Sowjetunion als Großmacht Ansehen verschaffte; innenpolitisch trug es zur Popularität Chruschtschows bei.

Typisch für Chruschtschow war auch, und dies ist der dritte Punkt, daß er sich für Dinge engagierte und sie kraft seiner Stellung anmaßte zu beurteilen, von denen er nichts verstand, was er gelegentlich auch freimütig bekannte. Dies betraf u. a. die Sphäre von Kunst und Literatur. Was er nicht verstand und somit nicht mochte, z. B. die Dichtung und Prosa Pasternaks, die Abstraktionisten in der bildenden Kunst, die »Kinder« des

XX. Parteitages wie Jewtuschenko oder Wosnesenski, rief seinen Unwillen und Zorn hervor. Fest steht, daß er sich in dieser Materie nicht auskannte und seine naiven und vereinfachten Vorstellungen über Kunst und Literatur von seinen Gegnern und Neidern rücksichtslos ausgenutzt wurden, um ihn vor der künstlerischen Intelligenz zu blamieren und so eine Atmosphäre der Konfrontation zu schaffen. Der aufsehenerregende Zwischenfall in der Ausstellung in der Manege und das folgende Zerwürfnis mit den jungen Abstraktionisten sind nicht anders als eine Falle, in die er auch blindlings tappte, zu werten. In Kunst und Literatur urteilte er, wenn dies schon nicht zu vermeiden war, immer als Politiker und als Ideologe. Ästhetische Momente spielten eine untergeordnete Rolle. Wenn ihm ein Werk politisch und ideologisch nützlich erschien, so schob er alle Einwände beiseite, wie z. B. sein Engagement für Alexander Solshenizyns »Ein Tag im Leben des Iwan Denisowitsch« zeigte. Doch gerade sein höchst kompliziertes Verhältnis zu den Kunstschaffenden ist ein Beweis, bis zu welch einem Grad er es vermocht hatte, das von Stalin ererbte System zu humanisieren. Keiner der von der höchsten Autorität des Landes mit Kritik bedachten Künstler hatte physisch zu leiden, psychisch sicher.

Noch eine Erfahrung konnte Chruschtschow in der Ukraine machen – die Ämter- und Machtfülle bereitete ihm keine Schwierigkeiten, da de facto keine Gewaltenteilung zwischen Partei- und Staatsfunktion existierte und dies auch nicht beabsichtigt war. Obwohl über den XX. Parteitag – er gehört zu den wenigen Parteitagen, die sich ins Gedächtnis einprägten – viel geschrieben wurde und scharfsinnige Überlegungen angestellt worden sind, ist die Feststellung nicht überhöht, daß er und die von ihm initiierte Entwicklung in der UdSSR immer noch in die Kategorie der unbewältigten Vergangenheit einzuordnen sind. Somit gibt es verständlicherweise mehr Fragen als zufriedenstellende Antworten.

Chruschtschow, oftmals danach befragt, von welchem Motiv er sich leiten ließ, diese Rede zu halten, erklärte dann, daß er, wenn man ihn schon zum Ersten Sekretär gewählt habe, verpflichtet gewesen sei, die Wahrheit zu sagen. Seit einiger Zeit hat sich die Meinung verfestigt, daß nur Chruschtschow in der

Lage gewesen sei, diesen mutigen, riskanten und in vieler Hinsicht nicht durchdachten Schritt zu tun.[14] Sicher, von den Mitgliedern des Präsidiums des ZK kam dafür niemand in Frage, weder objektiv noch subjektiv. Molotow, Kaganowitsch, Malenkow und Woroschilow z. B. waren wegen ihrer direkten Teilnahme an den Repressalien zu sehr diskreditiert und kompromittiert. Bleibt dennoch die Frage, warum ausgerechnet Chruschtschow. Das Amt als Erster Sekretär hat ihn nicht a priori dazu verpflichtet, das Gegenteil wäre durchaus denkbar gewesen. Zufall und zwingende Notwendigkeit sind in diesem Falle schwer definierbare Größen.

Der bekannte Dramatiker Michail Schatrow berichtete von einer Begegnung mit Chruschtschow, bereits als Pensionär, wobei auch das Thema XX. Parteitag zur Sprache kam. Danach soll Chruschtschow gesagt haben: »Meine Hände stecken bis zu den Ellbogen in Blut. Ich habe all das gemacht, was auch die anderen taten. Doch falls ich nochmals vor der Wahl stünde, diese Rede zu halten oder nicht zu halten, so würde ich unbedingt noch einmal ans Rednerpult treten, damit irgendwann dies alles ein Ende haben würde.«[15] Neben der ungebrochenen Entschlossenheit klingt das Motiv der Reue, das Gefühl der persönlichen Schuld und der Wiedergutmachung an. Oft werden die Charaktereigenschaften Chruschtschows bemüht, um die Motive zu ergründen. Doch scheinen Überlegungen, die seine Psyche zu ergründen versuchen, zur Zeit noch ziemlich oberflächlich zu sein, da die Kenntnisse über den »Privatmann« Chruschtschow zu gering sind, um verläßliche Rückschlüsse auf sein Leben als Politiker ziehen zu können.

Für die Aufdeckung seiner Beweggründe kommt ein ganzes Bündel unterschiedlich determinierter Momente in Frage, wobei die subjektiven einen relativ selbständigen und hohen Stellenwert eingeräumt bekommen müssen. Die gesamte Entwicklung nach Stalins Tod drängte – aus heutiger Sicht – zu diesem Schritt. Die Auseinandersetzung um Stalin und um den Personenkult setzte sehr früh ein, auch, um eine Standortbestimmung der Nachfolger vornehmen zu können. Erstens konnte nur auf diesem Wege die Machtfrage entschieden werden, eine Alternativsituation, wie bereits an anderer Stelle vermerkt, gab es nicht. Zweitens konnte die Partei, die eigentliche

Trägerin der Macht, nur ihre Stellung und Funktion in der Gesellschaft bewahren, wenn sie weitgehend von der Kritik und von der Verantwortung für die Stalinschen Verbrechen verschont blieb. Nicht von ungefähr hatte Chruschtschow in seiner Geheimrede das Schwergewicht auf die Repressalien gelegt, von denen die Partei betroffen war. Doch hier wie auch in anderen Fällen war er inkonsequent. Logisch wäre eine politische Rehabilitierung der Opfer der politischen Prozesse der Jahre 1937/38 gewesen, doch er bevorzugte eine juristische, was eigentlich auf einer anderen Ebene hätte geschehen müssen. Die Formel »Opfer von falschen Anschuldigungen« war dagegen sehr einprägsam. Seine in der Rede vorgenommenen politischen Wertungen, z. B. Sinowjews, Kamenews, Bucharins, Rykows, zeigen, daß er dazu noch nicht in der Lage war oder es aus politischen Erwägungen heraus bewußt nicht tat, denn dies hätte eine Revision des Sozialismusbildes zur Folge gehabt. Chruschtschow waren, drittens, die Verbrechen Stalins bekannt. Doch, wie er später glaubwürdig eingestand, war er über das Ausmaß und die Brutalität entsetzt und schockiert. Die Informationen, die seit dem Sommer 1953 auf mitunter abenteuerlichem Wege zu ihm gelangten,[16] sowie die offiziellen Untersuchungsergebnisse der Pospelow-Kommission erlaubten ihm eigentlich keine andere Wahl mehr, als diesen Schritt zu tun. Viertens mußte Chruschtschow klar erkannt haben, daß das gesellschaftliche System, die Strukturen und Funktionsmechanismen der sowjetischen Gesellschaft nur dann vor inneren Erschütterungen bewahrt werden könnten, wenn sich die Kritik auf die Person Stalins und das mit seinem Namen verbundene Terrorregime beschränkte. Auch hier fand er eine propagandistisch wirksame Form: Der Personenkult und seine Entartungen seien der sozialistischen Gesellschaft wesensfremd. Das ihm bekannte Gesellschaftssystem verteidigte er mit allen Mitteln, er hielt es für das beste, für das gerechteste, für den Prototyp der Menschheitsentwicklung schlechthin. So gesehen ist Chruschtschows Auftreten auf dem XX. Parteitag nicht als Versuch zu werten, das gesellschaftliche System zu reformieren, sondern im Gegenteil zu stabilisieren. Fünftens dürften der Besuch in Jugoslawien (1954), die Gespräche mit Josip Broz Tito und die überfällige Normalisierung der

Beziehungen zwischen der KPdSU und dem Bund der jugoslawischen Kommunisten seinem Meinungsbildungsprozeß wichtige Impulse vermittelt haben.

Sicherlich sind damit die Beweggründe, die Chruschtschow veranlaßt hatten, die Geheimrede zu halten, nicht erschöpft. Es kommt hier auch nicht auf Vollständigkeit an. Jedoch sind die angeführten Problemkreise noch unter einem anderen Aspekt von Interesse. Sie bieten einen Ansatzpunkt, um die Kritik, die später an der Rede geübt wurde, werten zu können. Nicht wenige Kritiker bemängelten die ungenügende Tiefe und Breite der Ausführungen, das Fehlen einer theoretischen Analyse sowie die Inkonsequenz, viele Dinge nicht genannt zu haben. Auf die Verantwortung für die Massenrepressalien z. B. eingehend, nannte Chruschtschow nur Namen aus dem Kreis des NKWD, wie Jagoda, Jeshow, Berija. Diejenigen, die dem engeren Kreis Stalins und zum Zeitpunkt des XX. Parteitages der Umgebung Chruschtschows angehörten, blieben unerwähnt. Aber auch ohne explizite Namensnennung wußte jedes sowjetische Schulkind, wer zu den treuesten und ergebensten Kampfgefährten Stalins gezählt hatte. Ungenannt blieben die Zwangskollektivierung und deren Folgen, die Hungerkatastrophe von 1932/33, die Deportation von ganzen Dörfern in entfernte, klimatisch ungeeignete Regionen, der Mechanismus der fabrizierten Gerichtsprozesse, insbesondere der Jahre 1928–1931 und 1935–1938. Die Unterlassungsliste ließe sich noch fortführen. In einigen Fällen wiederholte Chruschtschow im Grunde genommen die falschen Anschuldigungen, die Stalin gegen seine Gegner erhoben hatte. Wenn sich die Anhänger Trotzkis, Sinowjews oder auch Bucharins durchgesetzt hätten, wäre es zu einer, wie Chruschtschow meinte, Restauration des Kapitalismus und zur Kapitulation vor der Weltbourgeoisie gekommen.[7] Als geradezu grotesk mutet heute die These Chruschtschows an, daß Stalin, als er die schrecklichen Verbrechen beging, nicht so sehr an seine persönliche Macht dachte, sondern alles »von der Position der Verteidigung der Interessen der Arbeiterklasse, der Interessen des arbeitenden Volkes, der Interessen des Sieges des Sozialismus und Kommunismus« betrachtet habe. »Man kann nicht sagen, daß die Taten Stalins«, so gab er zu bedenken, »die eines gedankenlosen Despoten waren. Er meinte, daß man im Interesse der Partei, der werktätigen Massen, um der Verteidigung der revolutionären Errungenschaften willen so handeln müßte. Darin liegt«, so schlußfolgerte Chruschtschow, »die wirkliche Tragödie!«[18]

»Gedankenlos« war Stalin nie. Auch war es nicht eine Tragödie für ihn, sondern für das Volk. Für Stalin hatte nur eines gezählt – die Erhaltung seiner absoluten Herrschaft.

Ungeachtet der berechtigten Einwände müssen aber unter Berücksichtigung der damaligen politischen Situation die Gesamtanlage der Rede sowie ihre Informationen und Wertungen als das Optimum des überhaupt Möglichen eingeschätzt werden. Erinnert sei in diesem Zusammenhang u. a. daran, daß Chruschtschow zu Mitteln der Konspiration, der List und des Ultimatums greifen mußte – vieles erinnerte an die Umstände der Verhaftung Berijas –, um seine Vorhaben verwirklichen zu können; der Widerstand in den eigenen Reihen war nicht gering und mußte von ihm ins Kalkül gezogen werden. Der Beschluß des ZK der KPdSU »Über die Überwindung des Personenkults und seiner Folgen« vom 30. Juni 1956 vermittelt einen Eindruck von der Stärke der Gegner der Chruschtschowschen Entstalinisierungspolitik. Bei einem Vergleich von Geheimrede und Beschluß stellt sich heraus, daß letzterer in vielerlei Hinsicht Zugeständnisse und Abschwächungen enthält, die auf die Intervention der »alten Garde« zurückzuführen sind. Beide haben indes auch eine Gemeinsamkeit: Glasnost gehörte weder zum Wortschatz noch zum Gedankengut. Insgesamt ging der Beschluß nicht über die Geheimrede hinaus, im Gegenteil, er war bereits ein Schritt zurück.

Eine nicht unwesentliche »Nebenwirkung« des XX. Parteitages und besonders des 25. Februar – an diesem Tag hatte Chruschtschow seine Geheimrede gehalten – bestand darin, daß der Kampf um die Macht in das entscheidende Stadium getreten war.

Oft wird in diesem Kontext die Auffassung vertreten, daß dies der eigentliche Zweck des Parteitages gewesen sei, was so nicht haltbar ist. Richtig ist, daß Chruschtschow der alten Gefolgschaft Stalins – Molotow, Malenkow, Kaganowitsch, Woroschilow, Bulganin – den Boden unter den Füßen entzogen hatte; ob beabsichtigt oder nicht, sei dahingestellt. Sie mußten sich jetzt entscheiden: Entweder beugten sie vor Chruschtschow das Knie, oder sie traten freiwillig von der politischen Bühne ab, was ein Präzedenzfall in der Parteigeschichte und somit wenig wahrscheinlich gewesen wäre. Oder: Sie schlossen sich zu einer Fronde gegen Chruschtschow und seine Politik zusammen, um ihn zu Fall zu bringen und die Ergebnisse des XX. Parteitages zu annullieren.

Letzteres war dann auch der Fall. Der Frontalangriff gegen Chruschtschow ließ nicht lange auf sich warten. Malenkow, Molotow und Kaganowitsch entschlossen sich zur Palastrevolte, das Szenarium erfolgte nach bekanntem Muster. Am 18. Juni 1957 setzte Bulganin – sein Arbeitskabinett war von den Verschwörern als konspirativer Treffpunkt auserkoren worden – eine Sitzung des Präsidiums des Ministerrates an. Chruschtschow konnte nicht teilnehmen, da er zum gleichen Zeitpunkt einem japanischen Korrespondenten ein Interview gab. Die Sitzung bei Bulganin diente lediglich als Vorwand, um an Chruschtschow die Forderung zu richten, das Präsidium des ZK einzuberufen, da einige Programmpunkte zu den am 23. Juni in Leningrad stattfindenden Feierlichkeiten anläßlich des 250. Jubiläums der Stadtgründung zu präzisieren seien. Chruschtschow wurde in Leningrad an der Spitze einer Partei- und Regierungsdelegation erwartet. Obwohl seiner Meinung nach bereits alles entschieden war und aus diesem Grunde sich eine Präsidiumssitzung erübrigte, versammelten sich noch am 18. Juni im Kreml die Präsidiumsmitglieder des ZK. Malenkow und Molotow gingen sogleich in medias res: Sie forderten Chruschtschows Ablösung vom Posten des Ersten Sekretärs. In die Geschichte ist diese Verschwörung unter der Chiffre »Parteifeindliche Gruppe um Malenkow, Kaganowitsch und Molotow« eingegangen. Das Präsidium, in dem Chruschtschow und seine Anhänger in der Minderheit waren, tagte ununterbrochen. Chruschtschow war die Leitung der Sitzung entzogen und Bulganin übertragen worden. Am 20. Juni war der Machtkampf praktisch entschieden, die Verschwörung gescheitert, denn die Taktik der Gruppe, Chruschtschow mittels Mehrheitsbeschluß der Präsidiumsmitglieder zu stürzen, ging nicht auf. Chruschtschow hatte sofort unmißverständlich zu verstehen gegeben, daß er sich dem Präsidium nicht beugen werde.

Er schlug dabei die einzig richtige Taktik ein, keine Beschlüsse des Präsidiums zu akzeptieren. Zugleich forderte er, alle mit seiner Person und seiner Politik zusammenhängenden Fragen auf dem Plenum des ZK zu diskutieren, wohl wissend, daß andere Mehrheiten zustande kommen könnten. Außerdem habe ihn nicht das Präsidium, so argumentierte er, sondern das Plenum zum Ersten Sekretär gewählt, und allein das Plenum könne ihn wieder von diesem Posten ablösen. Deshalb forderte er die unverzügliche Einberufung des Plenums, was von der Mehrheit der Präsidiumsmitglieder abgelehnt wurde.

Damit war der Konflikt zwischen Malenkow, Molotow und Kaganowitsch auf der einen und Chruschtschow auf der anderen Seite auf eine andere Ebene verlagert worden. Jetzt bestand die Konfrontation zwischen Präsidium und Zentralkomitee. Unter den in Moskau weilenden ZK-Mitgliedern hatte sich schnell die Nachricht von der Präsidiumssitzung und den auf ihr verhandelten Fragen verbreitet. Die Vollmitglieder und die nichtstimmberechtigten Kandidaten des Präsidiums, die Chruschtschow unterstützten, formal aber nicht in der Lage waren, die Situation im Präsidium zu ändern, mobilisierten die ZK-Mitglieder. Am 21. Juni erhoben 80 ZK-Mitglieder in einem Brief an das Präsidium die Forderung nach Einberufung des Plenums. Sie unterstrichen, daß sie von einer Entscheidung über die Leitung des Präsidiums und des Sekretariats der Partei nicht ausgeschlossen werden könnten. Es dürften solche für die Partei und das Land wichtigen Fragen nicht vor den Mitgliedern des ZK verheimlicht werden. Doch auch dieser Schritt bewirkte noch kein Einlenken der Gegner Chruschtschows. Das Präsidium lehnte es vielmehr sogar ab, eine Abordnung von ZK-Mitgliedern zu empfangen. In der Zwischenzeit hatten der Chef des KGB, Iwan Scrow, und Marschall Schukow alles unternommen, um die innere Sicherheit zu gewährleisten sowie auf schnellstem Wege alle ZK-Mitglieder nach Moskau kommen zu lassen. Am 22. Juni konnte das Präsidium dem Druck nicht mehr widerstehen. Um 14.00 Uhr eröffnete Chruschtschow das außerordentliche Plenum, 266 Mitglieder und Kandidaten des ZK sowie der Zentralen Revisionskommission waren anwesend. Es tagte ungewöhnlich lange, bis zum 29. Juni, und endete mit dem Triumph Chruschtschows.[19]

Erst am 4. Juli wurde die Öffentlichkeit von dem Plenum und seinem Beschluß in Kenntnis gesetzt. Die Mitglieder der »parteifeindlichen Gruppe« Malenkow, Molotow und Kaganowitsch verloren ihre Mitgliedschaft im Präsidium und im ZK. Die Zugehörigkeit z. B. Woroschilows und Bulganins – sie behielten ihre staatlichen Ämter – blieb unerwähnt. Das Präsidium wurde auf 15 Mitglieder erweitert. Ihm gehörten jetzt u. a. die ehemaligen Kandidaten L. Breshnew, J. Furzewa, F. Koslow, N. Schwernik, G. Shukow, O. Kuusinen, A. Kossygin an. A. Kirilenko und K. Masurow wurden in den 9 Personen umfassenden Kandidatenkreis des Präsidiums aufgenommen. Somit hatte sich Chruschtschow eine starke »Hausmacht« geschaffen. Darüber hinaus zeigte er sich von der großzügigen Seite. Trotz des Tatbestandes der parteifeindlichen Tätigkeit wurde niemand aus der KPdSU ausgeschlossen. Er hielt es allerdings für richtiger, die Beteiligten aus Moskau zu entfernen und in »alle Winde« zu verstreuen. Molotow ging als Botschafter nach Ulan-Bator, Kaganowitsch wurde im Ural, in Solikamsk, Direktor des Kalikombinates, Malenkow Direktor des Wasserkraftwerkes in Ust-Kamenogorst am Irtysch, Dmitri Schepilow, der seinen Posten als Außenminister an Andrej Gromyko abtreten mußte, erhielt eine Professur in Mittelasien.

Die Ursachen für das Scheitern der Verschwörung sind relativ einfach zu benennen. In erster Linie ist darauf zu verweisen, daß Malenkow, Molotow und Kaganowitsch über keine reale Macht in der Partei verfügten, da ihnen der direkte Zugriff zum Apparat verwehrt war. So erklärt sich ihr Entschluß, im Handstreich vollendete Tatsachen zu schaffen. Im weiteren Sinne ging es ihnen nicht um Chruschtschow, sondern um eine generelle Revision des XX. Parteitages, um die Rehabilitierung Stalins. In der Presse waren nach dem Parteitag Artikel erschienen, die auf solch eine Tendenz hindeuteten. Eine Machtverschiebung zu ihren Gunsten schien der einzig mögliche Weg zu sein. Noch ein Faktor sollte nicht unerwähnt bleiben. Nachdem sich die Lager und Gefängnisse für die aus politischen Gründen Verurteilten und Verbannten geöffnet hatten, stieg die Angst, die ehemaligen Sträflinge, die Opfer, könnten über ihre Richter, die damaligen Täter, den »Tag des Jüngsten Gerichts« abhalten. Der relativ schnelle Zerfall der Gruppe auf dem Plenum, begleitet von gegenseitigen Anschuldigungen und Vorwürfen sowie weitgehenden Reuebekenntnissen – allein Molotow blieb sich treu –, ist u. a. auch darauf zurückzuführen, daß sich Charaktere zu einer Koalition zusammengefunden hatten, die sich sonst keine Chance entgehen ließen, ihre gegenseitigen Abneigungen offen zu bekunden.

Weit schwieriger ist es, eine Analyse und Wertung des Plenums vorzunehmen, da bereits viele Elemente sowohl genereller als auch sakulärer Natur zur Sprache kamen, die bei einer Ursachenforschung für den Sturz Chruschtschow im Oktober 1964 berücksichtigt werden müßten. Der Sieg des Plenums über das Präsidium war ein einmaliger Vorgang in der sowjetischen Parteigeschichte, ein Sieg der oft strapazierten, aber nie durchgesetzten innerparteilichen Demokratie. Er zeugte von dem tatsächlichen Bedürfnis und von der Notwendigkeit, das politische System gründlich umzugestalten, zu demokratisieren. Allerdings konnte das Plenum die Angriffe der Gruppe Malenkow nur dadurch parieren, daß jegliche an Chruschtschow geübte Kritik gleichsam als Infragestellung der politischen Linie des XX. Parteitages hingestellt wurde. Die Verschwörer bezichtigten Chruschtschow der Verletzung des Prinzips der kollektiven Führung, der willkürlichen Kaderauswahl, der unausgereiften und abenteuerlichen Wirtschaftsmaßnahmen. Bei letzteren nannten sie die beschleunigte Neulandgewinnung, die Vergrößerung der Kolchosen, die Beschneidung der individuellen Hauswirtschaft, das deklarative Versprechen, die USA in kürzester Frist in der Pro-Kopf-Produktion an Milch, Butter und Fleisch nicht nur einzuholen, sondern zu überbieten. Sie verwiesen auf die in der Praxis zu beobachtende Tendenz, daß Chruschtschow die erreichten Erfolge in Industrie und Landwirtschaft überbewertete, was zu Verzerrungen in der weiteren Wirtschaftsentwicklung führen müsse. Chruschtschow stellte alle Vorwürfe selbstverständlich in Abrede. Nicht uninteressant ist in diesem Zusammenhang, daß die von einem orthodox–konservativen Standpunkt aus vorgetragene Kritik Malenkows und Molotows einen größeren Realitätsbezug aufwies.

Das Juni-Plenum stellte die letzte Chance dar, die Versäumnisse des XX. Parteitages hinsichtlich einer fundierten Analyse der gesellschaftspolitischen Probleme, der Fragen von Demokratie und Einzelleitung sowie wirtschaftlicher Effektivitätskriterien u. a. m. aufzuarbeiten. Für die Erörterung dieser Probleme gab aber das Plenum den denkbar schlechtesten Rahmen ab. Die politische Situation erlaubte keine Grundsatzdiskussion, da vordergründig nicht über die Gesellschaftskonzeption Chruschtschows, sondern über die Machtfrage in der Partei zu entscheiden war. Als sich die Mitglieder des ZK kritiklos schützend vor Chruschtschow stellten, erwiesen sie ihm einen Bärendienst. Objektiv bestärkten sie ihn in seinen Intentionen, Visionen und Ambitionen; er hatte einen Freibrief für seine weitere Politik ausgestellt bekommen, was in vieler Hinsicht den Weg in die Sackgasse des Herbstes 1964 ebnete. Die Unantastbarkeit der Person und der Funktion des Ersten Sekretärs blieb ein Axiom. Kritik und Selbstkritik, seit langem zum Prinzip stilisiert, dienten auch weiterhin als Surrogat für tätige Demokratie. Das Plenum sollte aber auch für die Institution des Zentralkomitees von Bedeutung werden. In aufsehenerregender Weise hatte das ZK auf dem Plenum von dem ihm zugedachten Recht Gebrauch gemacht und sich tatsächlich als Entscheidungsorgan erwiesen und durchgesetzt. Zugleich hatte es sich aus dieser Funktion in die alte, allerdings vertraute Position als Zustimmungsorgan zurückkatapultiert.

In der am 4. Juli veröffentlichten Information über das Plenum blieben die massenhaften Repressalien und die direkte Verantwortung der nächsten Umgebung Stalins unerwähnt. Doch diese Themen hatten im Mittelpunkt des schonungslosen Schlagabtausches gestanden. Chruschtschow hatte seine noch auf dem XX. Parteitag an den Tag gelegte Zurückhaltung aufgegeben und bezichtigte Malenkow, Molotow und Kaganowitsch der direkten Mitschuld: Er bezeichnete sie u. a. als Organisatoren der begangenen Verbrechen. Chruschtschow und Shukow belegten dies mit Dokumenten aus dem Archiv des Militärkollegiums des Obersten Gerichtes der UdSSR.[20]

Die spärlichen offiziellen Informationen über das Plenum deuten auch darauf hin, daß Chruschtschow unter allen Umständen verhindern wollte, daß diese konfrontative Situation in der Partei Gegenstand öffentlicher Diskussionen wurde. Es hätten dann nämlich leicht Zweifel an der Autorität und Integrität Chruschtschows in der Partei und im Land auftauchen können. Dafür spricht u. a. seine Taktik, Bulganin und Woroschilow zu schonen, von der »parteifeindlichen Gruppe« abzukoppeln und damit für sich zu gewinnen und sie, wenigstens vorübergehend, in ihren Staatsämtern zu belassen.

Trotz der zermürbenden Tage des Plenums fuhr Chruschtschow kurz darauf nach Leningrad, die Jubiläumsfeierlichkeiten wurden praktisch wiederholt. Das Leningrader Parteiaktiv erhielt dabei aus erster Hand Informationen über das Plenum. Wenig später reiste Chruschtschow zusammen mit Bulganin für knapp zwei Wochen in die Tschechoslowakei. Während einer Begegnung mit dem jugoslawischen Botschafter erklärte er diesem unumwunden, daß er auf die Begleitung Bulganins bei Staatsbesuchen keinen Wert mehr lege.[21]

Im September 1957 verbrachte Chruschtschow in der Nähe von Jalta seinen ersten Erholungsurlaub. Nur einmal, im Jahre 1947, hatte er von Stalin einen Urlaub verordnet·bekommen. Anfang Oktober kehrte Chruschtschow nach Moskau zurück, offensichtlich gestärkt und mit neuen Ideen. Eine seiner ersten Amtshandlungen deutete dies an und gibt noch heute Anlaß zu Spekulationen. Er ließ Marschall Shukow, der ihm bei der Ausschaltung Berijas treue Dienste geleistet und auf dem Juni-Plenum unmißverständlich, wenn auch in »Feldherrnmanier«[22], den Rücken gestärkt hatte, wegen »Selbstherrlichkeit« wie eine heiße Kartoffel fallen. Shukow wurde aus dem Präsidium und aus dem Zentralkomitee ausgeschlossen, wodurch er automatisch auch den Posten des Verteidigungsministers verlor. Die Kontroverse zwischen Chruschtschow und Shukow ist nicht auf persönliche Antipathien zurückzuführen. Auch das bis zum Überdruß strapazierte Argument, Shukow wollte sich selbst und die Armee über die Partei stellen, scheint wenig stichhaltig zu sein; bereits Marschall Tuchatschewski war des Bonapartismus beschuldigt worden. Chruschtschows Reformbestrebungen hinsichtlich der Streitkräfte – Reduzierung der Gesamtmannschaftsstärke, Aufbau und Förderung der taktisch-strategischen Waffensysteme (Raketen) auf Kosten konventioneller Waffengattungen usw. – werden kaum die ungeteilte Zustimmung der Marschälle des Großen Vaterländischen Krieges gefunden haben. Mit der Entfernung Shukows von der politischen Bühne des Landes hatte Chruschtschow eindeutig für diejenigen Militärs Partei ergriffen, die die Bedeutung der neuen Waffensysteme (atomare Waffen plus Trägermittel) für die Sicherheitspolitik im engeren und für die Außenpolitik im weiteren Sinne erkannt hatten. Letzteres bedeutete: Aufgabe des engen, geopolitischen Denk- und Handlungsrasters und Formulierung einer außenpolitischen Konzeption, die durch eine Kombination von geopolitischen und globalen Determinanten den Zielvorstellungen der militärischen Großmacht besser entsprach.

Erstaunlich an der Shukow-Episode ist, mit welcher Leichtigkeit Chruschtschow die Demontage des populärsten Heerführers der UdSSR gelang. Sie ist ein Indiz für die von der Gesellschaft akzeptierte Autorität Chruschtschows. Doch die Macht war noch nicht vollkommen, fünf Monate später war es dann aber soweit: Im März 1958 übernahm Chruschtschow von Bulganin das Amt des Vorsitzenden des Ministerrates der UdSSR.

Ohne daß auf einzelne Tätigkeitsfelder und Maßnahmen seiner Innen- und Außenpolitik eingegangen wird, bleibt die Frage, wie er von seiner Machtfülle Gebrauch gemacht hat und warum er scheiterte, letztlich wohl auch scheitern mußte. Auch hier sind erschöpfende Antworten noch nicht möglich, da eine Vielzahl von subjektiven und objektiven Faktoren sowie Fakten, die für eine ausgewogene Analyse unerläßlich sind, berücksichtigt, ja erst noch aufgedeckt werden müssen. Zudem muß insbesondere bei Chruschtschow der Kategorie »Zufall« ein großer Stellenwert beigemessen werden, verstärkt gegen Ende seiner Herrschaft.

Auf dem Oktober-Plenum 1964 brachen diejenigen, die Chruschtschow auf dem Juni-Plenum 1957 unterstützt und auf ihren Schild gehoben hatten, über ihn und seine Politik den Stab. Abgesehen von dem pharisäerhaften Verhalten seiner Kritiker, fällt die pauschale, undifferenzierte Negativbewertung des noch im Frühjahr Gefeierten auf. Im Juni 1957 hatte er mit aller Energie um die Macht und um die Erneuerung der Gesellschaft gekämpft, im Oktober 1964 räumte er fast kampflos das Feld. Da er von der Palastrevolte Kenntnis hatte[23] – vielleicht nahm er sie in Verkennung der realen Machtverhältnisse in der Partei nicht ernst genug –, verwundert sein passives Verhalten. Es war bereits ein anderer, ein gebrochener Chruschtschow, der sich der Angriffe auf dem Plenum zu erwehren suchte: müde, ohne Kampfeswillen, ohne Energie, dafür aber mit Anzeichen einer tiefen Resignation. In gewisser Weise war die Stunde seiner bitteren Niederlage zugleich für ihn ein politisch-moralischer Triumph. Noch zehn Jahre zuvor hätte sich wohl niemand auch nur im entferntesten vorstellen können, daß der Nachfolger Stalins auf dem »einfachen« Weg der Abstimmung aller Ämter enthoben werden und als Staatspensionär seinen Lebensabend genießen könnte. Chruschtschow nimmt in diesem Sinne eine Sonderstellung ein; ansonsten machte der Tod einen Machtwechsel an der obersten Staats- und Parteispitze erforderlich.

Am 13. April 1964, vier Tage vor seinem 70. Geburtstag, hatte die Deutsche Presse-Agentur irrtümlich eine Eilmeldung über den Tod Chruschtschows verbreitet. Am 17. April, seinem Geburtstag, sagte er, als ihm der Titel »Held der Sowjetunion« verliehen wurde, in einer kurzen Dankesrede, auf die Falschmeldung von DPA anspielend: »Für einige Politiker tritt manchmal der Tod früher als ihr physischer Tod ein.«[24]

Die persönliche Macht Chruschtschows war, bedingt durch die Ämterfülle, sehr groß, uneingeschränkt und keiner Kontrolle unterlegen. Er hatte sich keinen besonderen Apparat geschaffen, der ihn vor einem eventuellen Sturz hätte bewahren oder auf den er sich hätte stützen können. Im Gegenteil, die eigentlichen Machtträger – die Partei- und Staatsbürokratie, die Armee, die Sicherheitsorgane – hatte er durch seine Reformbemühungen und durch die Wahrnehmung seiner funktionellen Macht nicht nur verärgert, sondern auch ihren Einfluß geschmälert, ihre Macht beschnitten. Chruschtschows Niederlage ist aber nicht einfach dadurch zu erklären, daß die konservativen Kräfte den Sieg über die Reformer – dies war sowieso nur ein kleiner Kreis – errungen hätten. Wichtiger erscheint, daß die gesamte Gesellschaft, einschließlich der Leitungs- und Verwaltungsebenen, noch nicht bzw. generell nicht zu radikalen Wandlungen bereit war. Mit dem XX. Parteitag hatte Chruschtschow den Versuch unternommen, das Gesellschaftssystem zu modernisieren, zu reformieren. Das Ende seiner Herrschaft muß als Beweis betrachtet werden, daß dies bei Beibehaltung der überkommenen Strukturen nicht möglich ist. Chruschtschow, der gegen das administrative Kommandosystem zu Felde zog, verlief sich vielmehr immer mehr in dessen Labyrinth. Er konnte z. B. nicht auf die gewohnten administrativen Leitungsmethoden verzichten. Gewöhnlich übertrug er den Ministerien, Komitees und Ämtern irgendein Problem, sei es politischer, ideologischer, wirtschaftlicher oder kultureller Natur, zur Prüfung, Überarbeitung oder auch gleich zur Ausführung. Normalerweise ist dies kein ungewöhnlicher Vorgang. Doch der Apparat, der nach Chruschtschows Vorstellungen selbst seine Macht eingrenzen sollte, fand immer einen Weg, sich der direkten Verantwortung zu entziehen, durch scheinbare Aktivität und Kreativität die beschlossenen Maßnahmen zu boykottieren (in einzelnen Fällen erwies sich solcherart Einfallsreichtum für die Betroffenen als Glück und als Rettung vor den spontanen Eingebungen Chruschtschows[25]), und mit doppelsinnigen Loyalitätsbeweisen seine Existenzberechtigung nachzuweisen.

Er, der gegen das Stalinsche System, eine wirklich diabolische Erfindung, angetreten war, merkte nicht oder wollte nicht wahrhaben, daß er selbst Gefangener und Opfer dieses Systems war. Es überlebte die Erschütterungen des XX. und des XXII. Parteitages. Es zu brechen oder durch ein anderes Funktionssystem zu ersetzen gelang Chruschtschow nicht. Es mutet fast wie ein Paradoxon an, aber er hatte eben durch seine Reformbemühungen das Stalinsche System – selbstverständlich ohne die repressiven Mechanismen – zur Blüte, zur höchsten Effizienz gebracht.

Angesichts der damaligen weltpolitischen Situation verblieb Chruschtschow aus Gründen der Staatsräson freilich auch keine andere Wahl, als für die innere und äußere Stabilität des Systems zu sorgen. Auch aus diesen Erwägungen heraus mußten die Reformbestrebungen auf der einen und der Zwang zur Konservierung der Machtstrukturen auf der anderen Seite zwei nicht miteinander zu verbindende Größen bleiben. Der Versuch, beides zu koppeln, führte zwangsläufig zu Konflikten, die scheinbar nur durch eine **personelle** Neu- und Umbesetzung in den funktionalen Machtzentren gelöst werden konnten. 1964 hatte das administrative Kommandosystem den Höhepunkt erreicht, die Möglichkeiten auf dieser Grundlage die Gesellschaft weiterzuentwickeln, waren erschöpft. Dies muß auch Chruschtschow bewußt gewesen sein, wofür sein defensives Verhalten auf dem Oktober-Plenum spricht.

Er glaubte mit einer naiven Zuversicht an den gesellschaftlichen Fortschritt, an ein Leben in einer gerechten, kommunistischen Wohlstandsgesellschaft. Seine Zuversicht erinnerte an eine fast inbrünstige, ja verzweifelte Frömmigkeit. Nicht weniger naiv waren seine Vorstellungen vom gesellschaftlichen Fortschritt. Er ließ sich dabei mehr von Visionen, die sich letztlich als Illusionen erwiesen, als von der Realität des Lebens leiten. In diesem Sinne war er tatsächlich ein politischer Utopist, ein Schwärmer, ein Enthusiast und ein überschwenglicher Optimist.[26]

Insgesamt glich Chruschtschow einem Menschen, der den »Wagen lenkt, aber der Wagen fährt nicht dorthin, wohin er ihn lenkt ..., jedenfalls fährt der Wagen nicht ganz so und sehr häufig ganz und gar nicht so wie derjenige, der am Steuer dieses Wagens sitzt, sich einbildet«[27].

Chruschtschow war kein Theoretiker. Doch besaß er eine andere, für einen Politiker äußerst wichtige Gabe. Er vermochte es, intuitiv Konfliktpunkte zu erkennen und ebenso intuitiv im Ansatz richtige Lösungswege zu finden. Die Dezentralisierung der Wirtschaft, die Gründung von Volkswirtschaftsräten (sownarchos), eine Verlagerung von Kompetenzen des Zentrums an die Basis, die Erkenntnis, daß mittels Atomwaffen keine Konflikte gelöst werden können, sind wahllos angeführte Beispiele für dieses intuitive Erfassen von Problemfeldern, die zum Teil auch heute noch nicht an Aktualität eingebüßt haben.

Chruschtschow paßt in keine Schablone. Er mußte alles mit den eigenen Augen sehen, alles selbst überprüfen, befühlen, mußte Ratschläge erteilen und aufdrängen. Er war nicht der Typ des Administrators, der aus der geborgenen und abgeschirmten Ruhe seines Arbeitszimmers im Kreml die Partei führte und das Land regierte; er befand sich mehr auf Reisen – sowohl im Ausland, über vierzigmal, als auch im Inland. Er vereinigte in seiner Person, was eigentlich unvereinbar ist. Er war Regierungsschef und zugleich Haupt der Opposition, er war Buchhalter und zugleich Revisor, er war Antwalt und zugleich Kläger, Realist und zugleich Illusionist.

Chruschtschow haftet noch immer das Flair eines Enfant terrible mit folkloristischer Begabung an, sehr zu Unrecht. Er war ein origineller, originärer, ein höchst widersprüchlicher, impulsiver, risikofreudiger und wagemutiger Politiker, dem persönlicher Wohlstand und Reichtum nichts, das Wohlergehen seines Volkes aber alles bedeutete. Es gelang ihm nicht oder nur bedingt, letzteres zu gewährleisten, was die Tragik des Politikers und Staatsmannes Nikita Chruschtschow ausmacht. Wie man auch über ihn urteilen mag, allein die Tatsache, daß in seiner Amtsperiode etwa 20 Millionen Menschen rehabilitiert wurden und der die Menschen von der terroristischen Gewalt und von der beständigen Angst befreite, wiegt alle seine Fehler, Irrtümer und Unzulänglichkeiten auf.

Chruschtschow benutzte oft und gern das Bild, daß am Horizont sich der Kommunismus abzeichne. Doch er mußte die bittere politische Erfahrung machen, daß, wie man sich auch bemüht, das Tempo erhöht, alle Kräfte mobilisiert, der Abstand zwischen Betrachter und Horizont immer gleich bleibt.

»Seid Realisten, fordert das Unmögliche«, dies hatten die Studenten der Sorbonne 1968 auf ihre Fahnen geschrieben. Das Unmögliche fordern – damit könnte auch das politische Credo Chruschtschows umschrieben werden.

Leonid Breshnew

(1906–1982)

Das »goldene Zeitalter«

Viktor Knoll

Am Abend des 20. August 1968 trat im Kreml das Politbüro des ZK der KPdSU zu einer außerordentlichen Sitzung zusammen. Zur Diskussion stand nur ein Tagesordnungspunkt: die Lage in der ČSSR. Die Nachrichten, die der sowjetische Botschafter in Prag, Stepan Tscherwonenko, nach Moskau übermittelt hatte, verhießen Komplikationen. Seit mehreren Stunden tagte nunmehr das Präsidium des ZK der KPČ, doch das verabredete Signal für den Beginn des Einmarsches blieb aus. Die Spannung wuchs ins Unerträgliche. Nach längerem Zögern sprach Leonid Breshnew, der als Generalsekretär des ZK der KPdSU die »nächtliche« Sitzung leitete, den erlösenden Satz: »Budem wwodit wojska.« (»Wir werden einmarschieren«). Die Anwesenden atmeten erleichtert auf, die Zeit der Ungewißheit war vorüber. »Wir müssen jemanden von uns nach Prag schikken« – fügte Breshnew hinzu. »Wer weiß, was die Militärs sonst alles anrichten.«[1] Ein Kandidat war rasch gefunden – Kirill Masurow, Mitglied des Politbüros und Erster Stellvertreter des Ministerrates der UdSSR. Alle stimmten zu, denn Masurows Gesicht war im Ausland nicht allzu bekannt, überdies verfügte der altgediente Panzersoldat über gute Kontakte zur Armeeführung. Noch in derselben Nacht flog Masurow nach Prag ab, um die politische Leitung der Operation vor Ort zu übernehmen.

Gegen 4.00 Uhr Ortszeit fuhr vor dem Gebäude des ZK der KPČ in Prag ein schwarzer »Wolga« der sowjetischen Botschaft vor. Ihm folgten SPW und Panzer, die rasch einen Kordon um das Haus bildeten. Acht Soldaten mit Maschinenpistolen stürzten in das Arbeitszimmer Dubčeks herein und nahmen Aufstellung hinter dem großen Tisch, an dem die Mitglieder des Parteipräsidiums der KPČ saßen. Ein Oberst trat ein und erklärte, daß er die Anwesenden unter seinen »Schutz« nehme. Sofort wurden alle Telefonleitungen gekappt, die Fenster verschlossen. Draußen hatte sich eine Menschenmenge gebildet, die die Nationalhymne anstimmte und immer wieder den Namen Dubčeks ausrief. In der Nähe des Gebäudes waren Schüsse zu hören. Gegen 9.00 Uhr wurden Alexander Dubček und drei weitere Mitglieder der Partei- und Staatsführung der ČSSR von Sicherheitsbeamten abgeführt und wenig später über Dresden in die Sowjetunion ausgeflogen.[2]

Zu diesem Zeitpunkt hatten die Invasionstruppen der fünf am Einmarsch beteiligten Warschauer-Pakt-Staaten den größten Teil des tschechoslowakischen Territoriums bereits unter ihre Kontrolle gebracht. Zum zweitenmal in ihrer relativ kurzen nationalstaatlichen Geschichte war die Tschechoslowakei einer Aggression zum Opfer gefallen. Und dennoch gab es einen augenscheinlichen Unterschied zu jenen Tagen im März des Jahres 1939, als die deutsche Wehrmacht Prag besetzt hatte. Die Menschen gingen auf die Straße, um mit den Besatzern zu diskutieren. Es waren Soldaten derselben Armee, die man im Mai 1945 mit aufrichtiger Sympathie und Begeisterung als Befreier begrüßt hatte, es waren auch jetzt noch Verbündete. Viele Menschen glaubten, daß der Einmarsch lediglich das Ergebnis eines tragischen Irrtums oder Mißverständnisses sei und es genügen würde, mit den Soldaten zu sprechen, sie aufzuklären, um sie davon zu überzeugen, wieder nach Hause zu gehen. Doch sollte sich dies nur allzu schnell als eine Illusion erweisen. Es handelte sich weder um einen Irrtum noch um ein Mißverständnis.

Die gewaltsame Beendigung des »Prager Frühlings« war die logische Konsequenz einer Weltsicht der Moskauer Politbürokratie und ihrer Verbündeten, die sich primär auf Kategorien der Machtpolitk stützte. Für die sowjetische Führung stellte der Versuch der tschechoslowakischen Reformkommunisten um Dubček, einen »Sozialismus mit menschlichem Antlitz« zu verwirklichen, in mehrfacher Hinsicht eine Herausforderung dar. Aus ihrer Sicht untergrub er nicht nur den Führungsanspruch der KPdSU innerhalb der kommunistischen Weltbewegung, sondern stellte auch ideologische Postulate in Frage, die das Kernstück des bestehenden Gesellschaftskonzepts bildeten. Nicht zufällig gehörte gerade die weitgehende Aufhebung der Pressezensur zu den von sowjetischer Seite am heftigsten kritisierten Punkten im Reformprogramm der KPČ. Die freiwillige Aufgabe des Meinungsmonopols verriet ein neues Rollenverständnis der bis dahin unumschränkt herrschenden kommunistischen Partei in der Gesellschaft. Es war ein erster Schritt auf dem Wege zur Befreiung der Menschen von der Bevormundung durch den Staat und des Staates durch die Partei. Am Ende dieser Kette mußte zwangsläufig die Frage nach der Legitimität der Machtverhältnisse stehen, die nicht im Ergebnis eines demokratischen Meinungsbildungsprozesses entstanden waren. Obgleich sich die sowjetische Führung bei der Begründung des Einmarsches bemühte, sicherheitspolitische Argumente in den Mittelpunkt zu rücken – sie warf der Regierung in Prag vor, den Warschauer Vertrag verlassen zu wollen –, blieb die ideologische Determiniertheit der Intervention offensichtlich. So lagen denn die Folgen der gewaltsamen Niederwerfung des »Prager Frühlings« auch primär im Bereich der politisch-ideologischen Langzeitwirkungen. Das Ende des tschechoslowakischen Experiments hat den Glauben einer ganzen Generation an die Reformierbarkeit des Sozialismus sowjetischer Prägung bzw. an die Möglichkeit eines »dritten Weges« zutiefst erschüttert.

Für die Tschechoslowakei bedeutete der Einmarsch eine nationale Katastrophe. Er forderte nicht nur über 90 Todesopfer und Hunderte von Verletzten unter der Zivilbevölkerung, sondern führte mit der ständigen Stationierung sowjetischer Truppen in der ČSSR zu einer über 20 Jahre währenden faktischen Besetzung des Landes. Dem Tauwetter des »Prager Frühlings« folgte eine Periode der »Normalisierung« unter konservativen Vorzeichen. Alexander Dubček, der nach entwürdigenden Verhandlungen in Moskau am 27. August wieder nach Prag zurückkehren durfte, bekleidete zwar bis 1969 nominell das Amt des Ersten Sekretärs des ZK der KPČ, verfügte jedoch kaum über Möglichkeiten, in das Geschehen einzugreifen. 1970 wurde er, wie zahlreiche seiner Mitstreiter, aus der Partei ausgeschlossen und aus dem gesellschaftlichen Leben verbannt.

Die Ereignisse um die Niederschlagung des »Prager Frühlings« haben auch das Schicksal jenes Politikers nachhaltig beeinflußt, der am 20. August 1968 den Befehl zum Einmarsch der fünf Warschauer-Pakt-Staaten gegeben hatte – Leonin Iljitsch Breshnew. Im Gegensatz zu seinem tschechoslowakischen Amtskollegen bedeutete die militärische Intervention in der ČSSR für Breshnew nicht den (zumindest vorläufigen) Abschluß seiner politischen Karriere, sondern eher den Beginn eines Aufstiegs, an dessen Ende eine Ämter- und Machtfülle stand, auf die kaum einer seiner Vorgänger verweisen konnte.

Als Leonid Breshnew in jener verhängnisvollen »Nachtsitzung« des KPdSU-Politbüros das Ende des »Prager Frühlings« besiegelte, war er nicht mehr und nicht weniger als der keineswegs unumstrittene Chef eines Parteiapparates, dessen Einfluß auf den Prozeß der politischen Entscheidungsfindung durch die Existenz einer »kollektiven Führung« erheblichen Einschränkungen unterlag. 14 Jahre später wurde in Moskau eine dreitägige Staatstrauer verordnet, um in der Person Breshnews nicht nur den nunmehr dahingeschiedenen Generalsekretär des ZK der KPdSU, sondern auch den Vorsitzenden des Obersten Sowjets der UdSSR, den Vorsitzenden des Verteidigungsrates und Oberbefehlshaber der sowjetischen Streitkräfte, den Marschall der UdSSR, den vierfachen »Helden der Sowjetunion« und »Helden der sozialistischen Arbeit« zu ehren. Die mit großem Pomp in Szene gesetzte Beisetzungszeremonie ließ keinen Zweifel daran zu, daß hier der unangefochtene Führer eines der mächtigsten Staaten der Welt zu Grabe getragen wurde.

Was hatte Breshnew jedoch dazu veranlaßt, eine solche Fülle von Ämtern und Funktionen anzuhäufen? War es krankhafter Ehrgeiz, waren es gar diktatorische Neigungen? Nein, ein Diktator war Breshnew sicherlich nicht, wenngleich ihm die dazu erforderlichen Mittel zur Verfügung gestanden hatten. Auch sein Ehrgeiz überschritt nicht das für einen erfolgreichen Politiker scheinbar notwendige Maß an Skrupellosigkeit.

Die Antwort ist wohl eher in der historisch gewachsenen Spezifik zu suchen, die der Funktion des Generalsekretärs innewohnt. Der Widerspruch zwischen den machtpolitischen Potenzen des Amtes und seiner institutionellen Schwäche, die ihren deutlichsten Ausdruck im Fehlen jeglicher verbindlicher Festlegungen hinsichtlich der Besetzung dieses Postens findet[3], führte dazu, daß das Amt des Generalsekretärs eine gewisse Eigendynamik entwickelte: Es duldete keine personellen Provisorien. Doch gerade dies zeichnete die Stellung Breshnews aus, als er im Oktober 1964 die Geschäfte des gestürzten Nikita Chruschtschow übernommen hatte.

Seine Wahl zum Ersten Sekretär des ZK der KPdSU verdankte Leonid Iljitsch Breshnew weder eigenen überragenden Leistungen oder Verdiensten noch einem besonderen persönlichen Engagement im Kampf um die Macht. In Kreisen des zentralen Parteiapparates galt er als ein überaus verläßlicher und gewissenhafter, von seinen intellektuellen Fähigkeiten und den Führungsqualitäten her jedoch eher mittelmäßiger Funktionär, dessen Stärken mehr auf dem Gebiet der Organisation denn dem der strategischen Planung lagen. Alles in allem ein vorzüglicher Apparatschik, für den Posten des Parteichefs schien er jedoch wenig geeignet. Breshnew konnte sich in der Tat mit keinem seiner Amtsvorgänger messen. Er besaß weder die geistige Überlegenheit Lenins noch die bis zur Rücksichtslosigkeit ausgeprägte Machtgier Stalins, noch die unbändige Phantasie und Vitalität Chruschtschows.[4] Seine Position im Parteipräsidium war alles andere als stark. Auch der Beitrag, den Breshnew zum Sturz seines Vorgängers leistete, wog nicht so viel, als daß er günstige Aussichten auf einen Spitzenplatz in der Führungshierarchie rechtfertigte. Das einzige Verdienst, das er sich anrechnen konnte, bestand darin, rechtzeitig die Seiten gewechselt zu haben. Doch selbst dazu war er mehr oder weniger durch die Umstände gedrängt worden, denn er hatte seinen Aufstieg in erster Linie Chruschtschow zu verdanken.

Seine Parteikarriere begann verhältnismäßig spät. Breshnew war bereits 32 Jahre alt, als er 1938 zum Abteilungsleiter im Gebietskomitee der KPdSU(B) von Dnepropetrowsk avancierte. Davor lag eine längere Orientierungsphase, die den im Kamenskoe (seit 1936 Dneprodsershinsk) geborenen Arbeitersohn sowohl die Beschwerlichkeit des Landlebens als auch die stetige Unrast des Alltags in einem Industriebetrieb kennenlernen ließ. Zunächst versuchte sich Breshnew auf dem Gebiet der Landwirtschaft. Nach Abschluß des Kursker Technikums für Landbau und Melioration im Jahre 1927 arbeitete er sich vom einfachen Agronom in einem bescheidenen russischen Landkreis zum stellvertretenden Leiter der Gebietsverwaltung für Landwirtschaft des Ural empor. Die verheerenden Folgen der Zwangskollektivierung, zu deren »Gelingen« vor Ort er seinen Teil beisteuerte, bekam Breshnew allerdings nicht mehr zu spüren. Zu Beginn der großen Hungersnot der Jahre 1931–1933, der Millionen Menschen zum Opfer fielen, entschloß er sich, der Landwirtschaft den Rücken zu kehren. Mitte 1931 packte Breshnew seine Koffer und reiste nach Kamenskoe ab.

Mit der Rückkehr in seine Heimatstadt begann ein neuer Lebensabschnitt. In Kamenskoe fand er eine Arbeit im metallurgischen Werk, in dem auch sein Vater schon tätig gewesen war. Dort wurde er Mitglied der KPdSU(B). Im selben Jahr nahm Breshnew ein Abendstudium am örtlichen metallurgischen Institut auf, das er 1935 erfolgreich als Diplom-Ingenieur abschloß. Nach zwei Jahren Militärdienst in der Roten Armee kehrte er erneut in seinen Betrieb zurück, jedoch nur für kurze Zeit: 1936 wurde er zum Direktor des Metallurgietechnikums ernannt. Alsbald stieg Breshnew zum stellvertretenden Vorsitzenden des Stadtsowjets von Dneprodzershinsk auf.

Das blutige Kaderkarussell der Stalinschen »Säuberungen« öffnete Breshnew, wie vielen anderen Vertretern seiner Generation, schließlich den Weg in die mittlere Parteinomenklatur. Karrierismus konnte man ihm indes nicht nachsagen. Er gehörte keineswegs zu denen, die ihren Aufstieg der Denunziation anderer verdankten. Schon damals fiel Breshnew durch Ausgewogenheit und Loyalität gegenüber seinen Vorgesetzten auf. Vielleicht hatte er auch nur Glück, denn von ihnen wurde keiner als »Volksfeind« entlarvt. So verdankte er sein Vorankommen weniger eigenen Anstrengungen als der Protektion anderer. Vor dem Kriege förderte ihn vor allem Konstantin Gruschewoi, der erste Sekretär des Stadtkomitees von Dneprodsershinsk. Nach dem Kriege ergriff Nikita Chruschtschow, danmals noch ukrainischer Parteichef, die Stafette und nahm sich des 1946 demobilisierten Politgenerals Breshnew an. Dem kurzen Intermezzo als Gebietsparteisekretär von Saporoshje folgte die Ernennung zum ersten Sekretär des Gebietskomitees von Dnepropetrowsk (1947–1950). Anfang der 50er Jahre schaffte Breshnew dank Chruschtschows Fürsprache den Sprung in das Zentrum der Macht: Als Parteichef der moldauischen KP wurde er 1952 zum Mitglied des ZK der KPdSU gewählt. Stalin holte ihn sogar im Range eines Kandidaten in das erweiterte Parteipräsidium. Den weiteren Aufstieg Breshnews konnte letztlich auch ein zeitweiliger Rückschlag im Jahre 1953 nicht bremsen, als er infolge der internen Auseinandersetzungen um die Nachfolge des verstorbenen Diktators aus dem Präsidium wieder entfernt und für zwei Jahre in die Politische Hauptverwaltung der Sowjetarmee (als stellvertretender Chef der Politischen Hauptverwaltung der Sowjetarmee und der Kriegsmarine) versetzt wurde. 1954 schickte ihn Chruschtschow zur Neulandgewinnung nach Kasachstan. Es dauerte nur ein Jahr, bis Breshnew Parteichef dieser größten asiatischen Sowjetrepublik wurde. Die erfolgreiche Erschließung neuer Getreideanbauflächen in Kasachstan, ein Unternehmen, dessen Durchführung angesichts erheblicher Bedenken seitens eines großen Teils der Präsidiumsmitglieder für den inzwischen zum Parteichef aufgestiegenen Chruschtschow ein hohes Risiko in sich geborgen hatte, verhalf Breshnew 1956 erneut zur Mitgliedschaft im Allerheiligsten der Macht: Er wurde Kandidat des Präsidiums. Im Oktober 1957 erhielt Breshnew Gelegenheit, sich für die erwiesene Aufmerksamkeit seines Gönners zu revanchieren. Als die Altstalinisten um Molotow, Kaganowitsch und Malenkow gegen den Parteichef putschten, hielt er Chruschtschow die Treue. Der Dank des Siegers folgte auf dem Fuße, Breshnew stieg zum Vollmitglied des Präsidiums mit Sitz im Sekretariat des ZK auf. Auch das Fachressort, das er im Sekretariat zugewiesen bekam, verriet ein besonderes Wohlwollen. Breshnew hatte sich um die Schwerindustrie, das Bauwesen, die Rüstungsproduktion und das prestigeträchtige Kosmosprogramm, einschließlich des Raketenbaus, zu kümmern. Dennoch mußte er für viele überraschend 1960 den Sekretariatsposten wieder abgeben. Chruschtschows Kaderpolitik folgte einer eigentümlichen Logik. Der rastlose Reformator hatte das Sekretariat wieder einmal umstrukturiert, um seinem neuen Favoriten, dem Leningrader Parteichef Frol Koslow, Platz zu schaffen. Breshnew fand sich plötzlich auf der Warteliste wieder. Mochte seine Ernennung zum Vorsitzenden des Obersten Sowjets der UdSSR auch keine Degradierung bedeuten[5], einen bitteren Beigeschmack dürfte die Versetzung bei ihm dennoch hinterlassen haben. Drei Jahre später war all dies allerdings wieder vergessen. Die schwere Erkrankung Koslows veranlaßte Chruschtschow, nach einem neuen Kronprinzen Ausschau zu halten. Erneut fiel sein Blick auf Breshnew. 1963 zog dieser zum zweitenmal in das Sekretariat ein. Obgleich er, einer von Chruschtschow eingeführten Ämtertrennung zwischen Partei- und Staaatsapparat folgend, im Juli 1964 seinen Posten als Staatsoberhaupt an Anastas Mikojan abgeben mußte, galt Breshnew seitdem als designierter Nachfolger des Ersten Sekretärs des ZK der KPdSU. So war es denn auch nicht weiter verwunderlich, daß sich Breshnew beizeiten den Palastrevolutionären vom Oktober 1964 anschloß. Er trat die Flucht nach vorn an, da er sonst unweigerlich mit seinem Gönner von der politischen Bühne verschwunden wäre.

Leonid Breshnews Weg an die Spitze der KPdSU war weder kurz noch geradlinig. Er führte über zahlreiche Zwischenstationen in sehr unterschiedlichen Bereichen des Partei- und Staatsapparates. In kaum einem Amt verblieb er länger als drei Jahre. Viel Zeit, um eine eigene Klientel aufzubauen, hatte er somit nicht. Die Protektion seiner Vorgesetzten öffnete ihm zwar so manche Tür, ließ ihn jedoch in Abhängigkeit von ihnen und ihrem Schicksal geraten. All dies machte Breshnew leicht verwundbar.

Es war indes gerade Breshnews Schwäche, die ihn in den Augen der Chruschtschow-Gegner als potentiellen Kandidaten für das Amt des Ersten Sekretärs interessant erscheinen ließ. Der gemeinsame Wunsch nach einem Führungswechsel an der Parteispitze hatte die Vertreter sehr unterschiedlicher individueller wie kollektiver Interessen zusammengeführt. Um den Erfolg des geplanten Umsturzes nicht zu gefährden, mußte in der Frage des Nachfolgers eine Kompromißvariante gefunden werden, die alle Beteiligten zufriedenstellte. So kam nur ein Präsidiumsmitglied für den Posten des Parteichefs in Frage, der weder einer der sich gegenüberstehenden Gruppierungen angehörte noch über eine starke Anhängerschaft im ZK verfügte. Es durfte darüber hinaus keine starke Persönlichkeit mit einem eigenen Konzept sein, die versuchen könnte, sich der Kontrolle der übrigen Mitglieder der Führungsriege zu entziehen. Leonid Breshnew schien all diese Voraussetzungen zu erfüllen. In der Annahme, es würde sich ohnehin nur um eine Interimslösung handeln, stimmten letztlich alle Beteiligten seiner Kandidatur zu. Auf dem ZK-Plenum im Oktober 1964 wurde er einstimmig zum Ersten Sekretär des ZK der KPdSU gewählt.

Die Partei hatte damit wieder einen Chef. Dessen Möglichkeiten, in Entscheidungsprozesse einzugreifen, blieben jedoch eingeschränkt. Zum zweitenmal nach dem Tode Stalins ging die reale politische Macht im Lande in die Hände einer »kollektiven Führung« über. Die Grundlage dafür bildete ein Beschluß des Oktober-Plenums, der auch die Ämterkoppelung von Partei- und Regierungschef aufhob. Die partielle Gewaltenteilung nach funktionellen Gesichtspunkten stellte nicht nur die Repräsentanten der Staatsführung dem Ersten Sekretär wenigstens formal gleich, sondern setzte auch dem Einfluß des Parteichefs auf die praktische Tätigkeit der Staatsorgane gewisse Grenzen. Der Umstand, daß die vereinbarte Kompetenzverteilung lediglich Ausdruck eines durchaus wandelbaren Kräfteverhältnisses innerhalb des Präsidiums war, mochte für den Übergangskandidaten Breshnew nur ein schwacher Trost gewesen sein. Selbst für die Rolle eines Primus inter pares, die er im Rahmen der »kollektiven Führung« bestenfalls beanspruchen konnte, fehlte ihm der nötige Rückhalt in den eigenen Reihen. Er hatte zwar das höchste Parteiamt übertragen bekommen, sah sich jedoch innerhalb seines eigenen Zuständigkeitsbereiches durch starke und einflußreiche Konkurrenten herausgefordert, denen er vorerst nicht gewachsen war.

Von den zehn Vollmitgliedern des Parteipräsidiums, die im Oktober 1964 antraten, um das Chruschtschowsche Erbe unter sich aufzuteilen, verdienten wohl lediglich zwei das Prädikat »überdurchschnittlich« – der Vorsitzende des Obersten Sowjets Anastas Mikojan und der langjährige Stellvertreter Chruschtschows im Amt des Vorsitzenden des Ministerrates der UdSSR, Alexej Kossygin. Während der erstere aufgrund seiner offenkundigen Sympathien für den gestürzten Parteichef schon ein Jahr nach der Palastrevolte die politische Bühne verlassen mußte, sollte Kossygin, der im Oktober die Regierungsgeschäfte übernahm, sein Amt bis Ende 1979 behalten. Er wurde damit zum mit Abstand dienstältesten Ministerpräsidenten der sowjetischen Geschichte.

Obgleich nur zwei Jahre älter als Breshnew, zählte Kossygin unter den Präsidiumsmitgliedern bereits zu den »alten Hasen«. Zwischen 1940 und 1964 bekleidete er fast ununterbrochen den Posten des stellvertretenden Vorsitzenden des Rates der Volkskommissare bzw. ab 1946 des Ministerrates der UdSSR. Zwischenzeitlich stand er verschiedenen Fachressorts in der Regierung vor. Alexej Kossygin verkörperte den Prototypen eines sachlichen Technokraten, für den das Studium von Plankennziffern spannender war als die Lektüre eines Kriminalromans. Auf dem Feld der Politik bewegte sich Kossygin allerdings weniger flexibel. »Ich hatte fast den Eindruck«, erinnert sich Henry Kissinger, »daß er seinen Pragmatismus auf wirtschaftlichem Gebiet mit der strengen Befolgung ideologischer Grundsätze in allen anderen Fragen kompensierte.«[6] Als oberster Dienstherr der Ministerialbürokratie war Kossygin der Hauptkonkurrent Breshnews in der »kollektiven Führung«.

Es ist wohl kein Zufall, daß Nikolai Podgorny – immerhin drittmächtigster Funktionär im Parteiapparat – in den Erinnerungen seiner Zeitgenossen nur wenig Platz fand. Viel zu entdecken gab es an diesem erzkonservativen Politiker, den Edward Gierek in seinen Memoiren als den »bösen Genius« Breshnews[7] bezeichnete, wahrlich nicht. Im Unterschied zu Kossygin durchlebte Podgorny eine klassische Parteikarriere. Sein Aufstieg begann zwar verhältnismäßig spät, verlief jedoch nicht zuletzt dank der Unterstützung Chruschtschows um so rasanter. Im Parteipräsidium saß Podgorny seit 1958, zunächst als Kandidat, 1960 avancierte er zum Vollmitglied. Ab 1963 hatte er auch einen Sitz im Sekretariat des ZK. Für Breshnew stellte Podgorny aus zweierlei Gründen eine Gefahr dar. Er zeigte nicht nur Ambitionen auf ein Spitzenamt, sondern besaß auch, insbesondere über den Kaderchef der Partei, Titow, die nötige Machtbasis zur Verwirklichung seiner Ziele. Schon im Vorfeld der Absetzung Chruschtschows versuchte Podgorny, sich als Alternativkandidat für das Amt des Parteichefs zu profilieren.[8]

Den wohl einflußreichsten Posten im zentralen Apparat der KPdSU nach dem Parteichef hatte indes ein anderer Rivale Breshnews inne: Michail Suslow. Suslows politischer Werdegang reichte bis zum Beginn der 30er Jahre zurück und war von Anfang an eng mit dem ideologischen Sektor verbunden. Unter Stalin stieg er vom einfachen Provinzsekretär bis zum Präsidiumsmitglied auf. Ganz unbefleckt schaffte er diesen Weg nicht. Die eigene Verstrickung in die Verbrechen der 30er und 40er Jahre sollte die ablehnende Haltung Suslows zu den Destalinisierungsbemühungen Chruschtschows maßgeblich beeinflussen. Als das für ideologische Fragen zuständige Präsidiumsmitglied hatte Suslow nicht nur die Oberaufsicht über zahlreiche Abteilungen des ZK, sondern auch über eine Vielzahl von Ministerien und andere staatliche Einrichtungen. Zu seinen Aufgaben gehörte die politische Betreuung der »bewaffneten Organe« (Armee, Miliz, KGB) ebenso wie die ideologische Überwachung von Presse, Radio und Fernsehen. Suslow spielte eine zentrale Rolle bei der Vorbereitung der Palastrevolte gegen Chruschtschow, er hatte auch wesentlichen Anteil daran, daß Breshnew als Nachfolger des gestürzten Parteichefs »inthronisiert« wurde. Obgleich der asketische Chefideologe keine Führungspositionen in Partei oder Staat anstrebte – die Rolle einer »grauen Eminenz« lag ihm näher –, barg die einseitige Abhängigkeit von Suslow eine nicht unerhebliche Gefahrenquelle für den neuen Parteichef in sich.

Der gefährlichste Rivale Breshnews innerhalb der KPdSU-Führung stieg erst einen Monat nach der Absetzung Chruschtschows in das Parteipräsidium auf. Alexander Schelepin, vom ZK-Plenum am 16. November 1964 zum Vollmitglied gewählt, gehörte mit seinen 46 Jahren zu den Junioren in der Parteispitze. Als Chef des KGB hatte er bis 1961 im Auftrage Chruschtschows den allmächtigen und verhaßten Geheimdienst reorganisiert und personell durch junge Kader, insbesondere aus dem Apparat des Komsomol, dem Schelepin bis 1956 vorstand, aufgefrischt. Bevor er diesen Posten verlassen hatte, sorgte er dafür, daß ein Mann seines Vertrauens die

Amtsnachfolge antreten konnte: Zum neuen KGB-Chef wurde Wladimir Semitschastny ernannt, der bereits im Komsomol in Schelepins Fußstapfen getreten war. Seit 1962 stand Schelepin an der Spitze des von Chruschtschow installierten Komitees für Partei- und Staatskontrolle, dessen Aufgabe hauptsächlich darin bestand, die Konkurrenten des Parteichefs im Auge zu behalten. Ohne die aktive Unterstützung Schelepins, dem darüber hinaus auch gute Kontakte zum Generalstabschef der Sowjetarmee, Birjusow, nachgesagt wurden, wäre ein Erfolg der Verschwörung gegen Chruschtschow kaum denkbar gewesen. Der Einzug des dynamischen und ambitionierten Chefs der Partei- und Staatskontrolle in das höchste Machtgremium der KPdSU war der Preis, den die »kollektive Führung« für das Wohlverhalten der Sicherheitsorgane und der Armee zu bezahlen hatte. Sie tat dies allerdings nur widerwillig, denn Schelepin, von dem Mikojan schon im Vorfeld des Umsturzes gesagt haben soll, daß »dieser Mann uns viel Schwierigkeiten bereiten kann«[9], drohte nicht nur durch seinen Ehrgeiz das ohnehin schon brüchige Kräftegleichgewicht noch mehr zu belasten. Unter den Präsidiumsmitgliedern war der »Eiserne Schurik«, wie Schelepin in Anspielung auf seine besonderen Beziehungen zum KGB im Parteiapparat ehrfürchtig tituliert wurde, der einzige, der sowohl einen Sitz im Sekretariat des ZK als auch im Ministerrat der UdSSR besaß. Diese Machtballung verschaffte ihm einen handfesten Vorteil gegenüber seinen Kollegen, und es bestand kein Zweifel daran, daß der diesen auch zu nutzen gedachte.

Viel hatte Leonid Breshnew seinen Herausforderern indes nicht entgegenzusetzen. Zu den wenigen Trümpfen, auf die er zurückgreifen konnte, gehörte vor allem der Bonus seines Amtes. Gewisse Vorteile erwuchsen dem Parteichef darüber hinaus aus der Spezifik seiner Karriere. Der von häufigen Funktionswechseln begleitete Aufstieg hatte ihm Gelegenheit geboten, nützliche Kontakte zu zahlreichen Vertretern des aufstrebenden Parteimittelstandes zu knüpfen. Der Parteiapparat Moldawiens und Kasachstans, insbesondere aber die KP-Organisation seines Heimatbezirkes Dnepropetrowsk, sollten schon bald zu einer wichtigen Quelle seiner Macht werden.

Während seiner Tätigkeit in der Politischen Hauptverwaltung der Sowjetarmee konnte Breshnew die seit dem Krieg bestehenden guten Verbindungen zur Generalität festigen. Die Arbeit im ZK-Sekretariat brachte ihm überdies die Sympathien eines Teils der Rüstungs-»Lobby« ein. Ein ernst zu nehmender Gegner war Breshnew für seine Opponenten damit freilich noch lange nicht. Ohne einen massiven Rückhalt im ZK hatte er kaum eine Chance, sich über einen längeren Zeitraum in seinem Amt zu behaupten. Folgerichtig konzentrierte sich der frischgebackene Parteichef in den ersten Jahren seiner »Regentschaft« hauptsächlich darauf, die eigene Hausmacht zu festigen und auszubauen. Die bis zur Perfektion ausgereifte Fähigkeit Breshnews, zwischen seinen Opponenten vorhandene persönliche wie institutionelle Rivalitäten zum eigenen Vorteil auszunutzen, sowie die bedingungslose Unterordnung unter den Willen der »kollektiven Führung« erlaubten es dem Parteichef, seine Position im Laufe nur weniger Jahre entscheidend zu konsolidieren.

Möglich wurde dies nicht zuletzt aufgrund einer eklatanten Fehleinschätzung der Fähigkeiten Breshnews seitens seiner Herausforderer. Breshnew, der auf dem Wege in das höchste Parteiamt ein sehr sensibles Verhältnis zur Macht entwickelt hatte, schätzte seine Möglichkeiten realistisch genug ein und griff vorerst nicht aktiv in die im Präsidium tobenden Machtkämpfe ein. Er überließ die Initiative anderen und zeigte sich in Konfliktsituationen stets bemüht, eine Parteinahme zugunsten der einen oder anderen Person bzw. Gruppe zu vermeiden. Das ständige Lavieren zwischen den Fronten und die Suche nach allseits annehmbaren Kompromissen brachten ihm zwar den Ruf eines schwachen Politikers ein, schufen jedoch auch die Voraussetzungen dafür, daß er selbst zunächst nicht in die Schußlinie der Auseinandersetzung geriet. Die Rolle eines Schlichters erlaubte ihm überdies, seine eigenen Kandidaten als akzeptable Alternative zu offenkundigen Parteigängern der am Konflikt beteiligten Seiten anzubieten. Die Erkenntnis, daß der neue Parteichef die Spielregeln des Machtkampfes nicht minder virtuos beherrschte als sie selbst, stellte sich bei seinen Herausforderern nur langsam und zumeist um den Preis der eigenen Karriere ein.

Als geradezu beispielhaft kann in diesem Sinne der Ausgang

des Duells zwischen Schelepin und Podgorny gelten, das den Machtkampf im Laufe des Jahres 1965 bestimmte. Breshnew nutzte die vom Leiter der mächtigen Kontrollbehörde gegen Podgorny angezettelte Fehde, um seine beiden ambitioniertesten Rivalen im Kampf um die Vorherrschaft in der Partei erheblich zu schwächen. Er erreichte dies, indem, er an den Zusammenhalt der »kollektiven Führung« appellierte, die keine »starken Männer« in ihren Reihen duldete. Auf dem ZK-Plenum vom Dezember 1965 verlor Schelepin nicht nur sein Stellvertreteramt im Ministerrat der UdSSR, sondern er ging auch eines seiner wichtigsten Machtinstrumente verlustig: Das Komitee für Partei- und Staatskontrolle wurde kurzerhand aufgelöst. Grund zur Freude hatte jedoch auch Schelepins Widerpart nicht: Podgorny mußte ebenfalls Federn lassen. Er büßte seinen Sitz im ZK-Sekretariat ein, nachdem er zuvor – anstelle Mikojans, der »aus gesundheitlichen Gründen und auf eigenen Wunsch« in den Ruhestand geschickt wurde – das prestigeträchtige, aber wenig einflußreiche Amt des Staatsoberhauptes übertragen bekommen hatte. Breshnew indes wurde für seine Treue reichlich belohnt. Er durfte nicht nur die süße Frucht des kollektiv errungenen Sieges über seine Herausforderer auskosten, sondern erhielt zugleich die Möglichkeit, den durch Podgornys Ausscheiden frei gewordenen Posten im ZK-Sekretariat mit einem Kandidaten seiner Wahl zu besetzen. Im April 1966 hielt Andrej Kirilenko, Präsidiumsmitglied und alter Bekannter des Parteichefs aus der Vorkriegszeit, Einzug in das Sekretariat des ZK der KPdSU. In sein Ressort fiel u. a. auch die Kontrolle über die Kaderabteilung des ZK. Im Trubel der Ereignisse gelang es Breshnew außerdem, zwei wichtige Posten im ZK-Apparat mit eigenen Mannen zu besetzen. Im Juli holte er seinen langjährigen Mitarbeiter im Präsidium des Obersten Sowjets Konstantin Tschernenko in das Gebäude an der »Staraja ploschtschad«. In seiner Eigenschaft als Leiter der Allgemeinen Abteilung des ZK oblag Tschernenko die Regulierung des Informationsflusses zwischen Sekretariat und Parteipräsidium. Mit Sergej Trapesnikow, der etwa zur selben Zeit die Wissenschaftsabteilung des ZK übernahm, konnte Breshnew einen Gefolgsmann in den Zuständigkeitsbereich Suslows einschleusen. Beide, sowohl Tschernenko als auch

Trapesnikow, repräsentierten die moldauische Linie des Breshnewschen »Nachwuchses«.

Eine wichtige Rolle bei der Konsolidierung der Machtbasis Breshnews spielte der XXIII. Parteitag der KPdSU, der am 29. März 1966 seine Arbeit aufnahm. In den Annalen der Parteigeschichte blieb ihm ein eher bescheidener Platz vorbehalten. Der erste Parteitag, auf dem Leonid Breshnew in seiner Eigenschaft als Chef von knapp 12,5 Millionen sowjetischen Kommunisten den Rechenschaftsbericht des ZK vortragen durfte, brachte inhaltlich kaum etwas Aufregendes. Breshnews achtstündige Rede zeichnete sich weder durch substantielle Neuorientierungen noch durch besondere rhetorische Brillanz aus. Nach den zum Teil sehr emotionalen Debatten der Chruschtschowschen Parteikongresse begann nun eine Zeit der Farblosigkeit und des frustrierenden Gleichklangs, in der das öffentliche Interesse am Parteitagsgeschehen eher den personellen Veränderungen in den Führungsgremien der Partei als den inhaltlichen Aussagen der agierenden Politiker galt. Eine Ausnahme stellten lediglich jene Beschlüsse des XXIII. Parteitages dar, die Änderungen im bis dahin geltenden Statut aus dem Jahre 1961 betrafen.

Neben der längst erwarteten Abschaffung des von Chruschtschow eingeführten Rotationsprinzips sorgte insbesondere die Entscheidung für Aufsehen, zur ursprünglichen Bezeichnung für das höchste Machtorgan der Partei und für den Posten des Parteichefs zurückzukehren. Aus dem Präsidium wurde das Politbüro, der Erste Sekretär durfte sich nunmehr wieder Generalsekretär nennen. Anderthalb Jahre nach dem ZK-Plenum vom Oktober 1964 nahm die Nomenklatura Revanche für die Ungewißheit und Demütigung der Ära Chruschtschow. Sie forderte das ein, was ihr der gestürzte Parteichef nicht gewähren wollte – Sicherheit und Stabilität ihrer Macht.[10] Wenn es ein bemerkenswertes Ergebnis des XXIII. Parteitages gab, so war es wohl vor allem die sichtbare Wiederherstellung des Vertrauensverhältnisses zwischen der politischen Führung und dem bürokratischen Apparat. Der Rückgriff auf das Stalinsche Modell des Machtmonopols der Partei verdeutlichte zugleich, daß die neue Führungsmannschaft im Kreml weit mehr anstrebte, als dies die eher verhaltene Kritik an der nicht einmal namentlich erwähnten Person des gestürzten Parteichefs erkennen ließ. Obgleich keiner der Redner die Verbindlichkeit der vorhergehenden Parteitagsbeschlüsse in Frage stellte, war ein Abrücken vom Geist der Reformen kaum zu übersehen. Der Destalinisierung der »Tauwetter«-Periode folgte die stille Dechruschtschowisierung jenes vom XXIII. Parteitag formal eingeläuteten »goldenen Zeitalters« der Nomenklatura, das als Ära Breshnew in die sowjetische Geschichte Einzug halten sollte.

Die Demontage des Chruschtschowschen Erbes hatte freilich schon vor dem »Parteitag der Sieger« begonnen. Am deutlichsten widerspiegelte sich dies in den Anfang 1965 einsetzenden Versuchen zur Rehabilitierung Stalins. Sein Name verschwand allmählich aus dem Blickwinkel der Kritik, der Begriff »Personenkult« fand im öffentlichen Sprachgebrauch keine Anwendung mehr. In einer Rede, die Leonid Breshnew am Vorabend des 20. Jahrestages des Sieges über Nazideutschland vor Kriegsveteranen hielt, erschien Stalins Name gar erstmals wieder in einem positiven Kontext. Der Parteichef würdigte ausdrücklich die verdienstvolle Rolle des unter Stalins Leitung gestandenen Staatlichen Verteidigungskomitees »bei der Organisierung des Widerstandes gegen den Feind«.

Aufsehen erregte die am 9. Mai 1965 veröffentlichte Rede darüber hinaus wegen der außenpolitischen Ausführung Breshnews, die eine deutliche Prioritätenverschiebung gegenüber den vorhergehenden Erklärungen der sowjetischen Partei- und Staatsführung erkennen ließen. Breshnew bekräftigte zwar den Wunsch nach friedlichen Beziehungen zu den kapitalistischen Staaten, richtete jedoch nach ungewöhnlich heftigen Angriffen gegen die USA und die BRD die unmißverständliche Warnung an die Adresse des Westens: »Niemand sollte unseren innigsten Wunsch nach Sicherung des Weltfriedens mit zahmem (bessuby) Pazifismus verwechseln. Wir verhehlen nicht, daß ein gewisser Teil unseres Nationaleinkommens zur Festigung der militärischen Schlagkraft unserer Streitkräfte verwendet wird.«[11] Der Wink mit dem Zaunpfahl galt vor allem der Johnson-Administration, die seit Mitte 1964 ihre militärische Intervention in Vietnam kontinuierlich forcierte. Der massive Rückgriff auf die pseudorevolutionäre

Phraseologie des Klassenkampfes ließ jedoch die Vermutung zu, daß das vietnamesische Abenteuer der USA eher Anlaß denn Ursache für die deutlich schärfere Gangart der Sowjetunion gegenüber dem Westen war. Auch hinsichtlich des Verhältnisses zu den Ländern der »sozialistischen Staatengemeinschaft« machte sich eine Neuakzentuierung bemerkbar. Der verstärkte Ruf nach »Einheit und Geschlossenheit« der Reihen angesichts der »imperialistischen Kriegstreiber« verhieß die baldige Rückkehr zur ideologischen Intoleranz gegenüber reformkommunistischen Experimenten außerhalb der UdSSR. Mag das betont kämpferische Auftreten Leonid Breshnews teilweise auch dem Anlaß der Rede und der Zusammensetzung des vorwiegend uniformierten Auditoriums geschuldet gewesen sein, in ihrer Bedeutung gingen die Ausführungen weit über den Rahmen einer Offerte an das Militär hinaus.

Unwidersprochen blieb die poststalinistische Renaissance in der Sowjetgesellschaft allerdings nicht. Insbesondere die vom »Tauwetter«-Bazillus infizierte Intelligenz wehrte sich erbittert gegen die Versuche, den blutigen Diktator zu rehabilitieren. Selbst in der »kollektiven Führung« setzte sich der Kurs auf die Restauration des Stalinismus nicht ohne – wenngleich eher verhaltenen – Widerstand durch.

Zum Zeitpunkt der Machtübernahme verfügten die Erben Chruschtschows über keine gemeinsame politisch-ideologische Plattform. Der im Vorfeld der Verschwörung erzielte Minimalkonsens reichte gerade aus, um die beiden Grundpfeiler des Chruschtschowschen Reformwerkes niederzureißen: Im November 1964 wurde die Zweiteilung in Industrie- und Landwirtschaftskomitees auf der Ebene der Regions- und der Gebietsorganisationen der KPdSU aufgehoben und die Rückkehr zu den traditionellen Prinzipien des Parteiaufbaus beschlossen.[12] Im September 1965 zog ein gemeinsamer Beschluß des ZK der KPdSU und des Ministerrates der UdSSR einen Schlußstrich unter das Chruschtschowsche Experiment einer dezentralen Wirtschaftsverwaltung.[13] Die Volkswirtschaftsräte wurden aufgelöst und die Ministerien wieder in ihre ursprünglichen Rechte eingesetzt. Doch wie sollte es nun weitergehen? Die diesbezüglichen Vorstellungen gingen zum Teil erheblich auseinander. Die Palette der Meinungen reichte von einem radikalen Bruch mit dem Chruschtschowschen Erbe bis zur konsequenten Fortführung des vom gestürzten Parteichef eingeleitetne Reformprozesses.

Zu den aggressivsten Vertretern der ersten Linie gehörte insbesondere Alexander Schelepin. Bereits im Frühjahr 1965 legte er ein umfangreiches Thesenpapier vor, in dem eine weitgehende Revision der bisherigen Politik empfohlen wurde. Nach Aussagen von Fjodor Burlazki, zu jener Zeit als Referent im ZK-Apparat tätig, beinhaltete das Dokument unter anderem folgende Schwerpunkte: »Wiederherstellung von Stalins durch die Beschlüsse des XX. und XXII. Parteitages befleckten ›guten Namens‹, Abkehr von den im Parteiprogramm fixierten Garantien gegen eine Wiederholung des Personenkults, vor allem vom Prinzip der Kaderrotation; Liquidation der Volkswirtschaftsräte und Rückkehr zum ministeriellen Prinzip der Leitung ...; Herstellung einer straffen Arbeitsdisziplin anstelle von Demokratisierungstendenzen; Rückgriff auf das Ziel der Weltrevolution und Abkehr vom Prinzip der friedlichen Koexistenz ...; Wiederherstellung des engen Verhältnisses zu Mao Tse Tung durch weitreichende Zugeständnisse hinsichtlich der Kritik des Personenkults und der Strategie der kommunistischen Weltbewegung; Erneuerung der früheren Vorwürfe an die Adresse des Bundes der Kommunisten Jugoslawiens als ›Brutstätte des Revisionismus und Reformismus‹ ...«[14]. Mit seinen Vorstellungen von einem Stalinismus ohne Massenterror stand Schelepin keineswegs allein, besonders bei den jüngeren Präsidiumsmitgliedern fanden seine radikalen Parolen durchaus Sympathie.

Die Anhänger eines reformorientierten Entwicklungskurses fanden in Anastas Mikojan einen Fürsprecher. Die Konturen ihres Konzepts umriß ein redaktioneller Leitartikel, der am 5. Dezember 1964 unter der Überschrift »Unter dem Banner der sowjetischen Demokratie« in der »Prawda« erschien. Darin plädierten die Autoren u. a. dafür, die Rolle der KPdSU auf die »Organisation und Erziehung der Massen« zu beschränken, die politikbestimmenden Funktionen der Sowjets zu festigen sowie die Arbeit des Staatsapparates mittels einer stärkeren Kontrolle durch die Volksvertretung effizienter zu gestalten. Im außenpolitischen Teil des Artikels wurde die Notwendigkeit bekräftigt, am Prinzip der friedlichen Koexistenz festzuhalten. Gegenüber den sozialistischen Ländern sollte eine Politik der »Zusammenarbeit und brüderlichen Verbundenheit auf der Grundlage völliger Gleichberechtigung« betrieben werden.[15] Der Grundtenor des Beitrages ließ deutlich die Absicht der Verfasser erkennen, den Weg der Reformen fortzusetzen. Bemerkenswert war allerdings weniger der Hinweis auf die Verbindlichkeit der auf den vorhergehenden Parteitagen »kollektiv ausgearbeiteten Leninschen Generallinie« als vielmehr die ausdrückliche Berufung auf die Destalinisierungsbeschlüsse der KPdSU.

Letztlich erwies sich jedoch keines der beiden vorgestellten Programme als konsensfähig. Die Mehrheit der Präsidiumsmitglieder, darunter vor allem Podgorny und Suslow, sympathisierten zwar mit dem Gedanken einer Revision des Reformkurses, die Radikalität der geforderten Wende ließ sie indes ebenso wie die ungezügelten Ambitionen des Verfassers von einer Unterstützung des Schelepinschen Thesenpapiers Abstand nehmen. Unter den Präsidiumsmitgliedern gehörte außer Mikojan wohl lediglich Kossygin zu jenen, die zumindest einer partiellen Fortführung der Reformen zustimmen mochten. Kossygin unterstützte die Idee wirtschaftlicher Umgestaltungen und einer vorsichtigen Öffnung nach Westen. Mit der Mehrheit seiner Kollegen stimmte er wiederum in dem Bestreben überein, die Beziehungen zu China um den Preis einer Abkehr von den »Überspitzungen« des XX. Parteitages zu normalisieren.[16]

Breshnews Haltung orientierte sich demgegenüber hauptsächlich an den bestehenden Mehrheitsverhältnissen. Er beeilte sich mit einer eigenen Positionierung nicht und wartete zunächst die weitere Entwicklung ab. Im Kampf um die Seele des Parteichefs gewannen schließlich die Anhänger des gemäßigt konservativen Flügels die Oberhand. Man einigte sich auf einen Kompromiß »rechts von der Mitte«. Ohne die Gültigkeit der Beschlüsse des XX. und des XXII. Parteitages formell aufzuheben, nahm die Führung der KPdSU Kurs auf eine vorsichtige Restalinisierung.

Die Auswirkungen der restaurativen Tendenzen auf das gesellschaftliche Leben der Sowjetunion blieben allerdings primär auf atmosphärische Veränderungen begrenzt. Für eine radikale Wende fehlte die notwendige breite Unterstützung sowohl in der Bevölkerung des Landes als auch innerhalb der Partei selbst. Nach den Jahren des Stalinschen Terrors und der Chruschtschowschen Experimente zeichnete sich immer deutlicher ein gesamtgesellschaftlicher Konsens ab: der Wunsch nach einer stabilen und ruhigen Entwicklung. Vor allem dieses ausgeprägte Ruhebedürfnis bildete eine Voraussetzung dafür, daß die Eigendynamik der »Tauwetter«-Periode bis in die späten 6oer Jahre hinein nachwirken konnte. Nicht zuletzt die von Alexej Kossygin maßgeblich beeinflußte Wirtschaftspolitik, der das Konzept einer konsumorientierten und intensiv erweiterten Produktionsentwicklung in Industrie und Landwirtschaft zugrunde lag, trug noch deutliche Züge des Chruschtschowschen Reformgeistes, wenngleich unter anderen Vorzeichen.

Der Ausgang der konzeptionell-inhaltlichen Auseinandersetzungen blieb nicht ohne Folgen für die Kräftekonstellation in der »kollektiven Führung«. Die Generation der Parteiveteranen, die dem Restalinisierungskurs der Präsidiumsmehrheit bis zu einem gewissen Grad reserviert gegenüberstand, wurde allmählich in den Ruhestand geschickt. Nachdem Mikojan im Dezember 1965 zwangspensioniert wurde, entband der XXIII. Parteitag auch den ehemaligen Chef der Parteikontrollkommission Nikolai Schwernik, der unter Chruschtschow die Rehabilitierung der Stalinschen Repressionsopfer geleitet hatte, von den Aufgaben eines Präsidiumsmitgliedes. Für die ausgeschiedenen Altbolschewiki rückten die Vertreter einer jüngeren Generation in die Zentrale der Macht nach, die die Revolution bestenfalls von den Erzählungen ihrer Eltern kannten und ihre Karriere unter Stalin und Chruschtschow gemacht hatten.

Der machtpolitisch bedingte Verjüngungsprozeß führte zugleich zur Formierung einer dominanten und relativ stabilen Gruppe in der »kollektiven Führung«, welche die Entwicklung der sowjetischen Politik im folgenden Jahrzehnt weitgehend bestimmen sollte. Der Zusammenhalt dieses »Schattenpräsidiums«, dem neben Kossygin, Suslow und Podgorny auch Leonid Breshnew angehörte, wurde hauptsächlich durch das gemeinsame Interesse am Fortbestand der »kollektiven Führung« gewährleistet. Eine konkrete gemeinsame programmatische Grundlage hatte die Gruppe, sieht man von einem ausgeprägten Hang zum Konservatismus einmal ab, nicht. Es handelte sich bei ihr vielmehr um eine Art Schutzbündnis, welches hauptsächlich dazu dienen sollte, den Einfluß der »unabhängigen« Präsidiumsmitglieder zu beschränken.

Für das Quartett Kossygin-Breshnew-Suslow-Podgory stellte der XXIII. Parteitag einen doppelten Erfolg dar. Durch die Statutenänderungen sicherte es sich nicht nur die Unterstützung des Partei- und Staatsapparates und damit auch den erforderlichen Aktionsfreiraum, sondern es festigte zugleich seine beherrschende Position im Politbüro. Dabei schien man sich durchaus darüber im klaren, daß die demonstrative Rückkehr zur ursprünglichen Variante des Parteiaufbaus nicht einer gewissen Brisanz entbehrte. Während die Existenz des Politbüros noch in eine von Lenin begründete Traditionslinie eingebunden werden konnte – ein Aspekt, der in der von Breshnew vorgetragenen Begründung für die Namensänderung einen zentralen Platz einnahm –, hatte es in der Geschichte der KPdSU bis dato nur einen Generalsekretär gegeben – Josif Stalin.[7] Unter den Delegierten des XXIII. Parteitages gab es nicht wenige, die sich noch sehr gut an die denkwürdige »Geheim«-Rede Chruschtschows vor fast genau 10 Jahren erinnerten, in der nicht nur der Führungsstil und die Terrormethoden des Diktators angeprangert wurden, sondern auch die unkontrollierte Machtfülle, die Stalin über das Amt des Generalsekretärs in seinen Händen anhäufen konnte. Die Wiederherstellung des Generalsekretariats bedeutete eine Aufwertung des Parteichefs innerhalb der bestehenden Machtstrukturen, die sich zu einer Belastung des Kräftegleichgewichts in der »kollektiven Führung« auswachsen konnte. Auf diesen Zusammenhang machte indirekt der Moskauer Parteichef Nikolai Jegorytschew aufmerksam, der als einziger Redner des Parteitages an die Folgen des Personenkultes um Stalin erinnerte. Aus dem Munde eines ausgewiesenen Schelepin-Anhängers mußte die an Breshnew gerichtete Warnung besonders eindringlich wirken.

Für die Vierer-Gruppe schien allerdings weniger die Perspektive einer Usurpation der Macht durch den derzeitigen Amtsinhaber problematisch zu sein. Breshnew war noch zu schwach, um die Fesseln der »kollektiven Führung« zu sprengen. Überdies hatte er bis dahin keinerlei Ambitionen erkennen lassen, eine Alleinherrschaft etablieren zu wollen. Es war vielmehr die wachsende Diskrepanz zwischen dem spezifischen Gewicht des Amtes und der instabilen Stellung des Amtsinhabers, die offenbar Anlaß zur Besorgnis gab. Sie förderte die Herausbildung eines Machtvakuums, welches sich geradezu anbot, von einem ehrgeizigen Prätendenten ausgefüllt zu werden. Um der Gefahr einer neuerlichen Palastrevolte vorzubeugen, mußte der frischgebackene Generalsekretär zumindest institutionell gestützt werden. Auch für dieses Problem fand sich eine elegante Lösung. Man schlug den Delegierten des XXIII. Parteitages nicht nur die Umbenennung des Präsidiums und die Wiederherstellung des Generalsekretariats vor, sondern bestand zugleich auch auf einer Statutenänderung, die die Wahl des Parteichefs auch formal-juristisch zur Prärogative des ZK erklärte. Ein stiller Machtwechsel an der Parteispitze war damit weitgehend ausgeschlossen.

Auf die Loyalität des Generalsekretärs allein mochte sich der harte Kern der »kollektiven Führung« nun doch nicht verlassen. Er unterstützte den Parteichef zwar in seinen Konsolidierungsbemühungen, machte jedoch zugleich deutlich, daß er eine Verletzung des Gentleman's Agreement nicht tolerieren würde. Der warnend erhobene Zeigefinger nahm die Gestalt zweier Artikel im Zentralorgan des ZK der KPdSU an, die nur wenige Wochen nach dem XXIII. Parteitag in der Rubrik »Zu Themen des Parteilebens« erschienen. Während der erste Artikel die Erhaltung der funktionellen Gewaltenteilung zwischen Partei- und Staatsapparat, insbesondere auf dem Gebiet der praktischen Wirtschaftspolitik anmahnte[18], erinnerte der zweite ganz unverblümt an die Begrenztheit der Machtbefugnisse eines Parteisekretärs. »Der Sekretär eines Parteikomitees«, war darin zu lesen, »ist kein Chef (Natschalnik), er verfügt nicht über das Recht zu kommandieren. Er ist lediglich der erste innerhalb eines von Kommunisten gewählten kollektiven Führungsorgans. Auf ihm lastet eine größere Verantwortung. Bei der Lösung von Fragen verfügt er jedoch über dieselben

Rechte wie auch die anderen Komiteemitglieder.«[19] Wenngleich sich beide Artikel vornehmlich an die Adresse der lokalen Parteiapparatschiks zu richten schienen, so postulierte der dezente Hinweis auf die bis dahin erfolgreiche Praxis kollektiver Leitungsmethoden in dem höchsten Führungsorgan der Partei doch einen durchaus allgemeinverbindlichen Anspruch.

Ungeachtet dessen bestätigten die Ergebnisse des XXIII. Parteitages einmal mehr, daß in der Schwäche Breshnews zugleich auch einer seiner größten Vorteile lag. Im Schatten der Auseinandersetzungen gelang es ihm, die eigene Machtbasis mit Hilfe der »kollektiven Führung« kontinuierlich zu festigen. Die vom Parteitag verabschiedeten Statutenänderungen stärkten die Positionen des Parteichefs entscheidend. Sie brachten ihm die logistischen Vorteile des Titels eines Generalsekretärs und boten darüber hinaus einen gewissen Schutz vor den Angriffen potentieller Anwärter auf seinen Posten, solange er sich an die vereinbarte Rollenverteilung hielt. Die wachsende Emanzipation Breshnews widerspiegelte sich nicht zuletzt in der zunehmenden Präsenz seiner Parteigänger in den Leitungsorganen der KPdSU. Unter den vier Neuaufnahmen, die vom XXIII. Parteitag in das Politbüro vorgenommen wurden, war neben den Anhängern Kossygins, Suslows und Podgornys auch ein Mann aus der Gefolgschaft des Generalsekretärs: Dinmuchamed Kunajew, Nachfolger des ehemaligen Neulanderstürmers im Amt des Ersten Sekretärs der KP Kasachstans, zog am 8. April 1966 als Politbürokandidat in das Vorzimmer der Macht ein. In dem mit 195 gewählten Vollmitgliedern bis dahin größten ZK in der Parteigeschichte saßen nunmehr zwei Dutzend Klienten und Gefolgsleute des Parteichefs.[20] Mit der Fraktion Breshnews verfügte der harte Kern der »kollektiven Führung« über eine solide Mehrheit im Zentralkomitee der KPdSU.

Daß die Befürchtungen der »kollektiven Führung« hinsichtlich möglicher Putschversuche gegen den Generalsekretär keineswegs unbegründet waren, offenbarte ein Zwischenfall, der im Juli 1966 die Chefetage des Kreml in helle Aufregung versetzte. Während einer Besuchsreise Schelepins in die Mongolei, die den 45. Jahrestag der Revolution beging, äußerte sich einer seiner engsten Freunde in Gegenwart des mongolischen

Parteichefs in recht abschätziger Weise über die Führungsqualitäten Breshnews und ließ unzweideutig durchblicken, daß sein Gönner zu durchaus Höherem berufen sei. Zedenbal zeigte sich wenig geneigt, in das Intrigenspiel seiner Moskauer Gäste einbezogen zu werden, und informierte umgehend den Kreml von dem Zwischenfall.[21] Breshnew reagierte prompt, erneut setzte der Sanktionsmechanismus der »kollektiven Führung« ein. Diesmal wollte man dem »Eisernen Schurik« allerdings keine Chance für ein Comeback mehr geben. Es begann eine systematische Säuberungsaktion, die darauf abzielte, Schelepins weitgefächerten Anhang aus den Führungspositionen insbesondere im Sicherheitsapparat zu verdrängen. Als erster mußte im September 1966 der Innenminister der RSFSR Tikunow seinen Hut nehmen. Kurz zuvor wurde beschlossen, als institutionelles Gegengewicht zum KGB ein föderales Ministerium für den Schutz der Öffentlichen Ordnung (MOOP) zu bilden, das die Nachfolge des von Chruschtschow 1960 aufgelösten Innenministeriums der UdSSR antreten sollte. Ein halbes Jahr später lieferte die Flucht der Stalin-Tochter Swetlana Allilujewa in die USA den lang ersehnten Vorwand, um den Geheimdienstchef Semitschastny zu entlassen. Damit brach eine der wichtigsten Stützen der Macht Schelepins weg. Angesichts der Übermacht seiner Gegner blieb ihm nichts anderes übrig, als die nicht enden wollende Serie von Schicksalsschlägen geduldig zu ertragen. Die Schlacht schien bereits entschieden, als der Ausbruch des »Sechs-Tage-Krieges« Mitte 1967 die bis dahin planmäßig verlaufene Offensive der »kollektiven Führung« gründlich durcheinanderbrachte.

Im Juni 1967 eskalierte der seit Monaten mit äußerster Härte geführte Propagandakrieg im Nahen Osten zu einem bewaffneten Konflikt, der mit einem völligen Desaster für die arabischen Streitkräfte endete. Die Sowjetunion griff in die Kämpfe nicht unmittelbar ein und beschränkte sich auf Waffenlieferungen, logistische wie diplomatische Unterstützung. Das arabische Lager konnte seine Verärgerung über die sowjetische Haltung nur mühsam unterdrücken, hatte doch die massive Parteinahme Moskaus zugunsten der Regierungen in Kairo und Damaskus im Vorfeld der bewaffneten Auseinandersetzungen ein stärkeres Engagement der UdSSR erhoffen lassen. Die

Kreml-Führung bemühte sich indes sehr rasch um Schadensbegrenzung. Doch auch das letztlich erfolgreiche Krisenmanagement Kossygins und Podgornys konnte nicht darüber hinwegtäuschen, daß die Effizienz der sowjetischen Globalstrategie einiges zu wünschen übrigließ. Der »Sechs-Tage-Krieg« offenbarte einmal mehr den gravierenden Widerspruch zwischen dem bereits von Chruschtschow postulierten und auf dem XXIII. Parteitag unter verschärft ideologischen Prämissen bestätigten Anspruch auf den Status einer Weltmacht und den politisch-militärischen Voraussetzungen zu seiner Verwirklichung. Auch zwei Jahre nach einem von der »kollektiven Führung« verabschiedeten umfangreichen Rüstungsprogramm – eine unvermeidliche Gegenleistung für die Unterstützung des Militärs bei der Absetzung des reformfreudigen Parteichefs – war die UdSSR offenkundig noch nicht in der Lage, die von ihr beanspruchte Rolle eines verläßlichen Bündnispartners aller »revolutionären« Kräfte durch eine Projektion ihrer Macht in entfernteren Regionen der Welt zu untermauern. Vor allem das sowjetische Militär reagierte verärgert auf das Desaster im Nahen Osten. Nach der Blamage in der Karibik-Krise sah es sich erneut von der politischen Führung in die Rolle eines Sündenbocks gedrängt.

Schelepin zögerte keinen Augenblick, um nach dem vermeintlich rettenden Strohhalm zu greifen. Er versuchte, die Unterstützung der Militärs zu gewinnen, indem er sich zum Anwalt ihrer Interessen aufschwang. Die wohlverpackte Kritik an die Adresse der »kollektiven Führung« vorzutragen, überließ er einem seiner Getreuen. Nikolai Jegorytschew nutzte das Forum eines ZK-Plenums, um am 20. Juni den »mangelhaften« Zustand der Moskauer Luftverteidigung zu monieren.[22] Doch die Rechnung Schelepins ging nicht auf. Das Militär mißtraute offenbar ebenfalls den Ambitionen des »Eisernen Schurik«. Mehr noch, der Vorstoß Jegorytschews beschleunigte den Fall seines Patrons. Die Niederlage zeichnete sich bereits auf dem Juni-Plenum ab, das den Moskauer Parteichef kurzerhand seines Amtes enthob. Schelepins Abgang folgte nur drei Monate später. Am 26. September wurde er von den Pflichten eines ZK-Sekretärs entbunden und auf den harmlosen Posten des Vorsitzenden der Gewerkschaften abgeschoben. Bis 1975 beließ man den seiner Machtbasis beraubten Schelepin noch im Politbüro, von dem 1967 erlittenen Fiasko erholte er sich jedoch nicht mehr.

Das Ende der politischen Karriere Schelepins erwies sich für Leonid Breshnew in zweierlei Hinsicht von Bedeutung. Das wohl wichtigste Ergebnis zeigte sich in einer weiteren Verschiebung des Kräfteverhältnisses innerhalb des Sekretariats des ZK zugunsten des Generalsekretärs. Nach dem Ausscheiden seines gefährlichsten Rivalen stand ihm im Parteiapparat nur noch Suslow gegenüber. Die Entfernung des Schelepinschen Anhangs löste darüber hinaus einen Kaderschub aus, der auch der Gefolgschaft Breshnews zu neuen wichtigen Ämtern verhalf. So übernahm Nikolai Schtscholokow, Breshnews zweiter Sekretär in Moldawien, das Portefeuille des Ministers für Öffentliche Ordnung. Ein Gewinn für den Parteichef stellte überdies die Ernennung Juri Andropows zum Vorsitzenden des KGB dar. Andropow gehörte zwar nicht zur »Familie«, genoß jedoch das Vertrauen des Parteichefs. Die Unterstützung der »kollektiven Führung« während des Juni-Plenums brachte ihm sogar einen Kandidatensitz im Politbüro ein. Damit gelangte seit dem Sturz Mikojans erstmalig wieder ein Vertreter des gemäßigten Reformflügels in die Führung der KPdSU. Um vor einer erneuten Instrumentalisierung des KGB sicher zu sein, stellte Breshnew dem neuen Geheimdienstchef einen echten Getreuen an die Seite. General Zwigun, vordem Leiter der Moldauischen KGB-Zentrale, zog als Andropows Stellvertreter in den Gebäudekomplex am Dzierżyński-Platz ein. Die Neutralisierung der Sicherheitsorgane wog in der für Breshnew insgesamt positiven Bilanz des Jahres 1967 um so schwerer, als im Zuge der Anti-Schelepin-Kampagne ein neuer, für den Generalsekretär nur schwer berechenbarer Faktor die Bühne des Machtkampfes betreten hatte – das Militär.

Der Vorstoß Jegorytschews auf dem Juni-Plenum hatte einen sehr empfindlichen Nerv des Parteichefs getroffen. Erstmals seit Amtsantritt war er in seiner Eigenschaft als Vorsitzender des Verteidigungsrates angegriffen worden. Der Versuch Schelepins, das Militär gegen den Parteichef auszuspielen, scheiterte zwar, zwang Breshnew jedoch, sein bis dahin durch die Rollenverteilung in der »kollektiven Führung« geprägtes Verhältnis zu dieser wichtigen Säule des Sowjetstaates zu überdenken. Position zu beziehen fiel dem Parteichef nicht leicht, den auch in der Führung der Sowjetarmee tobte seit Mitte der 50er Jahre ein erbitterter Machtkampf zwischen den Vertretern zweier unterschiedlicher militärstrategischer Konzeptionen.[23]

Die Marschälle der Kriegsgeneration lehnten sich in ihren Vorstellungen an die Stalinsche Doktrin vom »Sozialismus in einem Lande« an. Ihre vordringlichste Aufgabe erblickten sie darin, den nach dem zweiten Weltkrieg erreichten Besitzstand der UdSSR zu erhalten, der in ihren Augen durch die Destalinisierungspolitik Chruschtschows auseinanderzudriften drohte (Jugoslawien, Albanien, Rumänien, Ungarn und China). In ihrer Einstellung zur kapitalistischen »Umkreisung« waren sie den Denkkategorien des kalten Krieges verhaftet, die für eine friedliche Koexistenz kaum Platz ließen. Ihr militärisches Konzept negierte weitgehend die Sachzwänge des Atomzeitalters und setzte auf eine quantitativ überlegene konventionelle Rüstung.

Der Fraktion der Stalinschen Panzer-Generale stand eine Gruppierung gegenüber, deren sicherheitspolitisches Konzept sich primär an den Maßstäben einer modernen Supermacht orientierte. Im Unterschied zu dem auf die Sicherung des kontinentalen Besitzstandes gerichteten Modell gingen die Anhänger dieser Doktrin von der Notwendigkeit eines offensiven Wettstreits mit den USA auf sämtlichen Feldern der internationalen Politik aus. In Anknüpfung an die Chruschtschowsche Definition der friedlichen Koexistenz zeigten sie sich durchaus bereit, einer partiellen politischen Entspannung des Verhältnisses zu den Ländern des Westens auf der Grundlage eines noch herzustellenden militärstrategischen Gleichgewichts, insbesondere auf dem Gebiet der nuklearen Rüstungen, zuzustimmen. Gleichzeitig plädierten sie für ein aktiveres Engagement der UdSSR in der Dritten Welt. Die engere Verknüpfung und der flexiblere Einsatz von Militärmacht, Diplomatie und Außenwirtschaft setzten einen forcierten Auf- und Ausbau der strategischen Teilstreitkräfte (Raketentruppen, Marine, Luftwaffe) voraus.

Die »kollektive Führung« war nach dem Sturz

Chruschtschows viel zu sehr mit sich selbst beschäftigt, um dem Drängen des Militärs nach einer eindeutigen Prioritätensetzung zu folgen. Das Präsidium umschiffte die gefährliche Klippe, indem es, wie bereits erwähnt, Mitte 1965 ein umfangreiches Rüstungsprogramm verabschiedete, welches eine gleichmäßige Entwicklung nuklearer und konventioneller Waffen vorsah.[24] Die innenpolitischen Implikationen der Nahost-Krise vom Juni 1967 zeigten jedoch, daß der zwischen der politischen Führung und dem Militär vereinbarte Konsens ins Wanken geraten war. Die Attacke Jegorytschews führte dem Generalsekretär darüber hinaus vor Augen, daß auch die Ernennung seines Kriegskameraden Gretschko, der im April 1967 den Platz des verstorbenen Verteidigungsministers Malinowski eingenommen hatte, noch keine ausreichende Garantie für ein loyales Verhalten der Armeeführung ihm gegenüber bot. Marschall Gretschko, selbst Kompromißkandidat der zerstrittenen Militär-»Lobby«, ging eigene Wege. Das Einlenken der »kollektiven Führung«, die die Rüstungsanstrengungen ab 1967 deutlich verstärkte, schien Breshnew zunächst vom Druck eines Entscheidungszwanges zu befreien. Die Situation änderte sich jedoch grundlegend, als die Machtkämpfe im Kreml vor dem Hintergrund des »Prager Frühlingserwachens« eine dramatische Zuspitzung erfuhren.

Die Ursache für die internen Auseinandersetzungen lag freilich jenseits des Bereiches grundsätzlicher Einschätzungen der in der ČSSR ablaufenden Prozesse. Im Politbüro gab es niemanden, der dem Anliegen der tschechoslowakischen Reformkommunisten Verständnis oder gar Sympathie entgegenbrachte. Die Bandbreite der Wertungen reichte bestenfalls von Revisionismus bis zu Konterrevolution. Die Orientierungsphase fiel dementsprechend kurz aus. Die anfängliche Nervosität wich schon bald einer kaum verhohlenen Feindseligkeit. Bereits die Dresdener Gipfelkonferenz der Warschauer-Pakt-Staaten vom März 1968 ließ erkennen, daß es Moskau nicht mehr um die Klärung inhaltlicher Differenzen, sondern um die Beendigung des »Prager Frühlings« ging. In der Frage nach dem Wie offenbarten sich allerdings durchaus unterschiedliche Standpunkte.

Solange sich das tschechoslowakische Problem als ein vorwiegend politisch-ideologischer Interessenkonflikt darstellte, blieb die Anwendung militärischer Gewalt außerhalb der von Moskau in Betracht gezogenen Sanktionsvarianten. Die sowjetische Führung beschränkte sich auf politischen und wirtschaftlichen Druck. Die Öffnung der tschechoslowakischen Grenze zur BRD und zu Österreich bereicherte Dubčeks Sündenregister jedoch um einen Punkt, der die Großmachtinteressen der UdSSR tangierte und folgerichtig das Militär auf den Plan rief. Ein derart unverblümtes Fraternisieren mit dem Feind überstieg die Schmerzgrenze der sowjetischen Marschälle, die nunmehr ein energisches Durchgreifen forderten. Der von den Neostalinisten, zu deren Sprecher sich nach dem jähen Fall Schelepins der ukrainische Parteichef Schelest profilierte, mit Unterstützung des Militärs provozierte Entscheidungszwang löste eine neue Runde des Machtkampfes aus, die den Generalsekretär in arge Bedrängnis brachte.

Die tschechoslowakischen Ereignisse stellten für Leonid Breshnew die erste wirklich existentielle Herausforderung seines Amtes dar. Die Kompetenzverteilung innerhalb der »kollektiven Führung« unterstellte die Pflege der Beziehungen zu den »Bruderparteien« der Verantwortung des Generalsekretärs. Breshnew fiel somit eine Schlüsselrolle bei der Entscheidungsfindung zu. Doch der Parteichef zeigte sich dieser Herausforderung nicht gewachsen. Er tat genau das, was er in ähnlichen Situationen bis dahin immer getan hatte: Er harrte der Dinge. Schelepins politischer Anhang nutzte die eklatante Führungsschwäche Breshnews, um das »Krisenmanagement« in die eigenen Hände zu nehmen. Im Schatten des von ihnen bewußt geschürten Konflikts eröffneten die Neostalinisten Anfang 1968 eine großangelegte Offensive, deren Ziel vor allem darin bestand, den ihrer Ansicht nach zu schleppenden Verlauf des Restaurationsprozesses im eigenen Lande entscheidend voranzutreiben.

Breshnew widersetzte sich dieser Entwicklung nicht, schließlich mußte er sich zu Recht den Vorwurf gefallen lassen, den Emanzipationsbestrebungen der treulosen KPČ-Genossen durch mangelnde Wachsamkeit und durch die Verletzung seiner Obhutspflicht gegenüber den »Bruderparteien« Vorschub geleistet zu haben. Mehr noch: Um seine ideologische Rechtgläubigkeit unter Beweis zu stellen und den folgenschweren »Fehler« wiedergutzumachen, reihte er sich selbst in die Phalanx der Verteidiger der »Reinheit der Lehre« ein. Unter dem Druck der Neostalinisten, die den marxistisch-leninistischen Minderwertigkeitskomplex des Parteichefs unterstützten[25], ließ sich Breshnew Ende März 1968 sogar dazu bewegen, ein sich selbst auferlegtes Tabu zu brechen. Auf einem Plenum des Moskauer Parteigebietskomitees plädierte der Generalsekretär nicht nur für eine aktive Bekämpfung von dem »Sozialismus wesensfremden Einflüssen«, sondern er forderte zugleich im auffälligen Kontrast zur Kossyginschen Linie eine stärkere Wirtschaftsautarkie gegenüber dem Westen.[26]

Der Seitenhieb gegen die »kollektive Führung« erwies sich jedoch spätestens dann als ein taktischer Fehler, als Schelest, assistiert vom Rüstungs-»Lobbyisten« Dmitri Ustinow, die Frage des Einmarsches in die ČSSR zum zentralen Thema des Machtkampfes erhob.[27] Nun geriet der Generalsekretär selbst in Bedrängnis, denn die Verantwortung für die unabsehbaren Folgen eines solchen Schrittes mochte er nun doch nicht bedenkenlos tragen. Dies brachte ihn wiederum Kossygin näher, der bei der Festlegung seines Standpunktes offenbar primär die möglichen internationalen Auswirkungen einer militärischen Intervention vor Augen hatte. Auch Suslow soll sich mit Blick auf das für den Herbst 1968 geplante internationale Treffen der kommunistischen und Arbeiterparteien dem Ansinnen Schelests gegenüber zunächst reserviert verhalten haben.[28] Die Schreckensvision von einer Wiederholung des Budapester Aufstandes von 1956 ließ jedoch auch sie allmählich der Argumentationslinie der Interventionsanhänger folgen. Breshnew, der aufgrund der festgelegten Zuständigkeiten ohnehin das letzte Wort zu sprechen hatte, zeigte sich indes immer noch unentschlossen. Seine Lage spitzte sich weiter zu, als auch Ulbricht und Gomułka aus Furcht vor einem Übergreifen des »Prager Bazillus« immer stärker auf eine »finale« Lösung des tschechoslowakischen Problems zu drängen begannen.

Im August 1968 war schließlich ein Punkt erreicht, an dem der Generalsekretär nicht mehr umhinkam, eine Entscheidung zu fällen. Viel Spielraum blieb ihm freilich nicht: Zum Einmarsch gab es nur eine Alternative – eine weitgehende Isolierung im

Politbüro. Das ganze Ausmaß des Dilemmas, in dem sich der Parteichef wähnte, mag eine Bemerkung verdeutlichen, die Breshnew im Juli 1968 im Gespräch mit einem seiner Berater fallengelassen haben soll. Nachdem er die Notwendigkeit der Suche nach politischen Lösungen befürwortet und sich dafür ausgesprochen hatte, ein militärisches Eingreifen wenn nicht zu verhindern, so doch zumindest hinauszuschieben, stellte er fest, daß er im Falle des Sieges »revisionistischer Kräfte« in der ČSSR von seinem Posten zurücktreten müsse, »denn es wird so aussehen, als ob ich die Tschechoslowakei verloren hätte«[29]. Dem sicheren Ende seiner Karriere zog Breshnew letztlich das Risiko eines Blutbades, ja sogar eines militärischen Konfliktes mit dem Westen vor. Am 21. August 1968 rollten die Panzer durch Prag. Die perverse Logik des Machtkampfes forderte ihren Tribut.

Wie sich die Genesis des Entscheidungsprozesses zugunsten der Intervention im einzelnen vollzog, läßt sich aufgrund der immer noch dürftigen Quellenlage nicht mit letzter Sicherheit feststellen. Nach Breshnews Aussagen ist die Möglichkeit eines gewaltsamen Eingreifens in der ČSSR erstmals im Mai 1968 im Rahmen des Politbüros erörtert worden.[30] Wenn es zu diesem Zeitpunkt dennoch nicht zur Intervention kam, so dürfte dies in erster Linie der zögernden Haltung Kossygins und Suslows zugeschrieben werden. Ungeachtet dessen stellte der Mai eine wichtige Zäsur auf dem Wege zur Eskalation des Konflikts dar. Seit diesem Zeitpunkt läßt sich eine stetige Zunahme militärischer Druckmittel im Verhältnis zu Prag verfolgen.

In greifbare Nähe rückte der Einsatz des Militärs Anfang August vor dem Hintergrund des Treffens der Parteiführungen der KPdSU und der KPČ in Čierna nad Tisou. Auf der Agenda der viertägigen Konferenz, die auf Initiative Dubčeks zustande gekommen war, stand eine Aussprache über das sich rapide verschlechternde Verhältnis zwischen den beiden Ländern und Parteien. Dubček hoffte offenbar immer noch, die mit wachsendem Nachdruck vorgetragenen »Besorgnisse« der Verbündeten zerstreuen zu können. Schon kurz nach Beginn der Gespräche provozierte Schelest jedoch einen Skandal, der nicht nur zum Abbruch der Verhandlungen, sondern auch zum Einsatz des vorsorglich in Alarmbereitschaft versetzten sowjetischen Militärs hätte führen können.

Das Rezept war so einfach wie wirksam. Schelest überhäufte die Gastgeber mit absurden Unterstellungen und vergaß auch nicht, die Mitglieder der tschechoslowakischen Delegation in rüdester Art persönlich zu attackieren. Mag der Vorwurf, die ČSSR beabsichtigte die Karpato-Ukraine zu annektieren, für die KPČ-Führung noch verkraftbar gewesen sein, die an den Präsidiumsvorsitzenden der Nationalen Front, František Kriegel, gerichtete Bemerkung Schelests, ein galizischer Jude sei für ihn kein Gesprächspartner[31], verfehlte die erhoffte Wirkung nicht. Nur mit Mühe gelang es Breshnew, die Wogen der Empörung wieder zu glätten. Um eine Wiederholung eines derartigen Eklats zu vermeiden, sprach er am darauffolgenden Tage unter vier Augen mit Dubček. Das Ergebnis des Gesprächs sorgte für eine scheinbare Entspannung der Situation. Auf dem Gipfeltreffen in Bratislava, das nur wenige Tage nach dem Abschluß der Konferenz stattfand, erkannte Prag indirekt den sowjetischen Hegemonialanspruch und Moskau den Status quo in der ČSSR an.

Die endgültige Entscheidung zugunsten einer Intervention war offenbar eine Woche vor dem Einmarsch gefällt worden. Am 18. August 1968 unterbreitete Breshnew während eines Geheimtreffens mit den Parteichefs der DDR, Polens, Ungarns und Bulgariens einen kompletten Aktionsplan.[32] Der Generalsekretär der KPdSU stellte fest, daß die Möglichkeiten einer politischen Lösung nunmehr erschöpft seien. Auch von den Kräften des »linken« Flügels der KPČ werde die Lage ähnlich beurteilt. Ihr Plan bestehe darin, in einer für den 20. August anberaumten Präsidiumssitzung des ZK das Wort zu ergreifen und der Bevölkerung mitzuteilen, daß sie um militärischen Beistand gebeten hätten.

Bereits am Tage vor dem Gipfel war der Oberbefehlshaber der Landstreitkräfte und stellvertretende Verteidigungsminister Iwan Pawlowski zum Chef der Invasionsverbände der fünf beteiligten Staaten ernannt worden. Die Truppen des Baltischen und des Belorussischen Militärbezirkes wurden in höchste Alarmbereitschaft versetzt und voll aufmunitioniert.[33]

Als das Politbüro des ZK der KPdSU am Abend des

20. August zusammentrat, waren alle Vorbereitungen für die bis dahin umfangreichste Luftlandeoperation der sowjetischen Streitkräfte abgeschlossen. Man wartete nur noch auf das Zeichen aus Prag. Doch Bilak, Indra und die anderen moskautreuen Präsidiumsmitglieder der KPČ schreckten im entscheidenden Augenblick vor ihrer Absicht zurück, mit einem Hilferuf an die Öffentlichkeit zu treten. So blieb es denn ein Privileg der sowjetischen Nachrichtenagentur TASS, die Welt nach dem bereits erfolgten Einmarsch davon in Kenntnis zu setzten, daß die Verbündeten im Auftrage einer »Gruppe von Mitgliedern der Parteiführung und der Regierung der ČSSR« angetreten waren, »brüderliche Hilfe« zu leisten. Dubček konnte an diesem für ihn und das tschechoslowakische Volk so bitteren Tag wenigstens einen moralischen Sieg erringen. Es war den Verschwörern nicht gelungen, eine Gegenregierung nach ungarischem Vorbild zu installieren. Damit schwand auch der letzte Hauch einer Legitimität des Einmarsches dahin.

Während die sowjetischen Panzer kurz nach 23.00 Uhr die Grenze zur ČSSR überschritten, leitete die Führung im Kreml erste Schritte zur Schadensbegrenzung ein. Noch in der Nacht zum 21. August informierten die Botschafter der UdSSR in Washington, London und Paris die jeweiligen Regierungen von der Aktion und unterstrichen in gleichlautenden Erklärungen, daß die militärischen »Maßnahmen« ausschließlich der ČSSR gelten und den Beziehungen zu den anderen Staaten kein Schaden zugefügt werden solle.[34] Der Coup gelang. Der Westen protestierte heftig, griff jedoch nicht ein. Auch in der ČSSR selbst kam es nicht zu dem befürchteten Blutbad. Die Armee hielt still, die verständliche Wut der Bevölkerung schlug nur vereinzelt in Gewalt um.

Leonid Breshnew hatte allen Grund, zufrieden zu sein. Kirill Masurow, am 27. August aus dem besetzten Prag nach Moskau zurückgekehrt, fand einen völlig euphorischen Generalsekretär vor. Dessen von sichtlicher Erleichterung getragenen Worte »Gott sei Dank! Es ist vorbei«[35], dürften sich nicht nur auf den glimpflichen Ausgang des tschechoslowakischen Abenteuers bezogen haben. Er hatte die wohl schwerste Krise seiner gesamten Amtszeit überstanden.

Wie auch immer: Die Ereignisse um den »Prager Frühling« scheinen das politische Bewußtsein des Generalsekretärs einschneidend geprägt zu haben. Wenngleich der im Zusammenhang mit dem sowjetischen Einmarsch kreierte Begriff »Breshnew-Doktrin« in mancherlei Hinsicht unpräzise erscheinen mag – die großmachtpolitischen Interessen der Sowjetunion wiesen den Ländern des sogenannten Ostblocks nicht erst seit Breshnew ein sehr begrenztes Recht auf Souveränität zu (siehe DDR 1953 oder Ungarn 1956), überdies gehörte Breshnew nicht einmal zu den militantesten Vertretern dieser Doktrin –, so bleibt doch eines festzuhalten: Das Jahr 1968 stellte einen Wendepunkt in der Geschichte des »Realsozialismus« im Allgemeinen und des sowjetischen im Besonderen dar, der auf das engste mit der Person Leonid Breshnews verbunden war. Unter seiner maßgeblichen Beteiligung vollzog sich die endgültige Abkehr von einer reformerischen Umgestaltung des Sowjetsystems. Von nun an wurde die Losung »keine Experimente« zum Leitmotiv sowjetischer Innen- und Außenpolitik. Es begann eine Periode des politischen, wirtschaftlichen und ideologischen »Durchwurstelns«, die das »realsozialistische« Gesellschaftsmodell vollends in eine Sackgasse führte.

Es ist wohl kaum anzunehmen, daß sich die sowjetische Führung über das ganze Ausmaß der aus dem Einmarsch resultierenden Konsequenzen im klaren war. Selbst aus dem Blickwinkel ihrer innen- und außenpolitischen Interessenlage konnte die zeitweilige Stabilisierung innerhalb des sowjetischen Einflußbereichs die mittel- und langfristigen Nachteile der Intervention auch nicht annähernd aufwiegen. Die tschechoslowakische Krise verschärfte eher noch die zentrifugalen Tendenzen in der internationalen kommunistischen Bewegung. Sie förderte die Ausprägung des von Moskau deutlich auf Distanz gehenden Eurokommunismus ebenso wie die Spaltung zahlreicher marxistischer Parteien im Westen und in der Dritten Welt. Die Prager Ereignisse beschleunigten überdies die Formierung einer in sich geschlossenen, wenngleich zahlenmäßig schwachen politischen Opposition in der UdSSR. Das Jahr 1968 kann als das Geburtsdatum jener Bürgerrechtsbewegung betrachtet werden, deren Vertreter in der Folgezeit als »Dissidenten« in Erscheinung traten. Den sichtbaren Ausdruck dieses gesellschaftlichen Emanzipationsprozesses stellte eine Aktion von sieben sowjetischen Bürgerrechtlern am 25. August 1968 auf dem Roten Platz dar, die öffentlich gegen den Einmarsch der sowjetischen Truppen in die ČSSR protestierten.

Völlig unabhängig von den Absichten Moskaus wirkte sich paradoxerweise die gewaltsame Unterdrückung des »Prager Frühlings« eher stabilisierend auf das Ost-West-Verhältnis aus. Die Entschlossenheit der sowjetischen Führung, die politisch-ideologische Integrität innerhalb ihres Machtbereichs notfalls auch mit militärischen Mitteln zu behaupten, förderte unter westlichen Politikern, insbesondere in der westeuropäischen Sozialdemokratie, die Erkenntnis, daß eine gesellschaftliche Öffnung Osteuropas ohne tiefgreifende Veränderungen in der »realsozialistischen« Führungsmacht selbst nicht möglich sei. Während in dem für Präsident Johnson 1965 ausgearbeiteten »Miller«-Report noch die »Unabhängigkeit von der sowjetischen Vorherrschaft« für die »kommunistischen Länder« Europas als vordringlichste Aufgabe amerikanischer Politik gegenüber den Staaten des Warschauer Vertrages definiert wurde, sprach der Chef des »Weißen Hauses« bereits im Oktober 1968 vom »Brückenschlag« zu einem als relativ homogene Größe akzeptierten »Ostblock«.[36] Dieser Erkenntnisprozeß stellte eine wesentliche Voraussetzung dafür dar, daß sich in zunehmendem Maße Tendenzen einer politischen Entspannung Bahn brechen konnten, die in der ersten Hälfte der 70er Jahre nicht nur zu einer partiellen Entschärfung des Ost-West-Konfliktes, sondern auch zu spürbaren menschlichen Erleichterungen in den Ländern des »Realsozialismus« führten.

Konsequenzen ganz anderer Art zog Leonid Breshnew aus den Ereignissen um den »Prager Frühling«. Der Verlauf der internen Auseinandersetzungen im Frühjahr und Sommer 1968 brachte ihm vor allem die Erkenntnis, daß die Zeit seines »unauffälligen Wachstums« nun endgültig vorbei war. Er mußte die Zügel in die eigenen Hände nehmen, wollte er nicht riskieren, erneut zwischen die Fronten zu geraten. Die wiederholte Instrumentalisierung des Militärs durch seine Opponenten führte ihm zugleich die Notwendigkeit vor Augen, die Beziehungen zur Generalität zu ordnen und zu stabilisieren. Eine Allianz mit der militärischen Führung schien dem Parteichef um so dringlicher, als seine Kräfte noch nicht ausreichten, um die Verhältnisse im Politbüro im Alleingang zu verändern.

Die Gelegenheit, das Verhältnis zum Militär ins rechte Lot zu bringen, ergab sich bereits wenige Monate nach dem Einmarsch in Prag. Die blutigen Grenzgefechte am Ussuri begruben nicht nur die letzten Hoffnungen der Kreml-Führung auf eine Aussöhnung mit China, sondern schufen auch neue militärstrategische Prioritäten, deren Durchsetzung eines engagierten Fürsprechers bedurfte. Breshnew ließ sich nicht lange bitten und wurde dafür reichlich belohnt. Der definitive Bruch mit China erleichterte dem Generalsekretär auch die Wahl des geeigneten Ansprechpartners in der zerstrittenen Armeeführung. Den Sieg trug der moderate Flügel des Militärs davon, denn die Gegnerschaft zum östlichen Nachbarn, wohl aber auch die zunehmenden Krisenerscheinungen in der sowjetischen Wirtschaft ließen eine Aussöhnung mit dem Westen ratsam erscheinen. Den Fehler Chruschtschows wiederholte Breshnew freilich nicht. Im Unterschied zu seinem Vorgänger fanden auch die Wünsche der Panzer-Garde stets ein offenes Ohr bei ihm.

Dem Land kam der neue Verbündete des Parteichefs allerdings sehr teuer zu stehen. Seit Ende der 60er Jahre nahm der Einfluß des Militärs auf die sowjetische Politik kontinuierlich zu. Breshnew vermochte zwar in der ersten Zeit, die Armeeführung weitgehend unter Kontrolle zu halten – der Konflikt um den Abschluß des SALT-I-Vertrages legt davon ein beredtes Zeugnis ab –, doch sein rapider physischer Verfall erlaubte es dem Generalsekretär seit der Mitte der 70er Jahre immer seltener, in politische Entscheidungsprozesse einzugreifen. Nicht minder große Folgen hatte diese Verbindung für die Ökonomie des Landes. Der zunehmende Abfluß materiell-geistiger Ressourcen in den nichtproduktiven Bereich der Rüstung trug wesentlich zur weiteren Destabilisierung des gesamten Wirtschaftsmechanismus der UdSSR bei und behinderte in wachsendem Maße die Entwicklung der konsumtiven Sphäre.

Dem Parteichef verhalf das Bündnis mit dem Militär indes zum entscheidenden Machtdurchbruch. Schon Ende 1969 riskierte Breshnew eine offene Konfrontation mit der »kollektiven Führung«. Auf dem Dezember-Plenum des ZK hielt der

Generalsekretär im Rahmen der Diskussion eine aufsehenerregende Rede, in der er in ungewöhnlich scharfer Form die Mißstände in der sowjetischen Wirtschaft kritisierte. Suslow, der in dem nicht abgestimmten Vorstoß des Parteichefs ein gefährliches Symptom wachsender Autonomiebestrebungen erblickte, wandte sich daraufhin mit einer »Notiz« an die übrigen Mitglieder des Politbüros und des ZK-Sekretariats, in der er eine Aussprache über das politische Fehlverhalten Breshnews auf dem nächsten ZK-Plenum forderte. Das Papier trug neben der Unterschrift des Chefideologen auch die Namenszüge Schelepins und Masurows. Der Generalsekretär zeigte sich indes nicht willens, dem Druck seiner Opponenten nachzugeben. Er vertagte das für März 1970 vorgesehene Plenum und reiste demonstrativ nach Belorußland ab, wo Marschall Gretschko gerade Manöver abhalten ließ. Der ungewöhnliche Schritt Breshnews verfehlte seine Wirkung nicht. Suslow lenkte ein und zog seine »Notiz« zurück. Nach der Rückkehr des Parteichefs beeilte sich der Chefideologe, Breshnew seine volle Loyalität zuzusichern.[37] Suslow akzeptierte den Führungsanspruch Breshnews und ordnete sich unter. Eine gewisse Unabhängigkeit konnte er sich allerdings bewahren.

Das Einlenken Suslows sowie das Scheitern des letzten großen Versuchs der Schelepin-Anhänger, im Dezember 1969 aus Anlaß des 90. Geburtstages Stalins eine definitive politisch-moralische Rehabilitierung des Diktators durchzusetzen[38], sicherten Breshnew die weitgehende Kontrolle über das Sekretariat des ZK. Gestützt auf das Sekretariat und auf den Verteidigungsrat, dem außer Breshnew nur wenige Politbüromitglieder angehörten, ging der Parteichef Anfang der 70er Jahre dazu über, die ihm von der »kollektiven Führung« auferlegten Beschränkungen systematisch abzubauen.

Nachdem er bereits mit der Rede auf dem Dezember-Plenum des Jahres 1969 seinen Anspruch auf Mitsprache bei der Gestaltung der Wirtschaftspolitik angemeldet hatte, gelang es ihm 1973, auch in ein anderes Ressort einzubrechen, das bis dahin in die Kompetenz Kossygins und Podgornys fiel. Die innerparteilichen Auseinandersetzungen um die Neugestaltung des Verhältnisses zum Westen gaben ihm einen willkommenen Vorwand, den gesamten Bereich der Außen- und Sicherheitspolitik seiner Obhut zu unterstellen. Er erreichte dies, indem er die Minister für Äußeres und für Verteidigung (Gromyko und Gretschko) sowie den KGB-Vorsitzenden Andropow in das Politbüro kooptieren ließ und sie damit in der Parteihierarchie dem Staats- und dem Regierungschef gleichstellte. Einen offenen Bruch mit der »kollektiven Führung« riskierte Breshnew jedoch nicht. Sowohl Kossygin als auch Podgorny blieben vorerst in Amt und Würden. Erst vier Jahre später fühlte sich der Generalsekretär stark genug, um zum Entscheidungsschlag auszuholen. 1977 mußte Nikolai Podgorny seinen Hut nehmen, nachdem der Parteichef durch die Verankerung des Führungsanspruches der KPdSU in der neuen Verfassung (Artikel 6 des 1977 verabschiedeten Grundgesetzes der UdSSR) die formal-juristische Legitimation erhielt, das Amt des Staatsoberhauptes selbst zu besetzen. Alexej Kossygin konnte sich noch weitere zwei Jahre halten, bevor er 1979 aus gesundheitlichen Gründen zurücktrat. Er starb wenig später im Alter von 76 Jahren nach langer, schwerer Krankheit in Moskau. Zum Leidwesen vieler Wirtschaftsexperten übernahm Nikolai Tichonow, ein alter Bekannter Breshnews aus Dnepropetrowsk, den Posten des Regierungschefs, dessen Aufgaben er praktisch schon seit 1976 als Erster Stellvertreter wahrgenommen hatte.

Die Übernahme des Amtes des Vorsitzenden des Präsidiums des Obersten Sowjets der UdSSR durch den Parteichef markierte das definitive Ende der »kollektiven Führung«. Den Höhepunkt seiner Macht hatte Leonid Breshnew zu diesem Zeitpunkt jedoch bereits überschritten. Der sich seit Mitte der 70er Jahre rapide verschlechternde Gesundheitszustand des Generalsekretärs hinderte ihn daran, die Früchte seines Sieges auszukosten. In den sechs letzten Jahren seiner Amtszeit erlitt Breshnew mehrere schwere Schlaganfälle und Herzinfarkte, wiederholt sahen sich die behandelnden Ärzte mit dem Zustand eines »klinischen Todes« ihres Patienten konfrontiert. Die rasch fortschreitende Krankheit zwang den Partei- und Staatschef immer häufiger dazu, die Wahrnehmung seiner Pflichten an den ständig wachsenden Stab seiner persönlichen Mitarbeiter zu delegieren. Der Arbeitstag Breshnews reduzierte sich auf wenige Stunden. In seinen letzten Jahren zeigte er sich nicht einmal in der Lage, den protokollarischen Pflichten nachzukommen. Am Ziel seiner Wünsche angekommen, war der Generalsekretär schwächer denn je. Der sichtbare physische Verfall Breshnews löste in der internationalen Presse schon Mitte der 70er Jahre eine Welle von Spekulationen und Gerüchten über mögliche Nachfolger des Parteichefs aus. Doch der wiederholt Totgeglaubte wollte partout nicht von der politischen Bühne abtreten. Fast schien es, als würde man ihn auch gar nicht gehen lassen wollen.

Das Geheimnis der politischen Langlebigkeit Breshnews offenbart ein Blick auf das spezifische Verhältnis zwischen dem Parteichef und jener Schicht der sozialistischen Bürokratie, die längst zur eigentlichen, zur tragenden Kraft im »Arbeiter-und-Bauern-Staat« geworden war. In Leonid Breshnew fanden die bürokratischen Eliten der Sowjetgesellschaft (Partei, Staat, Militär) einen geradezu idealen Vertreter ihrer Interessen. Der von ihm eingeschlagene Kurs auf die »Stabilität der Kader« deckte sich weitgehend mit den Wünschen und Stimmungen der Nomenklatura, die nach den Jahren der Stalinschen Terrorherrschaft und der autoritären Demokratie Chruschtschows nichts mehr herbeisehnte als »geordnete« Verhältnisse, eine gesicherte Existenz in sozialer Geborgenheit und, je nach Dienststellung, einen mehr oder weniger bescheidenen Wohlstand. Den Intentionen der bürokratischen Apparate entsprach auch der Typ eines berechenbaren und verständnisvollen Verwalters ohne besondere intellektuelle Begabungen und diktatorische Ambitionen, den Leonid Breshnew zu verkörpern schien.

In der Tat bestimmten Breshnews Persönlichkeitsbild vor allem solche Charaktereigenschaften wie Ausgewogenheit und an Sentimentalität grenzende Gutmütigkeit. Scharfe Auseinandersetzungen mochte er weder in der Politik noch in den Beziehungen zu seiner Umgebung. War ein Konflikt unvermeidbar, so bemühte er sich stets, dem Kontrahenten ein Polster zurechtzulegen, bevor er ihn von der Bank stieß. Meistens endeten derartige Konfrontationen mit der Versetzung in die Provinz oder mit der »Verbannung« auf den Posten eines Botschafters im Ausland. Ein Beispiel dafür bietet das Schicksal Jegorytschews, der fast 20 Jahre die UdSSR in Dänemark vertreten durfte.[39] Schlimmstenfalls drohte eine Pensionierung aus »Alters- oder Gesundheitsgründen«, die mit einer stillschweigenden Tilgung des Namens aus einschlägigen Nachschlagewerken einherging (Schelepin und Schelest z. B.).

In seiner Kaderpolitik überließ Breshnew kaum etwas dem Zufall. Dabei spielten fachliche Kompetenz und moralische Integrität eines Funktionärs bei weitem nicht immer eine entscheidende Rolle. Häufig beließ er erwiesenermaßen unfähige und kompromittierte Apparatschiks einfach im Amt, persönliche Loyalität ihm gegenüber ließ ihn über so manchen Makel hinwegsehen. Fast sprichwörtlich war Breshnews Familiensinn, der nicht nur seinen Nachkommen, sondern auch der weitläufigen Verwandtschaft zu einem »Platz an der Sonne« verhalf. Die Klienten und Gefolgsleute des Parteichefs taten sich nicht schwer, dem Beispiel ihres Gönners zu folgen.

Breshnews Vorstellungen über die gesellschaftspolitischen Perspektiven der Sowjetunion zeichneten sich durch eine in ihrer praktischen Konsequenz zum Teil verheerende Oberflächlichkeit aus. Wenig Positives wissen die Berater des Parteichefs auch über seine Sachkompetenz zu berichten. Zu den Gebieten, auf denen Breshnew glaubte, mitreden zu können, zählte er selbst vor allem die Landwirtschaft und militärische Fragen. In der Außenpolitik, dem Bereich der Kultur und Ideologie fühlte er sich ausgesprochen unsicher und verließ sich uneingeschränkt auf das Urteil seiner Berater.[40] In seinen Überzeugungen neigte Breshnew zum Konservatismus, jähe Wendungen oder einschneidende Kurskorrekturen entsprachen nicht seinem politischen Temperament.

Die mangelnde Entscheidungsfreudigkeit bestimmte auch den Arbeitsstil des Generalsekretärs. Breshnew zeigte von Anfang an wenig Neigung, die Fäden der Leitung des riesigen Machtapparates in die eigenen Hände zu nehmen. Er ging vielmehr davon aus, daß jeder Ressortchef seinen, vom Parteichef teilweise recht großzügig bemessenen Teil der Verantwortung selbst tragen müsse. So verfügte ein Gebietsparteisekretär oder ein Minister unter Breshnew über eine weit größere Selbständigkeit und Entscheidungskompetenz, als dies in der Zeit Stalins oder Chruschtschows der Fall war.[41] Unter den Bedingungen der »Kaderstabilität« und mangelnder Kontrolle schuf dies

einen günstigen Nährboden für Amtsmißbrauch und Vetternwirtschaft.

Eingedenk all dessen kann es nicht weiter verwundern, daß
Leonid Breshnew schon sehr bald die Sympathien des bürokratischen Apparates auf seiner Seite hatte. Auf seinen Reisen
durch das Land erfreute er sich unter den lokalen Würdenträ-
gern einer weitaus größeren Popularität als Chruschtschow, in
dem man eher einen strengen Revisor erblickt hatte. Mit Unterstützung der Nomenklatura gelang es ihm, Schritt für
Schritt all jene »unabhängigen« Politbüromitglieder zu entfernen, deren Ambitionen dem Parteichef verdächtig schienen.
Allmählich verschwanden Schelepin, Schelest, Masurow,
Woronow und Poljanski von der Bildfläche. An ihre Stelle traten loyale Funktionäre aus dem zweiten und dritten Glied:
Schtscherbizki, Raschidow, Aliew, Grischin, Tschernenko. Die
Beseitigung der »kollektiven Führung« störte die harmonische
Beziehung zwischen dem Apparat und dem Parteichef nicht,
da Breshnew am Prinzip der bürokratischen Selbstverwaltung
nichts änderte. Mehr noch, die fortschreitende Krankheit
Breshnews förderte die weitere Auflösung der zentralisierten
Machtstrukturen und führte zu einer substantiellen Stärkung
der nachgeordneten Strukturen. Der kranke Parteichef schien
der Nomenklatura noch nützlicher zu sein als der gesunde. Je
schwächer der Generalsekretär wurde, desto lauter wurden die
öffentlichen Lobeshymnen auf ihn. Bald war er nicht nur ein
herausragender Führer der internationalen kommunistischen
Bewegung, sondern auch ein bedeutsamer Theoretiker des
Marxismus-Leninismus, ein begnadeter Feldherr und Kriegs-
held. Schon störte ihn auch die liebedienerische Beförderung
zum »woshd« nicht mehr. Über Leonid Breshnew, dessen Ei-
telkeit mit zunehmendem Alter immer peinlichere Ausmaße
annahm, ging ein wahrer Regen von Orden, Medaillen und Eh-
rentiteln nieder. Am Ende seines Lebens zierten über 200 Aus-
zeichnungen die Brust des Generalsekretärs, mehr als Stalin
und Chruschtschow zusammengenommen je vorzeigen konnten.[42]

Der seit Anfang der 70er Jahre mit großem Aufwand betriebene Personenkult um Leonid Breshnew[43] konnte indes nicht
verhindern, daß der Nimbus des »weisen Landesvaters« nach

dem Tode des Generalsekretärs am 10. November 1982 wie ein Kartenhaus in sich zusammenbrach.

Die sowjetische Öffentlichkeit nahm das Dahinscheiden Breshnews ohne sichtbare Anteilnahme zur Kenntnis. Im Gegenteil, die Lektüre des üppigen ZK-Nachrufes rückte so manchem die Worte eines Gogolschen Helden ins Gedächtnis, der die Nachricht vom Tod des örtlichen Staatsanwaltes mit der Bemerkung quittierte:

»Und nun werden die Zeitungen berichten, er sei, zum größten Leidwesen seiner Untergebenen und der ganzen Menschheit, als ein geachteter Bürger, ein selten guter Vater und ein musterhafter Gatte dahingegangen; noch vieles andere werden sie schreiben; vielleicht werden sie noch hinzufügen, daß ihn die Tränen der Witwen und Waisen zum Grabe begleitet hätten; wenn man aber die Sache vernünftig betrachtet, so gelangt man zum Schluß, daß der bloß buschige Augenbrauen gehabt hat und sonst nichts.«[44] Dies schrieb Nikolai Gogol 1841.

Im Bewußtsein der Menschen hinterließ das überdimensionale Bildnis des ewig jungen Parteichefs kaum etwas, was wert schien, in eine neue Zeit übernommen zu werden. Es wurde vielmehr zum Sinnbild der Allmacht eines anonymen Apparates, der sich der Kontrolle der politischen Führung entzogen hatte und die Gesellschaft in den Sumpf einer allumfassenden Korruption, der Mißwirtschaft und des moralischen Verfalls führte.

Juri Andropow und
(1915–1984)

Konstantin Tschernenko

(1911–1985)

Von Übergang zu Übergang

Marina Fuchs

Der Morgen des 10. November 1982 schien sich durch nichts von anderen Tagen zu unterscheiden. Der Revolutionsfeiertag war wie immer begangen worden, und der gleichförmige Alltag hatte wieder Einzug gehalten. Doch sollte diesem trüben und wolkenverhangenen Tag später die Bedeutung einer Zäsur beigemessen werden.

Die Bürger, vom durchdringenden Schrillen des Weckers geweckt, ahnten nicht, daß die Hofhistoriker und Journalisten später diesen Tag, der noch zur Epoche des »reifen Sozialismus« gehörte, als das »Ende der Periode des Stillstandes« bezeichnen werden.

Gegen Mittag fing das geübte Ohr des sowjetischen Kleinbürgers jedoch etwas auf, was aus dem Rahmen des Gewohnten fiel: Im Radio erklangen anstelle von aufrüttelnden Schlagern, die auf Wunsch der sozialistischen Bestarbeiter gesendet wurden, jetzt feierliche Fugen von Bach. »Ist wieder jemand verstorben? Doch wohl nicht etwa ›Er‹?«, so fragten sich die Rentner, die ständig die Bänke vor den Hauseingängen in Beschlag nahmen.

Breshnews Konzept von der »Stabilität der Kader« hatte das Problem der politischen Führung in ein gerontologisches verwandelt. Bereits seit Mitte des Jahres 1974 war der Gesundheitszustand Leonid Iljitschs, des »Heißgeliebten und Hochverehrten«, von einer permanenten Krise gekennzeichnet. Im Politbüro, in dem 1961 nur 27 Prozent der Mitglieder älter als 60 Jahre waren, hatten bereits 1982 alle das Pensionsalter erreicht. Seit 1982 verstummte die Trauermusik nicht – 13 Mitglieder des Zentralkomitees und 6 seiner Kandidaten wurden auf den letzten Weg begleitet.

Die mit jedem Jahr zunehmende physische Gebrechlichkeit Breshnews und die auf biologischem Weg frei gewordenen Stellen im Politbüro verschärften den Kampf um die Macht, dessen Höhepunkt ins Jahr 1982 fiel. Den auslösenden Moment für den zukünftigen Dekorationswechsel bildete der Tod von Michail Suslow, der »grauen Eminenz«, der offiziell für die sogenannten ideologischen Fragen im Sekretariat des ZK zuständig war. In Wirklichkeit aber besaß Suslow das Recht, in erster und letzter Instanz in allen Fragen der Kultur, Wissenschaft, Bildung, Propaganda, der Massenmedien sowie der Politik gegenüber ausländischen kommunistischen Parteien zu entscheiden. Bei Abwesenheit des Generalsekretärs, sei es wegen Urlaub oder Krankheit, trug er die Verantwortung für alle Parteiangelegenheiten.

Um die Nachfolge Suslows entbrannte auf dem Mai-Plenum des ZK (1982) eine scharfe Polemik. Im Prinzip gab es zwei Kandidaten: den Leiter der Allgemeinen Abteilung des ZK der KPdSU, Konstantin Tschernenko, und den Vorsitzenden des Komitees für Staatssicherheit der UdSSR, Juri Andropow.

Konstantin Tschernenko war bereits seit Beginn der 50er Jahre unter Breshnew tätig, und zwar im Apparat des ZK der Kommunistischen Partei Moldawiens; Breshnew hatte damals den Posten des Ersten Sekretärs der KP der Republik zugesprochen bekommen. Seit dieser Zeit waren die Karrieren beider untrennbar miteinander verbunden. Tschernenko nahm bei Breshnew den Platz eines persönlichen Sekretärs ein, sein Status erhöhte sich in der Partei in dem Maße, wie sein Chef die Karriereleiter erklomm. Als Breshnew zu Beginn der 60er Jahre zum Vorsitzenden des Präsidiums des Obersten Sowjets ernannt wurde, bekam sein Protegé die Leitung der Abteilung Publikumsverkehr beim Vorsitzenden übertragen. Im Oktober 1964 löste Breshnew den vor Energie und Ideen sprühenden Chruschtschow auf dem Posten des Ersten Sekretärs des ZK der KPdSU ab. Tschernenko erbte automatisch die Leitung der Allgemeinen Abteilung des ZK. Die Spezifik dieser Kanzlei bestand darin, daß alle, die vom ersten bis zum letzten Tag den ersten Mann in der Partei umgaben – Sekretäre, Referenten,

Berater usw. –, ihr angehörten. Der Abteilungsleiter, der zu jeder Zeit Zutritt zum Patron hatte, besaß also automatisch die Möglichkeit, alle Beschlüsse, hauptsächlich zu Kaderfragen, zu beeinflussen.[2]

Ungeachtet der Nähe zur Macht genoß Tschernenko wegen seiner Farblosigkeit und Mittelmäßigkeit keine Autorität im Politbüro. Sogar die engsten Freunde Breshnews – Dinmuchamed Kunajew, Erster Sekretär der Kommunistischen Partei Kasachstans, und Wladimir Schtscherbitzki, erster Parteichef der Ukraine – sprachen sich gegen Tschernenkos Aufnahme ins Sekretariat aus. Erst als Breshnew auch noch den Posten des Vorsitzenden des Präsidiums des Obersten Sowjets der UdSSR übernommen hatte, gelang es ihm, Tschernenko zum Kandidaten und ein Jahr später, 1978, zum Vollmitglied des Politbüros zu machen. Doch auch diese Rangerhebung trug nicht dazu bei, das Ansehen Tschernenkos zu erhöhen. Nicht nur die alten Mitglieder des Politbüro, wie z. B. Außenminister Andrej Gromyko und Verteidigungsminister Dmitri Ustinow, sondern auch die jüngeren, wie der Verantwortliche für die Landwirtschaft, Michail Gorbatschow, nahmen Tschernenko nicht ernst und verhielten sich zu ihm wie zu einem Juniorpartner. In der Bevölkerung war er praktisch unbekannt, oder er wurde denen zugerechnet, die immer mit der gleichen Phraseologie Reden zu Staatsfeiertagen oder auch ohne jeglichen Anlaß hielten.[3]

Juri Andropow war eine Figur anderen Zuschnitts. Wer er war und womit er sich beschäftigte, war jedem Schüler bekannt, obwohl es nicht üblich war, über die Organisation, der er vorstand, in der Öffentlichkeit zu sprechen. Chruschtschow und der XX. Parteitag hatten bewirkt, daß die Geheimpolizei schon nicht mehr so allmächtig und so gefürchtet war. Doch das graue und protzige Gebäude des KGB am Dzierżyński-Platz, das mit seinen Hunderten zugezogenen Fenstern düster auf Moskau blickt, erschien nach wie vor als Beobachtungspunkt einer schier überirdischen Macht, die mit ihren Spezialgeräten die Einstellung der Mitbürger zu den Grundprinzipien des Marxismus-Leninismus durchleuchtete. »Die wissen alles«, flüsterten die Moskauer und die Gäste der Hauptstadt beim Anblick des KGB-Gebäudes.

Daß dies den Tatsachen entsprach, belegten nachhaltig die Ereignisse am Vorabend des Mai-Plenums des ZK.

Das Orwellsche Prinzip, wonach »alle Tiere gleich sind, aber es Tiere gibt, die gleicher sind«, war schon seit geraumer Zeit zur Norm des sowjetischen Lebens unter Breshnew geworden. Korruption, Bestechlichkeit, Unterschlagung blühten auf allen Sprossen der hierarchischen Stufenleiter des Partei- und Staatsapparates. Die wichtigsten Posten vergab Breshnew an seine nahen Verwandten und engsten Mitstreiter: Nikolai Tschjolokow, zu Breshnews Zeit als Erster Sekretär des ZK der KP Moldawiens war er Vizepremier der Republik, wurde 1966 Minister für öffentliche Ordnung (1968 erfolgte die Umbenennung in Innenministerium), Viktor Tschebrikow, ein Kollege Breshnews aus der Dnepropetrowsker Periode, und Semjon Zwigun, der Schwager Breshnews, wurden zu Stellvertretern des Vorsitzenden des KGB ernannt. Seinen Sohn Juri, einen chronischen Alkoholiker, bestallte Breshnew nicht nur als stellvertretenden Außenhandelsminister, sondern er führte ihn auch ins Zentralkomitee ein.[4]

Unter Andropows Leitung war das Komitee für Staatssicherheit relativ wenig von Protektionismus und Korruption infiziert. Im Unterschied zu vielen anderen staatlichen Organisationen konnten dort auch Absolventen, die nicht über die nötigen Verbindungen verfügten, um eine gutbezahlte und angesehene Arbeit zu bekommen, die aber durch ihre Fähigkeiten und den notwendigen weltanschaulichen Konformismus kaderpolitisch als geeignet erschienen, eine hochdotierte Position erhalten. Nicht zuletzt das strenge System der Kaderauswahl unter Zuhilfenahme von psychologischen Tests, mit denen das optimale Arbeitsgebiet des jeweiligen Kandidaten bestimmt wurde, versetzte Andropow in die Lage, eine effektive Maschinerie nicht nur für die Realisierung unterschiedlichster Aufgaben (z. B. für die Aufklärung, die Spionageabwehr und für die Bekämpfung Andersdenkender), sondern auch für die Sammlung von kompromittierendem Material über die Korruption in den höchsten Machtetagen zu schaffen. Mit diesen Informationen vergrößerten sich seine Chancen im politischen Kampf um den Sessel im Kreml. Machtpolitisch von Bedeutung war weiterhin, daß sowohl der Verteidigungsminister Dmitri Ustinow, und damit die Armee, wie auch der Außenminister Andrej Gromyko – beide verfügten 1982 im Politbüro über höchsten Einfluß – ihn unterstützten.

Der Favorit Breshnews, Konstantin Tschernenko, genoß bei den Militärs keinerlei Autorität. Tschernenko hatte im Unterschied zu vielen seiner Altersgefährten nicht an der Front gekämpft, und allein die Kriegsteilnahme zählte bei den Militärs. Die Kriegszeit verbrachte er als Parteisekretär im tiefen Hinterland, im Gebiet Krasnojarsk.

Andropow verfügte über große Verdienste im Sinne der traditionellen Werteskala. 1940 wurde er im Alter von 26 Jahren zum Ersten Komsomolsekretär der erneut gebildeten Karelo-Finnischen Unionsrepublik, die das von Finnland im Ergebnis des sowjetisch-finnischen Krieges 1939/40 abgetrennte Territorium umfaßte, ernannt. Während des Krieges gegen Deutschland hielt sich Andropow im Stadtgebiet von Petrosawodsk auf, wo er im Stab der karelischen Partisanen für die politische und organisatorische Vorbereitung von Partisanenaktionen verantwortlich war.[5]

Seit Anfang 1982 lancierte Andropow Material in die Öffentlichkeit, das die Zugehörigkeit der Tochter Breshnews, Galina, zur Szene der Brillantenspekulanten nachwies. Am 19. Februar 1982 erschoß sich der Stellvertreter Andropows und Schwager Breshnews, Semjon Zwigun, unter ungeklärten Umständen in seinem Arbeitszimmer. Am Vorabend des Mai-Plenums 1982 nutzten Andropow und seine Anhänger die Abreise des Generalsekretärs zu seiner Sommerresidenz auf der Krim dazu, die Absetzung des ersten Sekretärs des Stadtparteikomitees von Togliatti, Gebiet Kuibyschew, Jewgeni Rusakow, eines Bruders des Politbüromitglieds Kirill Rusakow, sowie des ersten Sekretärs des Krasnodarsker Gebietes, Sergej Medunow, eines nahen Freundes von Breshnew, von ihren Posten zu erwirken und sie der Korruption und Bestechlichkeit anzuklagen.[6]

Nach einer sechsstündigen Diskussion auf dem Mai-Plenum des ZK waren die Würfel gefallen. Juri Andropow wurde zum ZK-Sekretär ernannt. Damit war das Sprungbrett nach oben erklommen, und es blieb nur noch, den natürlichen Ausgang der Ereignisse abzuwarten, was nicht lange dauern sollte. Doch zurück zum 10. November 1982. An diesem Tag erklangen die

Trauerfanfaren für Leonid Breshnew, der 18 Jahre lang das Land »unablässig« geleitet hatte. Mit bewegter Stimme verkündeten die Sprecher von Radio und Fernsehen: »Unsere Partei, unser Volk, die ganze fortschrittliche Menschheit haben einen schweren Verlust erlitten ... Das Land und die Partei sind in tiefer Trauer. Leonid Iljitsch Breshnew ist verstorben ... Leonid Iljitsch Breshnew hinterläßt uns ein wertvolles Erbe. Unsere 18-Millionen-Partei ist fest und geschlossen. Das sowjetische Volk glaubt grenzenlos an die Weisheit der Partei.«[7] Dem ganzen sowjetischen Volk wurde empfohlen, anläßlich des vorzeitigen Hinscheidens seines berühmten Sohnes kollektiv in tiefe Trauer zu treten. Die Programme in den Theatern und Kinos wurden geändert, aus dem Fernsehprogramm wurden eilig alle dem Anlaß nicht entsprechenden Sendungen gestrichen und durch historisch-patriotische Filme, wie »Lenin im Oktober« oder »Panzerkreuzer Potjomkin«, ersetzt. In Moskau und in den Vororten wurden die Miliz und die Truppen des KGB verstärkt, die Tamaner und die Kantemirer Gardedivision in Gefechtsbereitschaft versetzt; der Verkauf von Flugzeugtikkets und Eisenbahnfahrkarten nach Moskau wurde an die Personen eingestellt, die in ihrem Ausweis nicht den begehrten Stempel, die Moskauer Aufenthaltsgenehmigung, hatten; der Rote Platz und der Kreml waren abgeriegelt.

Unmittelbar nach Breshnews Tod trat das Plenum des ZK zusammen, um die Nachfolge zu regeln. Juri Andropow, der das Plenum leitete, erteilte Konstantin Tschernenko das Wort. Schwer atmend und nach Luft ringend, sagte dieser: »Das Politbüro des ZK der KPdSU hat mich nach Erörterung der entstandenen Lage damit beauftragt, dem Plenum vorzuschlagen, Genossen Andropow zum Generalsekretär des ZK der KPdSU zu wählen. Alle Mitglieder des Politbüros sind der Auffassung, daß er gut den Breshnewschen Leitungsstil, die Breshnewsche Sorge um die Interessen des Volkes, das Breshnewsche Verhältnis zu den Kadern, die Entschlossenheit, mit allen Mitteln Versuchen der Aggressoren entgegenzutreten und den Frieden zu schützen und zu festigen, verkörpert.«[8] Der König ist tot, es lebe der König! Es schien so, als ob alles nach altbekanntem Muster ablaufen sollte.

Von den Plätzen und Straßen verschwanden allmählich die

Plakate mit den genialen Aussprüchen des vormaligen Führers, wie »Die Wirtschaft muß wirtschaftlich sein!«, und es tauchten neue auf.

Ende 1982 setzten, wie dies immer bei einem politischen Dekorationswechsel der Fall war, die ersten Umbesetzungen im Partei- und Staatsapparat ein. De facto wurde zu de jure: Der alte Freund Breshnews, Andrej Kirilenko, wurde aufgrund seines »Gesundheitszustandes und seiner persönlichen Bitte« aus dem Politbüro verabschiedet. Der »Bitte« Kirilenkos hatte man bereits lange vor dem Plenum entsprochen, indem man einfach »vergaß«, das Porträt des »Kranken« neben den Porträts der anderen Mitglieder des Politbüros an öffentlichen Plätzen anzubringen. Auf der Sitzung des Obersten Sowjets, die nach dem Plenum stattfand, wurde der Ex-Chef der Gewerkschaften, Schibajew, aus dem Präsidium entlassen. Gleichzeitig vollzog sich der atemberaubende Aufstieg des ehemaligen Ersten Sekretärs des ZK der KP Aserbaidshans und früheren Vorsitzenden des Komitees für Staatssicherheit der Republik, Gaidar Alijew, den Andropow als Zeichen der Dankbarkeit zuerst zum Vollmitglied des Politbüros und danach zum Vizepremier der Union machte. Dies geschah, obwohl dem ehemaligen Chef der Geheimpolizei die von Alijew in der Republik praktizierten rechtswidrigen »Leitungsmethoden« nicht unbekannt waren. Aus dem ZK der KPdSU und dem Ministerrat mußte über ein Drittel der hochgestellten Beamten ausscheiden. Auf der Provinzebene wurden von 150 Gebietssekretären der Partei 47 ausgewechselt. Allein in Baschkirien fielen 160 höhere Beamte der Säuberung zum Opfer. In der Ukraine, der Heimat Breshnews, und in Kasachstan, das sich besonderer Sympathien des ehemaligen Generalsekretärs erfreut hatte, verloren 9 von 25 ersten Gebietsparteisekretären bzw. 7 von 20 weiteren Sekretären ihre Ämter. Eine Generalreinigung wurde auch in der Miliz durchgeführt: Allein in Moskau büßten 200 hohe Offiziere ihre Posten ein.[9]

Zugleich setzte die Suche nach Wegen zur Stabilisierung der Großmacht ein, denn die Volkswirtschaft befand sich in einer tiefen Krise. Das Wirtschaftswachstum war bedenklich rückläufig: Während Stalin seinerzeit bis zu 20 Prozent angegeben hatte und die 50er Jahre immerhin noch über 6 Prozent Wachstum im Jahresdurchschnitt aufwiesen, betrug es im Jahre 1982

nur noch 2 Prozent.[10] Ab 1972 sank auch deutlich die Arbeitsproduktivität. Während von 1976 bis 1978 die durchschnittliche
Jahreszuwachsrate der Arbeitsproduktivität in der Industrie
etwa 3,6 Prozent betragen hatte, fiel sie in den Jahren 1979–1982
auf 2,4 Prozent.[11] Von der Krisensituation war auch die Landwirtschaft erfaßt. Mit 300 Milliarden Rubel Investitionen in der
Ära Breshnew – mehr als zwischen 1917 und 1965 insgesamt eingesetzt – wurde die Durchschnittsproduktion um etwa ein
Zehntel angehoben.[12] Wegen der ungenügenden allgemeinen
Produktionskultur betrugen die Verluste z. B. bei der Getreide-
ernte 17–20 Prozent. Bei einer Ernte von ungefähr 200 Millionen Tonnen Getreide machte dies etwa 40 Millionen Tonnen
aus, was der jährlichen Staatsreserve an Saatgetreide oder dem
Jahresetat an Getreide, das für die Bedarfsdeckung bei Brot,
Mehl, Teigwaren erforderlich war, entsprach.[13] Nach Berechnungen des Forschungsinstituts für Fleischindustrie betrugen
Anfang der 80er Jahre die Schlachtverluste aufgrund unzurei-
chender technischer Ausrüstungen etwa 200 Millionen Rubel
im Jahr. Wegen der Unzuverlässigkeit der im agrar-industriel-
len Komplex vereinten Partner erreichten 20–25 Prozent der
landwirtschaftlichen Produkte nicht den Verbraucher.[14] Dadurch mußten in den 70er Jahren die Nahrungsmittelimporte
vervierzigfacht werden: 1981 wurden etwa 14,5 Milliarden Dollar
(die Hälfte der verfügbaren konvertierbaren Währung) hierfür
ausgegeben.[15] Nun schien es, als ob die Ursachen der Krise erkannt worden seien und es nur noch darauf ankäme, die Disziplin an jedem Arbeitsplatz wiederherzustellen, die Verantwortlichkeit für die übertragenen Aufgaben zu erhöhen, diejenigen zur Verantwortung zu ziehen, die das Volksvermögen
verschleuderten und in die eigenen Taschen arbeiteten, sowie
Protektionismus und Korruption auszumerzen. Parallel dazu
sollten das Management verbessert, die Produktivität und die
Qualität der Produkte erhöht und neue Technologien und Pla-
nungsmethoden beschleunigt eingeführt werden.

Das alles war jedoch nicht neu. Bereits im Dezember 1964
hatte Juri Andropow als Alternative zur Wiederbelebung
von stalinistischen Leitungsmethoden ein umfangreiches Programm vorgeschlagen, das konsequenter als das Chruschtschowsche war und sich auf die Beschlüsse des XX. Parteita-

ges stützte. Die Grundideen des Programms bestanden darin, eine Wirtschaftsreform durchzuführen, zu einer modernen wissenschaftlichen Leitung überzugehen, die Demokratie und die Selbstverwaltung zu entwickeln, das Wettrüsten einzustellen und sich dem Weltmarkt zu öffnen, um neue Technologien zu erwerben.

Dieses Programm hatte Andropow, zu dieser Zeit Sektorenleiter für die sozialistischen Länder in der Internationalen Abteilung des ZK, Breshnew und Kossygin während ihrer Reise nach Polen im Jahre 1965 vorgelegt. Einige Programmpunkte fanden eine günstige Aufnahme. Doch insgesamt sperrte sich Kossygin gegen dieses Programm. Er unterstützte die Überlegungen zur Wirtschaft, bestand aber auf einer Wiederherstellung der Beziehungen zu China, und zwar um den Preis von Zugeständnissen und der Rücknahme von extremen Aussagen des XX. Parteitages. Breshnew hingegen hatte keine Eile, seine Position erkennen zu lassen, da ihm die Sondierung des Kräfteverhältnisses im Präsidium des ZK der KPdSU und im Zentralkomitee wichtiger erschien.

Dieser mutige Schritt Andropows spielte sicherlich keine geringe Rolle bei seiner Versetzung vom Posten eines Sekretärs des ZK in das Amt des Vorsitzenden des KGB der UdSSR. Es gab aber noch andere Beweggründe. Suslow beispielsweise vermutete, daß Andropow auf seinen Posten reflektierte. Kossygin, der von der illusionären Vorstellung ausging, zu China schnell Bündnisbeziehungen knüpfen zu können, wollte Andropow, der keinen geringen Anteil am sowjetisch-chinesischen Konflikt hatte, von der Leitung des Sektors entfernen. Breshnew wiederum trachtete danach, einen zuverlässigen Mann an die Spitze des KGB zu stellen, um sicherzugehen, daß man ihm keine »Streiche« spielen könne, wie es seinerzeit Semitschastny mit Chruschtschow getan hatte. In diesem Tauziehen erwies sich Breshnew schließlich als ein Meister des Kompromisses: Er kam sowohl Suslow als auch Kossygin entgegen, doch zugleich empfahl er, Andropow zum Kandidaten und später auch zum Vollmitglied des ZK der KPdSU zu wählen. Formal gesehen, waren die abgeblockten Reformversuche Andropows mit einer Amtsbeförderung belohnt worden. Mit dieser Versetzung in eine völlig andere Sphäre war ihm aber faktisch die Möglichkeit genommen, aktiv an der Ausarbeitung der sozialökonomischen und politischen Strategie des Landes teilzunehmen.[16] Auf die Chance, seine ursprünglichen Absichten zu verwirklichen, mußte Andropow 18 Jahre warten.

Am 31. Januar 1983 veröffentlichten die sowjetischen Zeitungen Artikel über den Besuch des Generalsekretärs des ZK der KPdSU, Juri Andropow, im Werkzeugmaschinenbetrieb »Sergo Ordshonikidse«. Auf die Disproportionen in der ökonomischen Entwicklung des Landes eingehend, stellte Andropow die Frage: »Wo ist, um mit Lenin zu sprechen, jenes Kettenglied, das man packen muß, um die ganze Kette herauszuziehen? Eine lange, schwere Kette.« Seine Antwort lautete: »... obwohl man nicht alles auf die Disziplin zurückführen kann, muß man gerade mit ihr beginnen, Genossen.

... Wir haben bei uns Schrittmacher. Ihnen gebührt Lob und Ehre. Sie sind die Wegbereiter und leuchtenden Vorbilder, an denen wir uns orientieren. Doch einzig mit den Anstrengungen der Schrittmacher allein können wir die Aufgaben jedoch nicht lösen. Dafür muß jeder täglich den festgelegten Auftrag erfüllen. Dann werden wir die Aufgabe bewältigen, von der ich gesprochen habe.«[17]

Und vieles wurde in Angriff genommen. In den Betrieben wurden freiwillige Brigaden geschaffen, die die Arbeitsdisziplin zu kontrollieren hatten. Milizionäre und freiwillige Helfer ließen sich in den Geschäften und in den Tagesvorstellungen der Kinos die Ausweise der Besucher zeigen, um diejenigen herauszufinden, die während der Arbeitszeit ihren persönlichen Angelegenheiten nachgingen. Institutsdirektoren der Akademie nahmen morgens unter aktiver Beteiligung der Partei- und der Gewerkschaftskomitees Stichproben vor, um diejenigen zu ermitteln, die sich zur Arbeit verspätet hatten; die Namen wurden dann in schwarze Listen eingetragen. In der Provinz nahm die Kampagne zur Wiederherstellung der Disziplin noch groteskere Formen an. Die Partei- und Staatsbürokratie beeilte sich, den Plan zur Entlarvung von Faulenzern, Bummelanten und Schmarotzern überzuerfüllen, um damit ihre Loyalität gegenüber der neuen Macht zu beweisen.

Andropow versuchte, das »Unmögliche möglich« zu machen – als ob er geahnt hätte, daß ihm das Schicksal nur ein kurzes Verweilen an der Macht bemessen hatte. Er war der erste Generalsekretär nach Stalin, der Interesse an der Theorie des sozialistischen Aufbaus zeigte. Er verlieh der Theoriediskussion wichtige Impulse, wovon seine Artikel zeugen. Mit dem Artikel »Die Lehre von Karl Marx und einige Fragen des sozialistischen Aufbaus in der UdSSR«, der Anfang 1983 erschien, setzte Andropow Zeichen für eine realistische Interpretation der Besonderheiten und des Entwicklungsniveaus der sowjetischen Gesellschaft; kommunistischen Utopien erteilte er eine Absage. An der Ausarbeitung dieses Beitrags waren Leute beteiligt, die später zu den führenden Köpfen der Perestroika gehören sollten. Deutlich zu spüren ist die Affinität einiger seiner Ideen zu denen der gegenwärtigen politischen Reformen, in erster Linie zur Idee von der »sozialistischen Selbstverwaltung des Volkes«. Die Grundthesen allerdings, die im Jahre 1985 faktisch die Perestroika theoretisch anschoben, hatten Andropow und seine Mannschaft wesentlich früher, d. h., noch bevor er in das Gebäude des ZK als Generalsekretär einzog, formuliert. Er verkündete sie im April 1982 in einem Vortrag anläßlich des 112. Geburtstages von Lenin. Auf zwei für die sowjetische Parteiideologie neue und wichtige Thesen sei hier hingewiesen.

Die erste These besagte, daß die Aufgabe in den letzten Jahrzehnten des 20. Jahrhunderts darin bestünde, den entwikkelten Sozialismus in der UdSSR zu vervollkommnen. Der ausdrückliche Hinweis auf »Vervollkommnung« stand im krassen Widerspruch zur offiziellen Lesart, wonach in der UdSSR die entwickelte sozialistische Gesellschaft bereits aufgebaut sei und die sowjetische Gesellschaft nun in den Kommunismus hinüberwachse. Die zweite These lautete, daß diese »Vervollkommnung« eine historisch lange Etappe mit ihr wesenseigenen Stufen darstelle und die UdSSR sich erst am Anfang des Weges befinde. Beide Thesen bildeten auch den allgemeinen theoretischen Teil des Andropow-Artikels über Karl Marx. Außerdem gestand Andropow ein, daß die gegenwärtige Entwicklungsetappe der UdSSR durch noch nicht bewältigte Probleme der Vergangenheit belastet sei. Im Klartext hieß das, daß der Aufbau des Sozialismus noch nicht vollendet ist. Andropow ging, wie sich der ehemalige Berater des Generalsekretärs Wadim Petschenow erinnerte, bei dieser von ihm persönlich formulierten These davon aus, daß die UdSSR eine »bestimmte Zeit benötigt, um alle zurückgebliebenen Gebiete nach vorn zu bringen, und erst dann weiter voranschreiten kann«[18]. Die bisherigen sozialen Zielsetzungen der KPdSU wurden allerdings vorerst nicht in Zweifel gezogen, eine Veränderung der vorhandenen Struktur wurde nur im Rahmen einer gewissen Vervollkommnung des Systems gesehen: Das Wort »Reform« tauchte erstmals am 26. Dezember 1983 in der »Prawda« auf, bis zum Tode Andropows sollte nur noch etwas mehr als ein Monat verbleiben.

Während der Amtszeit Andropows wurde eine Vielzahl von Erlassen und Beschlüssen verabschiedet, die in fast allen Sphären des Lebens Ordnung schaffen sollten. Nach wie vor galt die Losung: »Der Plan ist ein Produktionsgesetz!« Die Produktivität in der Landwirtschaft sollte durch eine Reorganisation der Leitungsstruktur gesteigert werden. Die überall auf Kreisebene geschaffenen sogenannten Agrarindustrieabteilungen wurden in einem Supermonopol, dem »Komitee für Agrarindustrie«, zusammengefaßt. Die Entwicklungsperspektiven der Landwirtschaft waren nach wie vor an die weitere Vergesellschaftung der Produktion gekoppelt, was in der amtlichen Sprachregelung als »Verschmelzung von staatlichem und genossenschaftlichem Eigentum mittels einer agrarindustriellen Integration zu einem gesamten Volkseigentum« seinen Niederschlag fand. Auch die Rolle der Arbeitskollektive im Produktionsprozeß sollte gestärkt werden, doch lief alles darauf hinaus, nicht an der strengen Zentralisierung und an der Willkür der Leitung zu rütteln.

Im Unterschied zu seinen ersten Reformprogrammen stellte Andropow das geheiligte Prinzip der Herrschaft der Partei über alle Sphären des Lebens nicht mehr in Frage. »Wenn die führende Rolle der Kommunistischen Partei geschwächt wird, so entsteht die Gefahr eines Abgleitens auf einen bürgerlich-reformerischen Entwicklungsweg«[19], hieß es auf dem Juni-Plenum des ZK der KPdSU 1983.

Juri Andropow, der auf der Welle der Ereignisse von 1956 in Ungarn, wo er als Botschafter der UdSSR unmittelbar an der Niederschlagung der Volksbewegung beteiligt war, in die oberste Führungsspitze getragen wurde, gehörte am Ende seiner politischen Karriere zu den Anhängern eines »harten Kurses«.

Nach den Worten von Georgi Arbatow, der unter Andropows Leitung im Apparat des ZK gearbeitet hatte und danach Akademiemitglied und Direktor des Institutes für USA und Kanada wurde, hinterließen die Vorgänge in Ungarn im Spätherbst des Jahres 1956 einen tiefen Eindruck bei Andropow. Die Aufrufe zur Rache an den Kommunisten, auch der Beschuß seines Dienstwagens und nicht zuletzt die durch die psychische Anspannung in dieser Zeit hervorgerufene schwere Krankheit seiner Frau haben bei ihm ein »ungarisches Syndrom« entstehen lassen. Das äußerte sich in dem Streben, die wachsenden innenpolitischen Probleme in den sozialistischen Ländern mit radikalen Mitteln zu überwinden.[20] Andropow trug auch mit die Verantwortung für den Einmarsch der sowjetischen Truppen in Afghanistan im Jahre 1979. Der ehemalige Generalmajor des KGB und Chef der Abwehr, Oleg Kalugin, schrieb über ihn: »Andropow war eine widersprüchliche Figur. Mit seinem Amtsantritt im Komitee verschärfte sich Schritt für Schritt der Kampf gegen das Dissidententum. Das System der politischen Bespitzelung erlebte unter seinem Amtsvorsitz seine Blüte. Andropow war ein Meister des Apparates. Er vermochte es, zwischen den Bedürfnissen der Gesellschaft und den Launen Breshnews und Suslows zu lavieren. Ich erinnere mich an eine Beratung im August 1979. Daran nahmen die Chefs der zivilen und der militärischen Aufklärung teil. Erörtert wurden die Ereignisse im Iran und in Afghanistan. Ich erinnere mich sehr gut, daß bezüglich der These von einem eventuellen militärischen Eingreifen zwecks Hilfeleistung für Afghanistan der damalige Chef der Aufklärung, Krjutschkow, sagte: ›Andropow ist gegen unseren militärischen Einsatz.‹ Der Chef der militärischen Aufklärung, Iwaschutin, beharrte aber darauf. Bekanntlich gehörte später Andropow zu dem Kreis, der den Beschluß zum Einmarsch faßte. Er konnte sich Breshnew und dessen Freund Ustinow nicht verweigern. Zugleich war Andropow z. B. ein Gegner von politischen Morden. Er schlug immer vor, andere Mittel zu finden ...«[21]

Es klingt fast paradox, doch die Durchsetzung eines harten Kurses verschaffte Andropow Popularität unter der Bevölkerung. Und es wurden neue Mythen geschaffen. In den höchsten Tönen ergingen sich die Massenmedien, daß der neue sowjetische Staatschef ein großer Theaterliebhaber sei, daß er Bücher in ungarischer und englischer Sprache lese, sein literarischer Lieblingsheld Don Quichote sei, dessen Statuette seinen Schreibtisch im Komitee für Staatssicherheit schmückte. Ja, er schrieb sogar Gedichte und umgab sich mit klugen und talentierten Leuten. Zu den Untergebenen während seiner ZK-Tätigkeit gehörten Fjodor Burlazki (heute Chefredakteur der »Literaturnaja gaseta« – einer populären Zeitschrift), Oleg Bogomolow (später Direktor des Instituts des sozialistischen Weltsystems), Georgi Arbatow (Mitglied des Präsidialrates von Gorbatschow), Lew Deljusin (ein anerkannter Sinologe und vor kurzem noch Abteilungsleiter »China« im Institut für Orientalistik) – alles Leute, die noch heute zum intellektuellen Fond der Perestroika zählen.

Korrespondenten ausländischer Zeitungen äußerten sich über Andropows Tätigkeit im Komitee für Staatssicherheit zwar etwas zurückhaltender, doch in ihren Berichten klangen ebenfalls Töne der Begeisterung für diese geheimnisumwitterte Person an. »Er war eine Mischung aus Kühnheit und Schüchternheit, aus Aufgeklärtheit, Obskurantismus und Rückschrittlichkeit, Rücksichtslosigkeit und Freundlichkeit, Beharrlichkeit und Schwäche, ein Geheimpolizist, der Andersdenkende verfolgte, aber seiner Frau und seinen Freunden Gedichte schrieb ...«[22]

»In seinen ZK-Tagen war er eine ungewöhnliche Persönlichkeit. Sein schwarzer Trenchcoat, eine Seltenheit in Rußland, ließ ihn wie einen großgewachsenen, schlaksigen protestantischen Priester aussehen. Er trug stets einen Schlips, außer, wenn er sonntags zur Arbeit ging. Er war ein Arbeitstier, ein Workoholic, und verbrachte viel Zeit damit, Bücher zu lesen und mit seinen Mitarbeitern zu diskutieren.«[23]

»Andere Mitarbeiter bemerkten auf seinem Schreibtisch sowohl Werke von Hegel, Kant und Oscar Wilde als auch von russischen Klassikern. In Andropows Heim war es Tradition gewesen, am Geburtstag Bücher zu schenken. Im Flur seiner Wohnung konnte man vor lauter Büchern die Wände nicht mehr sehen. Er sammelte vor allem Ausgaben – auch die englischen – von Cervantes.«[24] So sah der Korrespondent der »Washington Post«, Dusko Doder, der mit der Familie des sowjetischen Staatschefs bekannt war, Andropow.

Das Bild eines intelligenten Herrschers machte Eindruck. Nach Lenin stand zum ersten Mal ein Mann an der Spitze des »Staates der Arbeiter und Bauern«, der sich nicht auf eine proletarische Herkunft berufen und sich dessen auch nicht rühmen konnte. Im Unterschied zu Stalin, Chruschtschow und Breshnew entstammte Juri Andropow der sogenannten Mittelklasse.

Sein Vater war Angestellter der Eisenbahn. Er arbeitete auf dem Bahnhof Nagutsk (im heutigen Stawropoler Gebiet), einem wichtigen Eisenbahnknotenpunkt der Linie Moskau–Baku; die Mutter arbeitete als Musiklehrerin und bemühte sich, ungeachtet der schweren Zeit, das Interesse des Sohnes für die Künste zu wecken und zu fördern. Im Hause hatte ein Steinway-Piano einen Ehrenplatz, an den Wänden hingen echte Gemälde, und Familienfotos waren in ovale Rahmen eingefaßt. Als Juri 4 Jahre alt war, verlor er seinen Vater, der an Typhus starb. Er war, um Lebensmittel für die Familie zu beschaffen, ins benachbarte Georgien gefahren und hatte sich dort infiziert. Nach 2 Jahren heiratete Juris Mutter wieder, und die Familie zog in die Stadt Masdok. Als Juri 14 Jahre alt war, verstarb seine Mutter. Der Zwang, bereits seit der Kindheit die Kraft aus sich selbst zu schöpfen, und der Mangel an elterlicher Obhut formten seine Charakterstärke und Entschlossenheit. Seit seiner Jugend zeichnete sich Juri durch kräftige Konstitution und physische Stärke aus. Seine Lieblingsschriftsteller waren Jack London, Mark Twain, James Fenimore Cooper. Es war kein Zufall, daß sich Andropow viele Jahre später, als er in Karelien an den militärischen Operationen gegen die finnische Armee teilnahm, das Pseudonym »Der Mohikaner« zulegte.[25]

Juri Andropow besaß eine starke Ausstrahlungskraft, er verstand es, die Menschen zu begeistern. Seine Belesenheit und seine Intelligenz erlaubten es ihm, ohne sonderliche Mühe die Sympathie des Gesprächspartners zu gewinnen. Der ausgeprägte Intellekt und das Einfühlungsvermögen standen im Widerspruch zu seinen festgefügten Vorstellungen über das »Erlaubte« und dessen Grenzen. Andropow verlor sehr schnell sein Selbstvertrauen, wenn er von Vorgesetzten kritisiert wurde; er wurde unsicher, wenn es galt, ihm nahestehende Leute oder seine eigenen Ideen vor Vorgesetzten zu verteidigen, wenn letztere von diesen nicht geteilt wurden.[26] Bei ihm, wie auch bei den meisten sowjetischen Regierungschefs, ordneten sich Moralvorstellungen der Idee vom Aufbau einer gerechten und humanen Gesellschaft unter. Zu deren Realisierung mußte man – so meinten sie – auch gegen bestimmte Menschen inhumane Mittel anwenden, wenn diese augenscheinlich die Entwicklung bremsten oder nicht im »Gleichschritt marschieren« wollten.

Juri Andropow brauchte ziemlich viel Zeit, um an die Spitze der Machtpyramide zu gelangen. Im Alter von 50 Jahren hatte er bereits einige Herzanfälle hinter sich. Als er zum Generalsekretär gewählt wurde, litt er unter einer starken Diabetis und einer chronischen Nierenanomalie. Ab Frühjahr 1983 verschlechterte sich sein Gesundheitszustand rapide. Trotzdem nahm Andropow weitere wichtige Schalthebel der Macht in seine Hände. Zuerst wurde er zum Vorsitzenden des Verteidigungsrats ernannt. Die Praxis, daß der Generalsekretär Mitglied der Kommission für militärische Fragen ist, hatte bereits Breshnew von seinem Vorgänger Nikita Chruschtschow übernommen.

Der Kommission, die unter Breshnew die Bezeichnung Verteidigungsrat erhielt, gehörten von ziviler Seite neben dem Generalsekretär der Premierminister, der Vorsitzende des Präsidiums des Obersten Sowjets, der Sekretär des ZK für Verteidigungsfragen und außerdem noch einige Vertrauenspersonen des Generalsekretärs an. Im Oktober 1982 waren das neben Breshnew Premier Nikolai Tichonow, Verteidigungsminister Dmitri Ustinow, Außenminister Andrej Gromyko, die Sekretäre des ZK Juri Andropow und Konstantin Tschernenko. Die Mitgliedschaft in diesem Rat bot einige Vorteile, in erster Linie den Zugang zu ergänzenden Informationen, da viele der im Rat erörterten Fragen nicht bis ins Politbüro gelangten und die entsprechenden Beschlüsse hinter den Kulissen gefaßt wurden. Formal erstreckte sich die Kompetenz des Rates nur auf Probleme, die die Verteidigungsfähigkeit des Landes betrafen. Doch nach Auffassung der sowjetischen Politiker gab es in der Sowjetunion kaum eine Sphäre, die nichts mit der Stärkung der Verteidigungskraft zu tun hatte. Dank der zusätzlichen Informationen konnten die betreffenden Personen faktisch im Politbüro ihr »Schattenkabinett« installieren.[27]

Juri Andropow fiel es aufgrund seiner Tätigkeit im Komitee für Staatssicherheit nicht schwer, seinen Einfluß im Verteidigungsrat zu stärken. Das Tätigkeitsfeld des KGB umfaßte nicht nur die Verfolgung von Andersdenkenden im Lande, sondern auch den Schutz von wichtigen Militärobjekten, z. B. von Raketenbasen; einen großen Teil seines Militärpotentials bildeten die 15 Elitedivisionen der Grenztruppen. Zwischen dem Ministerium für Verteidigung und dem Komitee für Staatssicherheit bestand eine enge Zusammenarbeit bei der Planung und Durchführung von militärischen Operationen im Ausland – so beim Einmarsch in die Tschechoslowakei 1968, in Angola 1975, in Afghanistan 1979.[28]

Am 16. Juni stockte Juri Andropow seine Ämterfülle noch auf, er wurde zum Vorsitzenden des Präsidiums des Obersten Sowjets der UdSSR gewählt. Schritt für Schritt nahm auch seine Kaderpolitik schärfere Konturen an. Andropow holte junge und energische Politarbeiter in den Apparat des ZK, die ihm bei der Durchsetzung von innenpolitischen und wirtschaftlichen Veränderungen den nötigen Rückhalt liefern sollten. Es wurde vermutet, daß der zum Kandidaten des Politbüros gewählte Witali Worotnikow bald Ministerpräsident der Russischen Föderation werden würde, daß der von Andropow im November 1982 ins Sekretariat geholte Nikolai Ryshkow zum Vorsitzenden von Gosplan (des Staatlichen Plankomitees) der UdSSR avancieren und die ökonomischen Reformen durchsetzen würde, daß Jegor Ligatschow, der seit April 1983 die Kaderabteilung des ZK leitete, den kranken Konstantin Tschernenko auf dem Posten des Chefideologen der Partei ablösen würde. Michail Gorbatschow, von vielen als möglicher »Thronfolger« angesehen, bekleidete die Funktion einer Vertrauensperson des Generalsekretärs.[29]

Doch trotz aller Schritte und Maßnahmen traten die Reformversuche auf der Stelle. Ungeachtet der Trommelwirbel, Paukenschläge und des allgemeinen Enthusiasmus, ungeachtet des Vorhabens, mit einer einzigen Rotgardistenattacke die Heilung der an Altersschwäche erkrankten Wirtschaft herbeizuführen, änderte sich überhaupt nichts, so wie es auch 1957, 1965 und 1979 der Fall gewesen war. Wenn man die Regierungsbeschlüsse zu Schlüsselproblemen der Gesellschaftsentwicklung betrachtet, so schienen sie einem ganz bestimmten Ritual zu folgen. In jedem Beschluß wurde fast obligatorisch festgestellt, daß sich die Situation, zu deren Verbesserung der vorangegangene Regierungsbeschluß verkündet worden war, im allgemeinen nicht verändert hatte, ja, bisweilen eine Verschlechterung eingetreten war. Zum Beispiel war die Erweiterung der Selbständigkeit der Betriebe zugleich die Schlüsselfrage aller drei Reformen. Bereits auf dem Februar-Plenum von 1957 des ZK der KPdSU hatte es geheißen: »Die Organisationsstruktur der Leitung von Industrie und Bauwesen muß auf der Verbindung von zentralisierter staatlicher Leitung und Erhöhung der Rolle der örtlichen Organe bei der Lenkung der Volkswirtschaft basieren.«[30]

Zum Vergleich einige Zeilen aus einem Beschluß des ZK der KPdSU und des Ministerrates der UdSSR von 1965: »... es ist eine günstigere Verbindung der zentralisierten staatlichen Planung mit einer breiten Wirtschaftsinitiative der Betriebe zu gewährleisten, die Rechte der Betriebe sind auf der Grundlage der umfassenden wirtschaftlichen Rechnungsführung zu erweitern.«[31]

Die Reform von 1979 schrieb den Betrieben alle Schritte vor, die »für die Entwicklung der Wirtschaftsinitiative der Arbeitskollektive und die Erweiterung der Rechte der Produktionsvereinigungen«[32] erforderlich seien.

Schließlich noch ein Zitat aus der Rede des Generalsekretärs des ZK der KPdSU, Juri Andropow, gehalten auf dem November-Plenum 1982: »In der letzten Zeit wird nicht wenig davon gesprochen, daß die Selbständigkeit der Vereinigungen und Betriebe ... erweitert werden muß. Es ist augenscheinlich an der Zeit, praktisch an die Lösung dieser Frage heranzugehen.«[33]

Solch eine Dynamik der Entwicklung in den 70er/Anfang der 80er Jahre, genauer der Nicht-Entwicklung, war auf allen Gebieten zu beobachten. Die Richtigkeit der sozial-ökonomischen und politischen Ordnung des Sozialismus anzuzweifeln grenzte in der UdSSR, um mit den Worten von George Orwell zu sprechen, an »gedankliche Verbrechen«, die mit einer moralischen oder auch physischen »Zerstäubung« enden konnten. Deshalb wurde die Lösung des Widerspruchs immer im subjektiven Bereich gesucht. Auch Juri Andropow bildete keine Ausnahme. In seiner Amtszeit erklangen, vorerst noch zaghaft, solche Losungen wie »Zurück zu Lenin«. Sie zielten auf eine verstärkte »Arbeiterkontrolle« über den Staats- und Parteiapparat, was für die sowjetische Gesellschaft, die sich noch nicht vollständig vom stalinistischen Erbe befreit hat, einen wesentlichen Schritt darstellt.

Im Unterschied zu Chruschtschow, der seinen Streit mit dem Apparat innerhalb des Kremls zu entscheiden versuchte, stützte sich Juri Andropow auf die traditionellen Vorstellungen des Volkes von einer vorbehaltlosen Gerechtigkeit, reaktivierte er die im Volk nicht vergessenen, ja sogar populären Methoden der »rotgardistischen Attacke gegen das Kapital«, indem er den Kreuzzug der Werktätigen gegen korrupte Bürokraten, Nichtstuer und Diebe, die sich am gesellschaftlichen Eigentum vergriffen, sanktionierte. Doch unter den Bedingungen der Konservierung der gegebenen Eigentumsstruktur und des Systems der politischen Führung, in dem für die Verwirklichung anderer, im Gegensatz zur Führung der KPdSU stehender Auffassungen kein Platz war und jede beliebige Kritik an der KPdSU als ein kriminelles Delikt qualifiziert wurde, führte die Kampagne Andropows lediglich zu einer begrenzten Rotation der Kader, wo der »Zweite« oder der »Dritte« nur den Moment abpaßte, um die Statistenrolle aufzugeben und »Erster« zu werden.

Es bedurfte noch 6 Jahre Perestroika, um in der UdSSR öffentlich die Auffassung vertreten zu können, daß die mit der Revolution von 1917 geschaffenen Eigentumsbeziehungen und die Ausrichtung auf eine totale soziale und politische Kontrolle durch Partei und Staat eine natürliche ökonomische Regulation prinzipiell unmöglich machen und daß die Stalinsche Repression und der stickige Sumpf der »Stillstandsperiode« zwei Seiten ein und derselben Medaille sind. Die Erfahrungen der Marktwirtschaft zeigen, daß der Nutzen für die Gesellschaft bei privater Verantwortlichkeit und privater Initiative bei weitem höher ist als bei einer durch Beamte vorgenommenen Verteilung von »gesellschaftlichen«, nicht von ihnen erwirtschafteten Mitteln. Es gibt nichts einfacheres, als ein millionenschweres Investitionsprogramm zu unterschreiben: Dem Beamten im Sozialismus bringt die Verschleuderung von gesellschaftlichen Mitteln weder den persönlichen privaten Bankrott noch den Verlust seines Arbeitsplatzes.

Die Politik der »eisernen Hand«, die die gesamte Geschichte des russischen Staates, einschließlich der Zeit nach der Oktoberrevolution, durchzieht, führte Juri Andropow nicht nur auf wirtschaftlichem Gebiet, sondern auch in der Innen- und Außenpolitik organisch fort.

Die Art und Weise, wie versucht wurde, das Problem der jüdischen Auswanderer aus der UdSSR in den Griff zu bekommen, verdeutlicht dies anschaulich. Man glaubte, ihm künstlich, auf rein administrativem Wege Herr zu werden. Wenn im Jahre 1982 noch 2688 Juden für immer aus der UdSSR ausreisten, so waren es 1983 nur 1314 und 1984 noch weniger, nämlich 896 Personen.[34] Parallel dazu wurde die jüdische Emigration politisch diskreditiert. Das zu diesem Zweck gebildete »Antizionistische Komitee«, dem Vertreter der jüdischen Nationalität angehörten, die in der UdSSR eine gewisse Karriere gemacht hatten, sollte der Weltöffentlichkeit suggerieren, daß der Vorwurf der Verletzung von Menschenrechten eine böswillige Unterstellung seitens westlicher Spionagedienste und der Zionisten sei.

Die Verunglimpfung von Akademiemitglied Andrej Sacharow in der Presse wurde fortgesetzt. Er befand sich nach wie vor unter Bewachung der Staatssicherheit in der für Ausländer nicht zugänglichen Stadt Gorki. Im August 1983 besuchte eine Delegation amerikanischer Senatoren die UdSSR. Bei einer Begegnung mit Juri Andropow befragten sie ihn nach der Situation der sowjetischen Dissidenten. Andropow begann seine Ausführungen damit, daß er Andrej Sacharow als einen »psychisch kranken Menschen« bezeichnete, der einen Artikel geschrieben habe, in dem er »zum Krieg aufrufe« (offensichtlich war der Aufsatz Sacharows aus dem Jahre 1981 »Was die USA und die UdSSR tun müssen, um den Frieden zu erhalten« gemeint).[35]

Andersdenkende wurden weiterhin in geschlossenen psychiatrischen Einrichtungen eingesperrt. Am 31. Januar 1983 trat die Sowjetunion aus dem Weltverband für Psychiatrie aus, um der Diskussion über die Benutzung psychiatrischer Krankenhäuser zur Isolierung von politischen Gefangenen in der UdSSR aus dem Wege zu gehen. Außerdem wurde in Andropows Amtsperiode bezüglich der politischen Gefangenen – seit dem Sturz Nikita Chruschtschows stellte man deren Existenz hartnäckig in Abrede – ein Gesetz erlassen, das den Lagerverwaltungen das Recht zubilligte, bei einer beliebigen Verletzung der Lagerregeln – das konnte sogar ein nicht geschlossener oberster Hemdknopf sein – die Haftstrafe beliebig zu verlängern. Bei drei Vergehen dieser Art stand der Gefangene wieder vor Gericht, das eine neue Haftstrafe verhängte.[36] Nach Angaben der Internationalen Gesellschaft für Menschenrechte gab es 1984 in der UdSSR 1479 politische Gefangene.[37]

In das sowjetische Strafrecht wurde ein Paragraph aufgenommen, der die Übermittlung von Dienstgeheimnissen und anderen Informationen an ausländische Organisationen unter Strafe stellte. Für »Die Übermittlung oder die Sammlung (!) zwecks Übergabe an ausländische Organe oder an deren Vertreter von ökonomischen, wissenschaftlich-technischen oder anderen (!) Informationen, die dem Dienstgeheimnis unterliegen, durch Personen, denen diese Informationen auf dienstlichem Wege oder in der Arbeit anvertraut waren oder auf anderem (!) Wege bekannt werden«, konnte Freiheitsentzug bis zu drei Jahren ausgesprochen werden. Da es in der UdSSR kein Gesetz bezüglich der Handhabung von Staatsgeheimnissen gab, konnte die Klage eines sowjetischen Bürgers über die schlechte Lebensmittelversorgung gegenüber einem Korrespondenten einer beliebigen ausländischen Zeitung durchaus eine strafrechtliche Verfolgung auslösen.[38]

Noch eine juristische Neuheit komplettierte das Repressivpotential. So konnte z. B. auf der Grundlage des Artikels »Antisowjetische Agitation und Propaganda« (Paragraph 70 des Strafgesetzbuches der RSFSR) ein Freiheitsentzug von 3–10 Jahren ausgesprochen werden, wenn »Finanzmittel oder andere materielle Werte (!) von internationalen Organisationen oder von Personen, die im Interesse dieser Organisationen tätig sind«[39], in Empfang genommen wurden. Somit konnte jegliche Hilfe von ausländischen Organisationen oder Privatpersonen (auch aus sozialistischen Ländern) strafrechtlich verfolgt werden. In der Praxis wurde jede beliebige negative Information und Äußerung über die UdSSR als »antisowjetische Propaganda« eingestuft. Alles weitere hing dann von der Phantasie der Strafverfolgungsorgane ab ...

In der Außenpolitik herrschte unverändert das klassenmäßige Denken als oberstes Prinzip vor. Die Beziehungen zu Staaten des anderen Systems gestalteten sich zweigleisig: einmal auf zwischenstaatlicher Ebene und zum anderen auf ideologischer Ebene. Während auf dem Gebiet der zwischenstaatlichen Beziehungen zu kapitalistischen Staaten die Politik der Entspannung und der Zusammenarbeit propagiert wurde, gab es auf ideologischem Gebiet keinerlei Kompromisse. Der unversöhnliche Kampf gegen die bürgerliche Ideologie wurde im Innern des Landes als Vorwand für die Unterdrückung von Andersdenkenden benutzt, und außerhalb der Landesgrenzen äußerte er sich in der militärischen, ökonomischen und politischen Unterstützung von Regierungen, die sich selbst als sozialistische, als sozialistisch orientierte oder als um die nationale Unabhängigkeit vom Weltimperialismus kämpfende Regime bezeichneten.

Dieses Klassendenken in der Außenpolitik forderte sowohl in moralischer als auch in materieller Hinsicht einen hohen Preis. Die Beteuerungen der UdSSR bezüglich der Unausweichlichkeit des Sieges des Sozialismus in der Welt, flankiert von einem direkten militärischen Eingreifen zur Sicherung der Einflußsphäre, wie dies z. B. 1979 beim Einmarsch sowjetischer Truppen in Afghanistan der Fall war, förderten nicht das Vertrauen zu den Erklärungen der sowjetischen Führung über die Friedfertigkeit ihrer Außenpolitik und behinderten die Abrüstungsverhandlungen mit den NATO-Staaten. Solch eine Politik stellte für das Budget des Landes eine schwere Belastung dar.

Allein die Unterstützung der sozialistischen Regime in Osteuropa kostete im Jahre 1981 die UdSSR 21 Milliarden Dollar, wobei die Jahreseinnahmen der UdSSR an freikonvertierbarer Währung 28 Milliarden Dollar nicht überstiegen.[40]

Der verstärkte »Gärungsprozeß« in den osteuropäischen

Ländern Anfang der 8oer Jahre hatte jedoch eine gewisse Umorientierung auf eine Stärkung der strategischen Positionen der UdSSR in der Dritten Welt zur Folge, was sich auch im Umfang der wirtschaftlichen Hilfe widerspiegelte. Während der Anteil wirtschaftlicher Hilfe für nichteuropäische sozialistische Länder früher nur 15 Prozent der gesamten Wirtschaftshilfe betrug, so wuchs er 1983/84 bis auf 50 Prozent. Die Wirtschaftshilfe für Kuba umfaßte 1975 z. B. 1,5 Milliarden Dollar (ohne Militärhilfe) und 1983 4,5 Milliarden. Nach Vietnam flossen 1983 alles in allem 1 Milliarde Dollar Wirtschaftshilfe in Form von Öl, Rohstoffen und Industrieausrüstungen zu besonders günstigen Konditionen. Etwa die gleiche Summe erhielt das vietnamesische Militär. Ganz besonders schlug aber die sowjetische Politik in Afghanistan zu Buche. Die Kriegskosten für die UdSSR beliefen sich 1983 auf 80 Milliarden Rubel, und jedes weitere Kriegsjahr kostete jeweils 50 Millionen Rubel.[41] Nach Einschätzung des Pentagon schluckten 1981 die sowjetischen Militärausgaben 12–14 Prozent und 1983 bereits 15 Prozent vom Bruttosozialprodukt.[42] Das ist doppelt soviel wie in den USA (7 Prozent während der Präsidentschaft Reagans) und fast achtmal mehr als in der BRD.

Der sowjetischen Regierung unter Juri Andropow bereiteten die sowjetisch-amerikanischen Beziehungen und die Sicherheitsfragen in Westeuropa große Sorgen. Ende Dezember 1982/ Anfang 1983 unterbreitete Juri Andropow eine Reihe von Vorschlägen, um die von der Reagan-Administration mit den NATO-Verbündeten vereinbarte und gegen Ende 1983 durchzuführende Stationierung von 572 Cruise Missile und Pershing II zu verhindern. Auf das im März 1982 von der UdSSR einseitig verkündete Stationierungsmoratorium von SS-20-Raketen auf dem europäischen Teil der UdSSR bezugnehmend, erklärte Andropow die Bereitschaft der sowjetischen Regierung, noch weiter zu gehen und einen Teil der Raketen mittlerer Reichweite, nicht nur die alten Raketen vom Typ SS 4 und SS 5, die jeweils nur über einen atomaren Sprengkopfsatz verfügten, sondern auch die modernen SS 20 mit drei atomaren Sprengkopfsätzen zu verringern, wenn die amerikanische Regierung auf eine Stationierung neuer Raketen in Westeuropa verzichtet. Weiterhin wurde ausgeführt, die UdSSR wünsche, im europäischen Teil die gleiche Anzahl von Raketen mittlerer Reichweite wie Frankreich und Großbritannien zu besitzen.

Im Januar 1983 fand in Prag eine Beratung der Mitgliedsländer des Warschauer Vertrages statt. Zum Abschluß wurde eine politische Erklärung verabschiedet, die den Vorschlag enthielt, NATO und Warschauer Vertrag sollten den Waffenhandel reduzieren, sämtliche Atomwaffen sowie die Neutronenbombe abschaffen. In der Erklärung wurde unterstrichen, daß NATO und Warschauer Vertrag ein Gewaltverzichtsabkommen schließen sollten, dem später auch andere Länder beitreten könnten. Außerdem wurde die Empfehlung ausgesprochen, die Seestreitkräfte zu verringern, die Militärhaushalte zu reduzieren sowie die Entwicklung und die Einführung von neuen Atomwaffensystemen »einzufrieren«.[43]

Zu den Vorschlägen der UdSSR und des Warschauer Vertrages erklärte die NATO, daß dies eine propagandistische Falle sei. Denn das Hauptziel bestünde nicht in einer tatsächlichen Abrüstung, sondern darin, die westeuropäischen Staaten von dem amerikanischen Verbündeten abzukoppeln. Präsident Reagan erneuerte seinen Alternativvorschlag, die sogenannte Nullvariante. Der zufolge wollte die NATO auf eine Stationierung neuer Raketen verzichten, wenn die Sowjetunion alle Raketen mittlerer Reichweite vernichtete, einschließlich analoger Raketen hinter dem Ural, die theoretisch, d. h. wenn sie auf neue Ziele umprogrammiert würden, Objekte in Norwegen erreichen konnten. Es schien so, als ob zwei Gesprächspartner ins Gespräch kommen wollten, wobei aber jeder nur auf sich selbst hörte. Die zwei Supermächte, getrennt durch eine Mauer des Mißtrauens, bewegten sich in einer gefährlichen Konfrontation; jede demonstrierte der anderen ihre atomare Stärke.

Der harte Kurs erreichte im September 1983 seinen Höhepunkt, als die sowjetische Luftabwehr mit einer Luft-Luft-Rakete eine südkoreanische Verkehrsmaschine vom Typ Boeing 747 mit 269 Zivilpersonen an Bord abschoß. Das Flugzeug war, wie sich später herausstellte, unter unklaren Umständen in den militärisch gesperrten Luftraum der UdSSR eingedrungen.

Juri Andropow befand sich zu diesem Zeitpunkt in stationärer Behandlung im Krankenhaus, er war am Dialyseapparat angeschlossen. Erst knapp einen Monat später, am 29. September, äußerte er sich öffentlich zu diesem Vorfall. Nachdem er den Familienangehörigen der Verunglückten das Beileid der sowjetischen Regierung ausgesprochen hatte, wiederholte er im Prinzip den Standpunkt der sowjetischen Militärs, daß die Boeing 747 zu Spionagezwecken in den militärisch gesperrten Luftraum der UdSSR eingedrungen sei. Zugleich wertete er die Handlungsweise der amerikanischen Seite als eine »raffinierte Provokation«, welche »diese bisher beispiellose verbrecherische Diversion zur Folge hatte.«[44]

Die Menschheit befand sich am atomaren Abgrund. Beide Seiten waren nicht gewillt, sich an den Verhandlungstisch zu setzen. Auf die Demonstration der militärischen Stärke der UdSSR antworteten die Amerikaner mit Gegenmaßnahmen, indem sie den Militärhaushalt 1984 auf 280 Milliarden Dollar aufstockten. Vom Senat wurden ohne Vorbehalte der Ankauf der ersten MX-Raketen und von 95 der insgesamt 108 Pershing-II-Raketen gebilligt sowie die Ausgaben für den Bau von 10 strategischen Bombern B 1 bestätigt.[45]

Die Stationierung von amerikanischen Raketen in der BRD, in Großbritannien und Italien Anfang 1984 führte zur Einstellung der Genfer Verhandlungen, zur Aufhebung des Stationierungsmoratoriums atomarer Kampfmittel im europäischen Teil der UdSSR und zur Stationierung sowjetischer SS-20-Raketen in der DDR und in der Tschechoslowakei.[46]

Juri Andropow verstarb am 9. Februar 1984 in dem Krankenhauszimmer, in dem er sich mit wenigen Unterbrechungen seit September 1983 befunden hatte. Am gleichen Tage berichtete der Korrespondent der »Washington Post«, Dusko Doder, unter Berufung auf inoffizielle Quellen, vom Ableben des sowjetischen Partei- und Regierungschefs.

Die sowjetische Presse hüllte sich hingegen noch zwei Tage in Schweigen. Erst die klassische Musik im Radio ließ den Gedanken aufkommen, daß sich das Szenarium vom November 1982 wiederholen könnte.

Und so geschah es dann auch. Für den 11., 12., 13. und 14. Februar wurde Staatstrauer angeordnet. Das schon wieder nach alter Manier in Gang gesetzte bürokratische Karussell verdeckte aber nicht die ehrliche Enttäuschung des einfachen

Volkes über Andropows Tod, da er eine kleine Hoffnung auf Reformen geweckt hatte.

Der neue Generalsekretär, Konstantin Tschernenko, am 13. Februar auf dem Plenum des ZK der KPdSU – wie üblich »einstimmig« – gewählt, nahm bereits die Glückwünsche entgegen. Die Wahl des schwerkranken Tschernenko, der im Theater Breshnews die Rolle eines talentierten Statisten gespielt hatte, war ohne Zweifel eine Übergangslösung und Ausdruck des Kräftepatts zwischen der alten Parteibürokratie und den neuen Reformkräften, die unter der Schirmherrschaft Andropows herangewachsen waren.

Der Mitarbeiter Andropows, A. I. Wolski, erinnerte sich: »Am Tag der Politbürositzung nach Andropows Tod gehen an mir Ustinow (Verteidigungsminister) und Tichonow (Premierminister) vorüber. Der Verteidigungsminister legt die Hand auf die Schulter des Premierministers und sagt: ›Kostja (d. h. Tschernenko) wird unterwürfiger als der …‹, womit Gorbatschow gemeint war. So wurde die Frage des Regierungschefs einer Supermacht gelöst. Andropow selbst sah als seinen Nachfolger allerdings Michail Sergejewitsch (Gorbatschow).«[47]

Über Konstantin Tschernenko zu schreiben ist schwierig, wie es generell nicht leicht ist, sich über einen unscheinbaren, mittelmäßigen und sich durch keine besonderen Fähigkeiten auszeichnenden Menschen ein Urteil zu bilden. Doch das System der totalen Einförmigkeit ebnete gerade solchen Menschen den Weg zur Macht, die keine überflüssigen Fragen stellten, sich keine besonderen Gedanken machten und stets dienstbeflissen waren. Alle »Ausnahmen von dieser Regel«, wie der sprühende Nikita Chruschtschow, der ausgewogene und scharfsinnige Juri Andropow und schließlich der unglaublich flexible Michail Gorbatschow, mußten zuerst im System der Parteinomenklatur das »Examen« im Fach Konformismus und Ergebenheit ablegen. Sie blieben so stets Gefangene ihrer Nomenklaturvergangenheit.

In diesem Sinne war Konstantin Tschernenko der Prototyp des Parteiapparatschiks. In seiner Rede auf dem Februar-Plenum des ZK hatte er nicht von ungefähr den Konformismus hervorgehoben. »Die unversiegbare Kraft der sowjetischen Kommunisten«, so betonte er, »besteht in der Geschlossenheit ihrer Reihen. In vollem Maße entfaltet sich diese Kraft, wenn, um mit den Worten Lenins zu sprechen, wir, alle Mitglieder der Partei, wie ein Mann auftreten. Das Leninsche Zentralkomitee der KPdSU und sein Führungskern, das Politbüro des ZK, wirken eben in diesem Sinne – einmütig und geschlossen. Dies ermöglicht es, durchdachte und allseitig ausgewogene Beschlüsse zu fassen, die zur Festigung des Bündnisses der Arbeiterklasse, der Bauern, der Intelligenz und der brüderlichen Freundschaft der Völker der UdSSR führen!«[48]

Konstantin Tschernenko, am 24. September 1911 im ostsibirischen Dorf Bolschaja Tes, Gebiet Krasnojarsk, geboren, war 4 Jahre älter als Juri Andropow. Tschernenko war 7 Jahre alt, als Krasnojarsk in die Hände der »Weißen« fiel, und er war 9 Jahre alt, als dort die Sowjetmacht errichtet wurde. Mit 12 Jahren mußte er die Schule verlassen, um sich seinen Lebensunterhalt zu verdienen. Zu Beginn der Stalinschen Kollektivierung wurde Tschernenko zum Stellvertreter und später zum Leiter der Abteilung Agitation und Propaganda im Kreiskomitee des Komsomol ernannt. Ein Jahr später leistete der junge Agitator, der die Bauern über die Vorzüge der Kolchose gegenüber der Einzelbauernwirtschaft aufklärte, seinen Militärdienst bei den Grenztruppen des OGPU (des Vorläufers des KGB) an der sowjetisch-chinesischen Grenze. Dort trat er 1931 in die Partei ein und wurde Parteiorganisator seiner Einheit.

Tschernenko verbrachte die Kriegsjahre 1941–1945 im Hinterland, militärische Ehrungen erhielt er nicht, was später der offiziellen Propaganda Schwierigkeiten bereiten sollte. Als er bereits zum Generalsekretär des ZK gewählt worden war und das Hohelied von den Heldentaten des neuen Chefs angestimmt werden sollte, brachte die Armeezeitung »Krasnaja swesda«, zwei Monate nach seinem Amtsantritt, einen Artikel über den heldenhaften Dienst des jungen Tschernenko in den Grenztruppen, wo er mit antisowjetischen Banditen die Klinge gekreuzt, zielsicher geschossen und Granaten geworfen hatte.

1933, nach der Militärzeit, kehrte Tschernenko zu der ihm vertrauten Parteiarbeit in das Krasnojarsker Gebiet zurück. Bei Kriegsausbruch wurde der nunmehr 30jährige Sekretär des Krasnojarsker Gebietsparteikomitees für Agitation und Propaganda; somit war er in die von Moskau bestätigte Nomenklatur aufgenommen. Wenig später wurde er dann auch nach Moskau geschickt, um an der Parteihochschule seine Bildung, die im Alter von 12 Jahren abgebrochen worden war, zu vervollständigen. Offiziell klang das so: »Vervollkommnung der ideologischen Ausbildung und des Stils der Parteiarbeit«. Nach dem Kriege schickte das ZK Tschernenko als Ideologiesekretär nach Pensa. 1948 wurde er nach Moldawien versetzt. Am 5. Juni 1950 faßte das ZK der KPdSU eine Resolution über »Mängel in der Arbeit des ZK der Kommunistischen Partei Moldawiens«. Der Erste Sekretär, Kowal, verlor seinen Posten, den der 43jährige Leonid Breshnew übernahm.

Gerade die Jahre der gemeinsamen Arbeit mit Breshnew und nicht der kurze Aufenthalt an der Parteihochschule und auch nicht das Studium an einem zweitklassigen Pädagogischen Institut, das er 1953 mit dem Diplom abschloß, gestalteten sich für Tschernenko zur »hohen Schule« der Partei- und Staatsmacht; langsam, aber sicher stieg er Sprosse für Sprosse auf der Stufenleiter der Macht nach oben.

Der ehemalige hohe Beamte des Außenministeriums Arkadi Schewtschenko, der 1978 die UdSSR verließ, beschrieb Tschernenko folgendermaßen: »Die Stärke Tschernenkos, dem gegenüber die Parteielite zu keiner Zeit ein Gefühl der Achtung verspürte, bestand darin, daß er sein ganzes Leben lang ein Parteiarbeiter war. Er war ein Blutsbruder dieser Elite, und deshalb brachte man ihm größeres Vertrauen als einem jüngeren entgegen. Tschernenko war und blieb ein Ideologe und Propagandist. Tschernenko, der sich hervorragend in allen Feinheiten der Parteiarbeit auskannte, war in Fragen der Ökonomie und der internationalen Politik wenig bewandert. Auf Sitzungen des Politbüros äußerte er sich selten, er beschränkte sich darauf, seinen Herrn, Breshnew, zu unterstützen. Solange Breshnew lebte, verfügte Tschernenko über recht viel Macht ... Er machte auf mich nicht den Eindruck eines klugen Menschen, aber er war ein höchst pragmatischer und sachlicher Mensch, der wußte, was er wollte. Er war streng, grob, autoritär, überheblich, er hatte diktatorische Angewohnheiten, und er war unglaublich von sich selbst überzeugt. Er war ein derartig farbloser Mensch, daß nicht einmal Witze über ihn erzählt wurden. Als er und Breshnew noch jünger waren, tranken sie oft gemeinsam. Suslow, Gromyko und Kossygin, die dem Alkohol abhold waren, verachteten sie wegen dieser Angewohnheit. Der gewöhnlich wortkarge Tschernenko äußerte sich immer schroff, anderen über den Mund fahrend. Er flößte seinen Untergebenen sogar per Telefon Angst ein. Als Tschernenko sich Mitte der 70er Jahre in New York aufhielt, zitterte der sowjetische Botschafter bei der UNO, der selbst für seinen herrischen Charakter bekannt war, vor ihm wie eine Maus vor der Katze. In Moskau war ich bei einem Telefongespräch zwischen Makarow, einem der wichtigsten Berater Gromykos, und Tschernenko zugegen. Makarows Hand, die den Telefonhörer hielt, zitterte, und er stimmte allem widerspruchslos zu.«[49]

Während der Amtszeit Andropows übte Tschernenko, der schon nicht mehr im Vollbesitz der physischen Kräfte war, seine früheren »geschäftstüchtigen Qualitäten« eingebüßt hatte und von der Leitung der Allgemeinen Abteilung des ZK entbunden war, die Funktion des »Chefideologen« aus. Diese gestaltete sich derart, daß der todkranke Mann die von zahlreichen Referenten ausgearbeiteten Reden ablas.

Am 14. Juni 1983 hielt Tschernenko auf dem Plenum des ZK eine Grundsatzrede zu den Aufgaben der ideologischen Arbeit der Partei. Er betonte: »Der sowjetische Mensch ist ein flammender Patriot und Internationalist, er ist von der Richtigkeit der Ideale des Kommunismus überzeugt. Ihn zeichnen eine aktive staatsbürgerliche Haltung, ein sehr starkes Interesse an allen Angelegenheiten des Staates und der Gesellschaft, ein initiativreiches und schöpferisches Verhältnis zur Arbeit aus ... Wir haben allen Grund, davon auszugehen, daß dieser Mensch nicht ein weit entferntes Ideal, sondern bereits Realität ist.«[50]

Diese, gelinde formuliert, umstrittene Schlußfolgerung bedurfte der Bestätigung, die dann auch nicht lange auf sich warten ließ. Ebenfalls im Jahre 1983 gab das Institut für soziologische Forschungen an der Akademie der Wissenschaften ein Buch über den kommunistischen Bewußtseinsstand der Werktätigen heraus. Die Soziologen hatten eine große Anzahl von Leuten befragt. Der Fragebogen enthielt 10 Problemkreise, sie reichten vom »ideologischen« bis zum »gesellschaftlich-psychologischen Bewußtseinsstand«.

Im großen und ganzen bestätigten die Wissenschaftler die

Aussagen Tschernenkos. Die Befragten wiesen in den »einzelnen ideologischen Grundsätzen« folgenden Wissensstand auf: Das Grundprinzip der Außenpolitik kannten 90 Prozent, die wichtigsten Prinzipien der Nationalitätenpolitik und des Schutzes des sozialistischen Eigentums 80 bzw. 81 Prozent. Etwas ungünstiger sah es hinsichtlich »weltanschaulicher Kenntnisse« aus. In den »Entwicklungsgesetzen der Natur« kannten sich 77 Prozent der Befragten aus, doch bei der »Kritik des Idealismus« wurden unerwartet nur 30 Prozent festgestellt. Besser war das Ergebnis hinsichtlich der Normen des sozialistischen Alltags. 84 Prozent der Befragten glaubten fest an die Kollektivierung, 95 Prozent an die Priorität gesellschaftlicher Interessen gegenüber den persönlichen. Der »Notwendigkeit, aktiver Optimist zu sein«, stimmten 53 Prozent zu.[51]

Mit der Rede auf dem Ideologie-Plenum des ZK bereitete Konstantin Tschernenko seine Rückkehr in die politische Arena vor, nachdem er einige Monate »untergetaucht« war. So hatte er in der ersten Jahreshälfte 1983 weder an den Feierlichkeiten zu Lenins Geburtstag noch an der Demonstration zum 1. Mai teilgenommen, wozu er laut Kremlprotokoll verpflichtet gewesen wäre. Dies nährte zahlreiche Spekulationen über seinen baldigen und endgültigen Rücktritt »aus gesundheitlichen Gründen und im Zusammenhang mit der Pensionierung«.

Doch seine »Gesundung« verlief parallel zur Verschlechterung des Gesundheitszustandes von Andropow. In der zweiten Hälfte des Jahres 1983 empfing Tschernenko – er wechselte sich dabei mit Michail Gorbatschow und Grigori Romanow ab – ausländische Delegationen und führte den Vorsitz bei Arbeitsbesprechungen des Politbüros und des Sekretariats. Trotzdem blieb Andropows Amtszeit eine kritische Periode in der Karriere Tschernenkos, wurden doch die Breschnew-Kader Schritt für Schritt ausgewechselt. Noch im Dezember 1983 – Tschernenko hatte erneut an Einfluß gewonnen – unterzog das ZK die Tätigkeit der Führung der KP Moldawiens, mit der Tschernenko auf das engste durch freundschaftliche Beziehungen verbunden war, einer vernichtenden Kritik.

Es ist sicherlich schwer festzustellen, ob Tschernenko etwas Neues in die Politik eingebracht hat. Zu Beginn seiner Amtszeit waren in der Außenpolitik scharfe Angriffe gegen die Reagan-Administration und die Absage an die amerikanischen Bemühungen, Verhandlungen zu den Fragen aufzunehmen, die den Osten und den Westen voneinander trennen, zu bemerken. Auch Tschernenkos Mannschaft setzte auf Rüstung und befolgte die Taktik, die Genfer Verhandlungen nicht zu erneuern und die europäische Sicherheitskonferenz in Stockholm zu verschleppen.

Der Höhepunkt der Konfrontation und eine rapide Verschärfung der internationalen Spannungen traten Anfang Mai 1984 ein. Zu dieser Zeit wurde in den sowjetischen Presseorganen eine Kampagne gegen Ronald Reagan geführt. Für eine Woche wurde der automatische Telefonverkehr zu den westlichen Staaten unterbrochen, die Reise Archipows nach China abgesagt, da nach Auffassung der UdSSR China zu enge Kontakte zu den USA und zu Westeuropa unterhielt. Eine neue Welle der Verfolgung und der Verunglimpfung Andrej Sacharows und seiner Frau begann, zum Zeichen des Protests traten beide in den Hungerstreik. Am 8. Mai erfolgte die Mitteilung, daß die UdSSR nicht an den Olympischen Spielen in Los Angeles teilnehmen werde, die Verantwortung für diesen Entschluß trage die antisowjetische Politik der Reagan-Administration.

Doch in dem Maße, wie sich herausstellte, daß solch eine militante Haltung weder die Stationierung von Raketen in Westeuropa verhindern noch die Wiederwahl Ronald Reagans zum Präsidenten erschweren konnte, wurde die Taktik geändert. Ab Mitte September 1984 demonstrierte die sowjetische Führung Verhandlungsbereitschaft. Am 22. November wurde gleichzeitig in Moskau und Washington über das für Januar 1985 festgesetzte Treffen der beiden Außenminister, Gromyko und Shultz, informiert. Die Begegnung sollte der Fortführung der Verhandlungen über Atom- und Weltraumwaffen dienen. Eine gewisse Abschwächung der Konfrontation trat ein.[32]

In der Innenpolitik versickerte der Kampf gegen die Korruption. Tschernenko setzte sich für Freunde ein, die Opfer der von Andropow eingeleiteten Antikorruptionskampagne geworden waren. Die Untersuchungen gegen den ehemaligen Innenminister Tschjolokow wurden eingestellt, und er erhielt die ehrenvolle Ernennung zum Inspekteur des Verteidigungsministeriums der UdSSR. Galina Breshnewa (die Tochter Breshnews) zeigte sich wieder in der Öffentlichkeit, wurde sogar zu einem großen Staatsempfang am 8. März 1984 anläßlich des Internationalen Frauentages eingeladen. Sie erschien im Kreml in einem strenggeschnittenen Kostüm, mit dem Leninorden an der Brust. Dieser Orden war ihr 1978 ohne große Umstände zu ihrem 50. Geburtstag verliehen worden. Auf eine persönliche Intervention Gromykos hin war Galina Breshnewa eine ziemlich hohe Pension zugesprochen worden.[33] Auf ideologischem Gebiet verstärkten sich zusehends konservative Tendenzen. Anfang 1984 wandte sich W. M. Molotow, einer der engsten Vertrauten Stalins, der 1962 wegen seiner Zugehörigkeit zur »parteifeindlichen Gruppe« aus der KPdSU ausgeschlossen worden war, aber nie sein Mitgliedsbuch abgegeben hatte, erneut an das ZK der KPdSU mit der Bitte um Wiederherstellung seiner Parteimitgliedschaft. Dieses Mal erhielt er eine positive Antwort, Tschernenko und Gromyko hatten den entsprechenden Beschluß zustande gebracht.[34]

Was die Herrschaftsperiode Tschernenkos tatsächlich auszeichnete, waren die Wiedergeburt und die Weiterentwicklung des »absurden Theaters«; die Lobpreisung der Charaktereigenschaften des Generalsekretärs nahm erneut den Charakter einer Massenpsychose an.

Am 11. April 1984 wurde Konstantin Tschernenko einstimmig zum Vorsitzenden des Präsidiums des Obersten Sowjets gewählt. Solch ein Tempo der Machtkonzentration hatte es in der sowjetischen Geschichte noch nicht gegeben: Breshnew brauchte bis zum Präsidentenamt immerhin fast 13 Jahre, wofür es sogar einer neuen Verfassung bedurfte, Andropow benötigte noch 8 Monate, Tschernenko hingegen nicht einmal 3. Im Vorfeld der Wahl gebärdeten sich die Mitstreiter des Generalsekretärs so, als seien sie in einen Wettbewerb zur Lobpreisung des neuen Chefs getreten. Einer der späteren Anwärter auf den Kremlsessel, der erste Sekretär des Moskauer Stadtparteikomitees, Wiktor Grischin, setzte in seiner Wahlrede, die von stürmischen Beifall begleitet wurde, hinter jedes Adjektiv, wie »treu«, »hervorragend«, »standhaft«, »talentiert«, »unbeirrbar« (und dies achtmal), ständig den Familiennamen Tschernenkos.[35]

In einer Atmosphäre der »allgemeinen Billigung« durch das sowjetische Volk wurde am 24. September 1984 der Ukas über die Auszeichnung Konstantin Tschernenkos mit dem Leninorden und mit der dritten Goldmedaille »Hammer und Sichel« anläßlich seines 73. Geburtstages unterzeichnet und veröffentlicht. Das Volk, das bereits einige Male Geburt und Tod des Personenkults überlebt hatte, nahm dies mit Gelassenheit hin.

In der Führungsspitze des Landes dauerte indessen der Kampf um die Macht an. Es spitzte sich alles auf eine einfache Formel zu: entweder den Andropow-Kurs in Richtung Reformen fortzuführen oder erneut zur »problemlosen« Weiterentwicklung des »reifen Sozialismus« zurückzukehren. Im Herbst 1984 trat der Kampf in sein entscheidendes Stadium. Am 5. September reiste Grigori Romanow, ehemals erster Sekretär des Leningrader Gebietsparteikomitees und nunmehr Sekretär des ZK, Mitglied des Politbüros und Gegner der »Entstalinisierung« der sowjetischen Gesellschaft, nach Äthiopien, um an dem Kongreß der Arbeiterpartei Äthiopiens, auf dem der Übergang von der nationaldemokratischen Revolution zum sozialistischen Aufbau bestimmt werden sollte, teilzunehmen.

Während seiner Abwesenheit wurde der Chef des Generalstabes – de facto war er der Verteidigungsminister – Marschall Ogarkow seines Postens enthoben. Im ZK war Romanow für die Streitkräfte verantwortlich. Er und Orgarkow standen sich nicht nur dienstlich, sondern auch gedanklich sehr nahe. Nikolai Ogarkow befürwortete auch öffentlich den atomaren Erstschlag. Damit befand er sich im Gegensatz zur offiziellen Parteilinie. Er war auch der Initiator der harten Linie bei dem Zwischenfall mit dem südkoreanischen Flugzeug. Auf einer Pressekonferenz im Herbst 1983 hatte er unterstrichen, daß jedem Verletzer der sowjetischen Grenze ein ähnliches Schicksal zugedacht sei. Grigori Romanow, der in allem Ogarkow unterstützte, hatte vom Politbüro gefordert, den schwerkranken Verteidigungsminister Dmitri Ustinow von seinem Amt zu entbinden und Nikolai Ogarkow auf diesen Posten zu berufen. Anfang September zweifelte niemand, selbst Ogarkow nicht, an dieser Ernennung. Die »Iswestija« vom 6. September, die von einer Begegnung Ogarkows mit einer finnischen Delegation berichtete, lag noch am Kiosk zum Verkauf aus, als im

Rundfunk ohne Nennung von Gründen der Rücktritt Ogarkows mitgeteilt wurde. Nach seiner Rückkehr aus Äthiopien verschwand auch Grigori Romanow für einige Zeit aus dem Blickfeld. Am 27. September fehlte er bei der fälligen Ordensverleihung für Konstantin Tschernenko, auch am 4. Oktober nahm er nicht am Zeremoniell der Ordensüberreichung für Wiktor Grischin teil. Der Ausgang des Machtkampfes schien vorentschieden zu sein: Für Oktober wurde ein außerordentliches Plenum des ZK einberufen, auf dem, wie den Journalisten freimütig erklärt wurde, personelle Veränderungen vorgenommen werden sollten; Romanow sollte aus dem Politbüro und aus dem Sekretariat ausscheiden. Dies hätte die offizielle Sanktionierung des Sieges des vermeintlichen Kronprinzen Michail Gorbatschow über seinen Rivalen bedeutet.[56]

10 Tage vor Beginn des Plenums traf der in Ungnade gefallene Marschall Ogarkow zur allgemeinen Verwunderung plötzlich an der Spitze einer Militärdelegation in Ostberlin ein, wo er am 12. Oktober mit allen Ehren und auch von Erich Honecker empfangen wurde. Über die Dienststellung des Marschalls informierten die Zeitungen am nächsten Tag. Diese Amtsbezeichnung war für friedliche Zeiten ziemlich ungewöhnlich, sie lautete: Oberbefehlshaber der sowjetischen Truppen auf dem europäischen Kriegsschauplatz von Berlin bis zum Ural.[57] Die Rückkehr aus der Ungnade mußte sehr vorsichtig und delikat bewerkstelligt werden, war doch jedwede Zwietracht in den obersten Militärkreisen zu vermeiden. Während Ogarkow im »Ruhestand« war, hatte man bereits seinen ehemaligen Stellvertreter Sergej Achromejew auf den Chefposten des Generalstabes berufen. Die neue Amtsbezeichnung Ogarkows verkündete Grigori Romanow in Helsinki. Die »Wiederbelebung« Ogarkows war sicherlich auf die Verschlechterung des Gesundheitszustandes von Dmitri Ustinow, der zusammen mit Tschernenko das Einverständnis zur Amtsenthebung Ogarkows gegeben hatte und damit Michail Gorbatschow gegenüber Grigori Romanow bevorteilte, zurückzuführen.[58]

Das angekündigte Plenum fand zum festgesetzten Termin, am 22. und 23. Oktober, statt, da eine Verlegung aus organisatorischen Gründen nicht sinnvoll erschien. Das Plenum beschränkte sich auf die Erörterung landwirtschaftlicher Fragen, es diskutierte die Bedeutung von Bewässerung und Melioration. Allerdings ergriff der für die Landwirtschaft zuständige ZK-Sekretär Michail Gorbatschow nicht das Wort, und sein Name erschien auch nicht im offiziellen Bericht.

Am 25. Oktober empfing der vermeintliche Sieger Grigori Romanow gemeinsam mit Premier Nikolai Tichonow eine mongolische Delegation. Während der Verhandlungen mit der mongolischen Seite saß Romanow rechter Hand vom Generalsekretär. Einige Tage später ergingen sich die sowjetische Presse, der Rundfunk und das Fernsehen über die vorbildliche Arbeit Romanows als erster Sekretär des Leningrader Gebietsparteikomitees.

Demgegenüber berichteten die sowjetischen Massenmedien über Gorbatschows Reise nach Großbritannien vom 18. bis 21. Dezember ziemlich reserviert. Die Fernsehkameras waren hauptsächlich auf die Engländer gerichtet, Reportagen erschienen auf den letzten Zeitungsseiten und ohne Fotos. Die ersten Berichte trugen noch die Überschrift »Der Besuch Gorbatschows in Großbritannien«, die letzten nur noch den Titel »Der Besuch der sowjetischen Delegation in Großbritannien«, wobei vom anfänglichen Pathos nichts mehr zu spüren war. Offenbar war dies die Reaktion in Moskau auf die Erklärung Gorbatschows in der westlichen Presse, daß er der »Kronprinz des Kreml«, »die Nummer 2 im Politbüro«[59] sei.

Am 20. Dezember 1984 – Gorbatschow weilte noch in London – verstarb Verteidigungsminister Ustinow. Grigori Romanow, zum Vorsitzenden der Beisetzungskommission ernannt, hielt anstelle von Tschernenko die Rede auf dem Trauermeeting.

Ohne Konstantin Tschernenko fand im Sitzungssaal des Kreml auch eine Zusammenkunft von Wählern seines Moskauer Wahlkreises statt. Die Rede, die eigentlich Tschernenko als Kandidat für diesen Wahlkreis halten sollte, trug Wiktor Grischin vor. Am nächsten Tag berichtete die »Prawda«, daß die »Versammlungsteilnehmer die Rede mit großer Befriedigung und lang anhaltendem Beifall« aufgenommen hätten.

Zum letzten Mal war der Generalsekretär am 28. Februar 1985 in der Öffentlichkeit zu sehen. Tschernenko nahm, von beiden

Seiten gestützt und um Atem ringend, das Mandat als Deputierter des Obersten Sowjets der RSFSR entgegen.

Hartnäckigen Gerüchten zufolge (die jetzt faktisch Boris Jelzin in seinem Buch bestätigt) nutzte Wiktor Grischin die Schwäche und physische Gebrechlichkeit Tschernenko aus, um ihn zu einem Testament zu »bewegen«: Der 70jährige Chef der Moskauer Parteiorganisation, Grischin, sollte demnach als Nachfolger im Amt des Generalsekretärs bestimmt werden. Sofort nach dem Tode Tschernenkos fand am 10. März 1985 ein Plenum des ZK statt, auf dem Grischin mit diesem Testament die Legitimität seiner Wahl zum Generalsekretär zu begründen versuchte.[60]

Eine vollständige Chronik des Machtkampfes im Kreml im letzten Monat der Amtszeit von Tschernenko vorzulegen ist schwierig. Die Bewerber um die Macht geben gewöhnlich erst dann einen Einblick in den Mechanismus von Palastrevolutionen, wenn sie sich aus dem aktiven politischen Leben zurückgezogen haben.

Doch eines steht jetzt schon fest: Im entscheidenden Moment hatte Michail Gorbatschow die besseren Karten. Er wurde bereits vier Stunden nach dem Tode Tschernenkos zum neuen Generalsekretär erkoren. Obwohl die vom ständigen Aufbau des Kommunismus müde gewordenen Menschen noch keine grundsätzlichen Umwälzungen erwarteten, verlieh ihnen die Niederlage der Neostalinisten eine schwache Hoffnung ...

Michail Gorbatschow

(2. März 1931)

Quo vadis, Sowjetunion?

Lothar Kölm

Nach der Wahl Tschernenkos zum Generalsekretär der KPdSU zeigte sich sehr schnell – und es war für alle sichtbar –, daß er wegen seines Alters und vor allem wegen seines Gesundheitszustandes nicht in der Lage sein würde, das riesige Land zu führen. Eine Fortsetzung der von Andropow eingeleiteten Politik war nicht zu erwarten, wie sich bald herausstellen sollte, denn dazu hätte es vor allem Energie und geistiger Frische bedurft. Tschernenko war somit eine von den Umständen diktierte Figur des Übergangs. Alles ließ darauf schließen, daß die im Politbüro und im ZK der KPdSU bestehenden Macht- und Mehrheitsverhältnisse – wobei es Mehrheiten offensichtlich nicht gab – keine andere Kandidatur, jedenfalls nicht zu diesem Zeitpunkt, erlaubt hatten. So verwunderte es nicht, daß während der Amtszeit Tschernenkos in den Führungsgremien der Partei ein heftiger Kampf zur Überwindung des in der Öffentlichkeit peinlich wirkenden Führungsmankos ausgetragen wurde. Hierbei ging es mehr um Personen als um tragfähige Konzepte, die wurden sowieso, wenn überhaupt, erst nach der Wahl eines neuen Generalsekretärs sichtbar.

Als Tschernenko am 10. März 1985 verstarb, gab es kaum noch Zweifel, daß Michail Gorbatschow der Nachfolger im Amt des Generalsekretärs sein würde. Entsprechende Spekulationen hatten am 7. März noch zusätzlich Nahrung erhalten. An diesem Tag fand die Festveranstaltung anläßlich des Internationalen Frauentages statt. Im Bolschoi-Theater hatten sich sechs Mitglieder des Politbüros eingefunden, Gorbatschows Name stand an erster Stelle. Dies war ein sicheres Indiz für die aktuelle Rangordnung.

Auf der Sitzung des Politbüros, auf der über den neuen Generalsekretär entschieden wurde, muß es nach übereinstimmenden Aussagen sehr stürmisch zugegangen sein. Der erste Wahlgang endete mit einem Patt. Eine Entscheidung fiel erst, nachdem Außenminister Andrej Gromyko deutliche Zeichen gesetzt hatte. Er beschwor die Politbüromitglieder eindringlich, nicht wieder einen alten Mann, gemeint war Gorbatschows Kontrahent Wiktor Grischin (70 Jahre alt), zu wählen. Er wie auch der Chef des KGB, Wiktor Tschebrikow, plädierten mit Nachdruck für Gorbatschow.

Vielleicht, und dies liegt durchaus im Bereich des Möglichen, hätte diese Politbürositzung mit einem anderen Ergebnis geendet, wenn drei Mitglieder – Wladimir Schtscherbizki, Witali Worotnikow und Dinmuchamed Kunajew – teilgenommen hätten. Sie befanden sich im Ausland und konnten auch nicht am anschließenden ZK-Plenum, auf dem die Entscheidung des Politbüros zur Diskussion stand, teilnehmen.

Auch auf der Sitzung des ZK am 11. März erwies sich Gromyko als Spiritus rector der Investitur Gorbatschows. Seine später veröffentlichte Inaugurationsrede gibt wenig Aufschluß über den eigentlichen Verlauf des Plenums, obgleich sie ganz und gar von der zu solch einem Anlaß üblichen Norm abwich. Das Abstimmungsergebnis im ZK läßt vermuten, daß sich viele ZK-Mitglieder nicht dem Spruch des Politbüros angeschlossen hatten. So erfuhr die Öffentlichkeit lediglich, daß Gorbatschows Wahl »einmütig«, aber nicht »einstimmig«, wie sonst üblich, erfolgt war.

Von den vielen Reden, die Gromyko gehalten hat, ist die erwähnte wohl zu den folgenschwersten zu rechnen. Es lohnt, auf sie etwas näher einzugehen, sowohl aus formalen als auch aus inhaltlichen Gründen. Bislang wurde sie vordergründig als Beschwörungs- und Disziplinierungsrede angesehen, einzig dazu bestimmt, die Wahl Gorbatschows durchzudrücken. An dieser Überlegung sind keine Abstriche zu machen, die Bedeutung reicht aber weiter. Ob bewußt oder unbewußt – dies sei an dieser Stelle dahingestellt –, vermittelt die Rede generell einen Eindruck von der krisenhaften Situation im Machtzentrum der »anderen« Großmacht. Offensichtlich konnten sich in der sogenannten Übergangszeit, gemeint ist Tschernenkos

Amtsperiode, keine eindeutigen Machtverhältnisse in der Partei herauskristallisieren, dies konnte, ja mußte erst in einem Eilverfahren erfolgen, da die Frist abgelaufen war. In diesem Sinne wird dann auch der beschwörende Duktus der Rede verständlich. Des weiteren, und dies ist wesentlich, wurden über die Charaktereigenschaften und Vorzüge des zu wählenden Generalsekretärs Aussagen getroffen, die sich in der Folgezeit als erstaunlich präzise erwiesen und in dieser oder jener Form Ansatzpunkte sowohl für überschwengliches Lob als auch für vernichtende Kritik der Politik Gorbatschows boten.

Gromyko präsentierte seinen Kandidaten schlichtweg als ein Genie, das im stillen gereift ist und bis jetzt noch nicht die Gelegenheit hatte, Kostproben seines Könnens darzubieten. Zugleich bezeichnete er Gorbatschow als die einzig mögliche Alternative (sic!), eine Argumentation, die sich noch oft wiederholen sollte. Der sonst so mürrisch und bar jeglicher Emotionen wirkende Gromyko führte in seiner Laudatio aus: »Würde hier in diesen Räumen jetzt eine wissenschaftliche Tagung stattfinden, so wären sich gewiß alle Teilnehmer einig in dem Urteil, daß dieser Mann über einen analytischen Verstand verfügt, daß er alle Probleme ganz nüchtern analysiert. Es ist wahr: Er besitzt in dieser Hinsicht wirklich außergewöhnliche Fähigkeiten. Er bildet sich erst dann ein Urteil, wenn er eine Frage in allen Einzelaspekten studiert hat. Aber er versteht es nicht nur, ein Problem zu analysieren, sondern auch zu verallgemeinern und Schlüsse zu ziehen. In der Politik muß man oft mehr tun als sich detailliert mit Teilproblemen beschäftigen – Entschlüsse sind notwendig, damit unsere politischen Positionen gestärkt werden. Daß er auch diese Kunst beherrscht, ist bei den Sitzungen des Politbüros und des ZK-Sekretariats oft genug deutlich geworden.«[1] Offensichtlich meinte Gromyko, daß dies alles noch nicht genüge, denn er verwies auf das Prinzip der Einheit der Partei und mahnte eindringlich, keine Unstimmigkeiten aufkommen zu lassen, da das nur den Feinden von Nutzen sein könne. Er griff hier zu einem probaten Mittel: Die Warnung vor den »Feinden« – je imaginärer, desto bedrohlicher – hatte sich immer dann politisch als nützlich erwiesen, wenn es galt, nichts über innerparteiliche Auseinandersetzungen und Machtkämpfe an die Öffentlichkeit dringen zu lassen. »Einheit und Geschlossenheit« sei die Devise, die dem Menschen in den »Stürmen der Zeit« Halt, Zuversicht, Kämpfertum und Geborgenheit vermitteln könne.

In seiner ZK-Rede soll Gromyko auch den Satz gesagt haben: »Genossen, dieser Mann hat ein angenehmes Lächeln, aber er hat auch eiserne Zähne.«[2] Diese Passage, so sie wahr ist, muß für diejenigen bestimmt gewesen sein, denen Gorbatschow zu forsch und zu entschlußfreudig, aber auch zu kompromißbereit, zu weit gehend und zu intellektuell erschien. Nicht ganz unbegründet wäre allerdings auch die Vermutung, daß dieser in Umlauf gebrachte Satz nur ein geschickter Public-Relations-Schachzug war.

Interessant ist die Gromyko-Rede ebenso unter formalen Gesichtspunkten. Es entsteht der Eindruck, als ob mit der zum Ritual erhobenen Praxis gebrochen werden sollte. Zu ähnlichen Anlässen war es früher Brauch gewesen, im ersten Teil solcherart Rede die Vorzüge und Verdienste des Verstorbenen zu würdigen. Doch Gromyko verlor über Tschernenko kein einziges Wort, so als ob dieser niemals Generalsekretär der KPdSU gewesen wäre. Der zweite Teil war immer dem neuen Kandidaten vorbehalten. Es wurde dessen politische Biographie, die Ämter und Verdienste, geschildert, womit nachdrücklich dokumentiert werden sollte, daß er dank überragender Fähigkeiten und Eigenschaften sowie einer unerschütterlichen Prinzipientreue Leistungen vorzuweisen hatte, die ihn, und nur ihn, für dieses Amt prädestinierten. Doch über die Tätigkeit und die Verdienste Gorbatschows schwieg sich Gromyko beharrlich aus. Darauf detailliert einzugehen erübrigte sich fast von selbst, denn es war sowieso bekannt, daß Gorbatschow der verantwortliche Sekretär des ZK der KPdSU für die Landwirtschaft war.[3] Angesichts des desolaten Zustandes der sowjetischen Landwirtschaft wären Lobeshymnen auf den ehemaligen Ressortchef im ZK mehr als fehl am Platz gewesen, zumal Gorbatschow zu den Verantwortlichen des 1982 großartig verkündeten Lebensmittelprogramms, das sich schnell als eine Fehlkalkulation herausgestellt hatte, zählte. So erklärt sich auch das Vorgehen Gromykos, die Vergangenheit unerwähnt zu lassen, dafür aber die außergewöhnlichen persönlichen Qualitäten Gorbatschows in den höchsten Tönen zu loben.

Nun waren ja alle Mitglieder des Politbüros Personen ungewöhnlichen Formats – sonst würden sie ja nicht diesem Gremium angehören. Daher mußte Gorbatschow aus dem Kreis der Gleichgesinnten hervorgehoben werden. Nach Lage der Dinge konnte er also nur ein Genie sein. Für den unmittelbaren Anlaß, die Wahl durchzusetzen, war diese Argumentation sicherlich ein hilfreicher Kunstgriff, mehr aber auch nicht, womit keinesfalls das diplomatische Geschick Gromykos als »Kaisermacher« in Abrede gestellt werden soll.

Mit der Wahl Michail Gorbatschows zum Generalsekretär der KPdSU fand in der Geschichte der Sowjetunion ein Führungswechsel statt, der einen Wendepunkt markiert. Er bedeutete mehr als nur die Einstimmung auf und die Gewöhnung an eine neue Führungsperson sowie die Möglichkeit einer attraktiven und effektiveren Gestaltung des gesellschaftlichen Systems. Es ist davon auszugehen, daß ein Wechsel an der Spitze von Partei und Staat stets Ausdruck bzw. Folge einer Krisensituation war. Da ist es auch fast unerheblich, daß jeder neue Generalsekretär seine eigenen Vorstellungen und Methoden einbrachte, um die allgemeinen, aber auch die rein persönlichen – selten genug ist hierbei eine Kongruenz zu beobachten – Ziele zu verwirklichen. Die vorhergehenden Führungswechsel stellten sowohl den formalen Austausch einer politischen Persönlichkeit durch eine andere als auch den Versuch dar, neue Konzepte, wenn schon nicht von gesamtgesellschaftlicher Dimension, so doch wenigstens in Teilbereichen auszuarbeiten. Letzteres trifft allerdings eigentlich nur auf Chruschtschow zu. Die Umstände seines Scheiterns bzw. seiner Entmachtung sind hinreichende Beweise, daß im Politikverständnis der Führungselite der UdSSR nicht neuen Konzepten und Ideen, sondern ausschließlich der Stabilität des Systems – in dem dann tatsächlich nur Personen ausgetauscht zu werden brauchten, damit es auch weiterhin funktionierte – Priorität beigemessen wurde. Politische Führungskrisen waren somit immer, und dies ist ein typisches sowjetisches Merkmal, auch Ausdruck einer *permanenten* Systemkrise, zumindest seit dem Sturz Chruschtschows.

Als Michail Gorbatschow das Amt des Generalsekretärs antrat, deutete wenig darauf hin, daß er nicht dem geschilderten

Denkraster entsprach. Er muß aber wohl aufgrund seiner Tätigkeit in Stawropol wie auch in Moskau ein ausgeprägtes Gespür dafür entwickelt haben, daß etwas verändert werden muß. Eduard Schewardnadse, Exaußenminister und glühender Verfechter der Perestroika, berichtete jüngst über Begegnungen mit Gorbatschow während ihrer gemeinsamen Komsomolzeit: Ersterer war damals 1. Sekretär des kommunistischen Jugendverbandes in Tbilissi, letzterer auf gleichem Posten in der Region Stawropol. In der Erinnerung Schewardnadses stellten sich die gemeinsamen Auffassungen und Gesprächsthemen so dar: »... wir trafen uns in völlig informeller Atmosphäre, und ohne es zu merken, gaben wir allmählich unsere innersten Gedanken preis ... Wir sprachen von vielen Absurditäten unseres Landes und kamen zu der Konsequenz, daß es so nicht weitergehen konnte.«[4]

Im Frühjahr 1985 bemühte Gorbatschow allerdings noch die traditionelle Rhetorik: Das sowjetische gesellschaftliche System sei gut, aber es müsse noch besser gemacht werden. Auf dem April-Plenum des ZK der KPdSU verkündete er in großen Umrissen seine Gesellschaftskonzeption. Das Codewort für die weitere »Vervollkommnung der Gesellschaft des entwickelten Sozialismus« lautete: »Beschleunigung der sozial-ökonomischen Entwicklung des Landes«.[5] Diese könne nur durch eine Beschleunigung des wirtschaftlichen Wachstumstempos erreicht werden. Dabei sei das Hauptaugenmerk auf die »Intensivierung der Wirtschaft und auf die Beschleunigung des wissenschaftlich-technischen Fortschritts« zu legen. Die »Leitung und Planung, die Struktur- und Investitionspolitik« müßten neu gestaltet und die »Organisiertheit und Disziplin allerorts erhöht und der Arbeitsstil von Grund auf verbessert werden«.[6] An anderer Stelle ließ er das Plenum wissen, daß er und seine Mitstreiter eine »genaue Vorstellung von der Konzeption des Umbaus des Wirtschaftsmechanismus« hätten. Sie bestünde in einer »Weiterentwicklung des Zentralismus«, die den Übergang zu einem »in sich geschlossenen System der Wirtschaftsführung und Leitung« ermögliche. Einerseits plädierte er für die »Kontinuität des strategischen Kurses« des XXVI. Parteitages, andererseits versetzte er das Auditorium in Unruhe, als er verkündete, »Veränderungen und Umgestaltungen« durchzuführen, die prinzipiell eine »neue Qualität der gesellschaftlichen Entwicklung ... im weitesten Sinne dieses Wortes« nach sich ziehen würden. Die qualitativen Veränderungen würden durch intensives Wachstum und einen größtmöglichen Nutzeffekt gekennzeichnet sein.

Hier ist im Ansatz bereits ein typisches Merkmal sowohl für die Denkweise als auch für das Reformprogramm und die Politik Gorbatschows erkennbar. Zuerst macht er einen kühnen Schritt vorwärts, sodann, als sei er selbst über seinen Wagemut erschrocken, versucht er zu vereinen, was von der Natur der Sache her nicht vereinbar ist. »Kontinuität« und »Veränderung« waren stets unvereinbare Kategorien; die Anhänger des Kontinuitätsdenkens hatten bislang stets die Oberhand über die Veränderungswilligen behalten. Nicht von ungefähr, so möchte man meinen, entwickelte Gorbatschow seine auf Veränderungen gerichtete Gesellschaftskonzeption aus einer konservativen Grundhaltung heraus. Er gedachte die »sozialistische Demokratie« zu vertiefen und zugleich das gesamte System der politischen und gesellschaftlichen Institutionen mittels »Selbstverwaltung« zu neuem Leben zu erwecken.[7]

Es ist nicht zu verkennen, daß der neue Generalsekretär den alten und zu Worthülsen erstarrten Begriffen und Kategorien neue und ungewohnte Inhalte zu verleihen versuchte. So kündigte er an, Ordnung und Disziplin zu festigen, und zwar durch entschlossene Maßnahmen. Dank Ordnung und Disziplin sollten künftig jegliche Übergriffe auf die Interessen der Gesellschaft und ihrer Bürger verhindert werden. Er wandte sich energisch gegen Verantwortungslosigkeit, Schlamperei, Unorganisiertheit und forderte, daß jeder einfach seiner Arbeit gewissenhaft nachgehen möge. So dürfe z. B. der Parteifunktionär nicht den Wirtschaftsfachmann ersetzen.

Seine kritischen Ausführungen, die an Andropowsche Disziplin- und Ordnungsvorstellungen anknüpften, waren Momente, die ihn plötzlich im Lande populär machten. Zudem war er jung, verstand zu sprechen und zu überzeugen. Insgesamt erweckte er den Eindruck, daß er weiß, wovon er redet. Er strahlte Sicherheit und Kompetenz aus, auch in den Punkten, denen allgemein mit Skepsis begegnet wurde.[8] Er bot den Versammelten eine Mischung aus Konservatismus, politischem

Optimismus, Unduldsamkeit und Sendungsbewußtsein an. Und er schien damit den richtigen Ton getroffen zu haben, denn man glaubte ihm. Obwohl im Frühjahr 1985 die Worte Glasnost und Perestroika noch nicht ausgesprochen waren, entstand allmählich ein Gorbatschow-Fieber, und dies nicht nur in der Sowjetunion.

Die Botschaft, die er bereits zu diesem Zeitpunkt verkündete, war unerhört. Bis dato galt das – für viele recht bequeme – Prinzip: »Suche mit allen deinen Kräften die Anordnungen der Führerschaft zu verstehen, aber nur bis zu einer bestimmten Grenze, dann höre mit dem Nachdenken auf.«[9] Nun wurde »Nachdenken« verordnet, was so manchen Leiter in Wirtschaft und Ideologie überforderte. »Nachdenken« heißt fast immer auch unbequem sein. Gorbatschow zeigte sich als ein unbequemer Generalsekretär. Durch die »öffentliche Besprechung eines öffentlichen Mißstandes«[10] glaubte er, den Mechanismus in den Händen zu halten, mit dem »mehr Sozialismus« zu schaffen ist. »Mehr Sozialismus«, d. h. qualitative Veränderungen unter Beibehaltung des institutionalisierten politischen Systems, verkündete er als sein politisches Credo.

Schritt für Schritt entwickelte Gorbatschow sein Reformprogramm, von dem er selbst sagte, daß es revolutionär sei, da die mit ihm bezweckten Veränderungen einer Revolution gleichkämen. Beginnend mit der Forderung nach »Beschleunigung« und einer »Wende«, fand er im Laufe von zwei Jahren die dreieinige Formel: Perestroika, Demokratie und Glasnost. Wichtige Etappen zu diesem Reformverständnis waren der XXVII. Parteitag der KPdSU 1986, das Januar-Plenum »Über die Umgestaltung und die Kaderpolitik der Partei« von 1987, das Juni-Plenum »Über die Aufgaben der Partei bei der grundlegenden Umgestaltung der Leitung der Wirtschaft« im gleichen Jahr, seine Festrede »Der Oktober und die Umgestaltung: Die Revolution wird fortgesetzt« anläßlich des 70. Jahrestages der Oktoberrevolution (2. November 1987), seine Rede »Demokratisierung – das ist das Wesen der Umgestaltung, das Wesen des Sozialismus« im Januar 1988 vor Leitern von Massenmedien, ideologischen Einrichtungen und Berufsverbänden der Kulturschaffenden, ferner das Plenum vom Februar 1988 »Die revolutionäre Umgestaltung – eine Ideologie der Erneuerung« sowie die Unionskonferenz der KPdSU Juni/Juli 1988.[11] Ein Dokument von besonderem Wert ist das Buch Michail Gorbatschows »Perestroika. Die zweite Revolution«[12]. Für eine streng wissenschaftliche Arbeit wäre eine detaillierte Analyse jedes einzelnen Dokuments sowie aller Dokumente zusammen genommen unerläßlich, da wichtige Teilaspekte der Gorbatschowschen Reform behandelt werden. In unserem Fall muß eine summarische Nennung genügen, doch auch so werden die einzelnen Etappen sichtbar.

Obwohl dieses Werk, wie Gorbatschow selber schreibt, weder eine wissenschaftliche Abhandlung noch eine Propagandaschrift ist, vermittelt es dem aufmerksamen Leser Einblicke in die Gedankenwelt, in die Hoffnungen und Ängste eines der populärsten Politiker unserer Zeit. Besonders fällt auf: die Ehrlichkeit, mit der Gorbatschow – seine Aussagen müssen nicht immer Zustimmung finden – die Probleme behandelt, die Sorge um das Schicksal der begonnenen Reform und zugleich auch der Optimismus, der Perestroika, d. h. der zweiten Revolution zum Durchbruch zu verhelfen.

Seiner Auffassung nach ist die Perestroika, d. h. die Reform, eine »unumgängliche Notwendigkeit, die aus den tieferliegenden Entwicklungsprozessen in unserer sozialistischen Gesellschaft hervorgegangen ist«. Die Gesellschaft sei »reif für eine Veränderung«, denn »jeder Aufschub der Perestroika hätte in naher Zukunft zu einer Verschlechterung der Situation im Innern führen können und ... eine ernste soziale, wirtschaftliche und politische Krise heraufbeschworen«.[13] Aus der Sicht von 1991 könnte man meinen, daß die Umgestaltung, die Reform des politischen Systems, mindestens um zwei Jahrzehnte verspätet in Angriff genommen wurde. 1987, als Gorbatschow dieses Buch schrieb, wandte er sich vehement gegen die Ansicht, die »Perestroika sei aufgrund des katastrophalen Zustandes der sowjetischen Wirtschaft« sowie als Entgegnung auf die »Ernüchterung über den Sozialismus und die Krise seiner Ideale und höchsten Ziele« ins Leben gerufen worden. Da die Möglichkeiten des Sozialismus in der Vergangenheit »zu wenig genutzt worden waren«, so Gorbatschows Gegenargument, sei die Perestroika das einzige Mittel, um alle Vorzüge des Sozialismus auszunutzen, denn wenn auch die Schale viele faulige

Flecken aufweise, so sei doch der Kern gesund. Nach knapp zwei Jahren im Amt war er aber auch ehrlich genug einzugestehen, daß »sich die Perestroika als schwieriger erwiesen hat, als wir uns zunächst vorgestellt hatten«. Doch Gorbatschow wäre nicht er selbst, wenn er nicht im gleichen Atemzug optimistisch verkünden würde: »Doch mit jedem Schritt vorwärts wächst unsere Überzeugung, daß wir den richtigen Weg eingeschlagen haben und das Richtige tun.«[14]

Bis Anfang 1989, dem Höhepunkt der Perestroika, verteidigte und begründete er seine Reformpolitik aus pragmatischen Ableitungen. Seine Ausführungen zu ideologischen Fragen hingegen waren noch ganz und gar den traditionellen Vorstellungen verhaftet – ein schriller Gegensatz zu seinem Denken und seinen Handlungen hinsichtlich wirtschaftspolitischer Themen und zum Neuen Denken generell, insbesondere hinsichtlich der komplizierten Fragen der Außenpolitik.

Zur Perestroika auf wirtschaftlichem Gebiet, d. h. zur Wirtschaftsreform, präzisierte Gorbatschow seine Vorstellungen ausführlich in dem Buch und in gedrängter Form in der Rede auf dem Juli-Plenum 1987. Fünf Prinzipien der Wirtschaftsreform nannte er: 1. eine erheblich größere Selbständigkeit der Betriebe, Umstellung auf volle wirtschaftliche Rechnungsführung (chosrastschot) und Eigenfinanzierung, Regelung des Einkommens der Kollektive voll über die Effizienz der Arbeit; 2. eine grundlegende Umgestaltung der zentralen Leitung, Konzentration auf die Hauptprozesse, die die Strategie, das Tempo, die Proportionen sowie die Ausgeglichenheit der Volkswirtschaft bestimmen, Befreiung der untergeordneten Wirtschaftsorgane von der Einmischung der Zentrale in die Tagesarbeit; 3. eine grundlegende Reform der Preisbildung und des Finanz- und Kreditmechanismus; 4. die Schaffung neuer Organisationsstrukturen, um die Wissenschaft direkter in die Produktion einzubeziehen und somit den Durchbruch zum Weltniveau zu erreichen; 5. den Übergang von einem übermäßig zentralistischen, administrativen System zu einem demokratischen System, Entwicklung der Selbstverwaltung, Aktivierung der menschlichen Persönlichkeit, exakte Abgrenzung der Funktionen, radikale Veränderungen in Arbeitsstil und -methoden von Partei-, Staats- und Wirtschaftsorganen.[15]

Die sowjetische Wirtschaft auf wirtschaftliche Rechnungsführung und Gewinn zu orientieren schien zu dem Zeitpunkt
ein schier unmögliches Unterfangen. Nach wie vor war das von
Stalin in seiner Arbeit »Das Jahr des großen Umschwungs« geprägte Prinzip wirksam, wonach Profit, d. h. Gewinn, etwas Ab-
normes, nur dem Kapitalismus Eigenes darstellte. Auf die Organisierung von großen Getreidewirtschaften eingehend, hatte
Stalin geschrieben: »Dort, bei den Kapitalisten«, sehen die
agrarischen Großbetriebe »ihr Ziel darin, ein Maxikum an Profit zu erlangen ... Bei uns dagegen brauchen die großen Getreidewirtschaften, die zugleich Staatswirtschaften sind, für ihre
Entwicklung *weder ein Maximum an Profit noch eine Durchschnitts-
profitrate, sondern können sich mit einem Minimum an Gewinn begnü-
gen und kommen zuweilen auch ohne jeden Gewinn aus*, wodurch
wiederum günstige Bedingungen für die Entwicklung großer
Getreidewirtschaften geschaffen werden (Hervorhebung – *der
Verf.*).«[16]

1987 arbeitete jeder siebente Betrieb, darunter jeder sechste
im Brennstoff- und Energiesektor, jeder fünfte in der Kohlein-
dustrie, jeder vierte in der Dienstleistungssphäre, unrentabel.
Nicht Gewinn stand an vorderster Stelle, sondern das Prinzip
der Vollbeschäftigung und des garantierten Arbeitslohnes. Somit ergab sich über Jahrzehnte die merkwürdige Situation, daß
»der Kapitalismus einen Überfluß an Waren, der Sozialismus
hingegen einen Überschuß an Geld produziert«[17]

Gorbatschow definierte die gesamte Perestroika als einen revolutionären Prozeß, denn sie, die Perestroika, bedeute einen
»Sprung nach vorn in der Entwicklung des Sozialismus, in der
Verwirklichung seiner wesentlichen Merkmale«. Der revolutionäre Inhalt bestehe auch darin, daß alles zerstört werden
müsse, »was veraltet ist, stagniert und den schnellen Fortschritt
behindert«. Ohne Zerstörung könne man eben auch »keinen
Platz für Neues« schaffen. Demnach sei die Perestroika die
»entschiedene und radikale Beseitigung der Hindernisse, die
der gesellschaftlichen und ökonomischen Entwicklung im
Wege stehen, die Beseitigung der veralteten Methoden der
Wirtschaftsführung, des Schablonendenkens und des Dogma-
tismus«.[18]

Diesen Gedanken konsequent zu Ende zu verfolgen ergibt,

daß das gesamte System der sowjetischen Gesellschaft in Frage gestellt wird. Diese Aussage scheint aber nicht Gorbatschows eigenen Vorstellungen von der Perestroika zu entsprechen. Dennoch gibt es genügend Hinweise, die darauf schließen lassen, daß ihm diese Problematik bewußt war. Bekanntlich forderte er hauptsächlich in den ersten Jahren hartnäckig eine Rückbesinnung auf Lenin, was ja an sich schon nicht ganz unproblematisch ist, und er verglich sein revolutionäres Handeln mit dem des Gründers der Sowjetunion. So charakterisierte Gorbatschow z. B. die auf dem Juni-Plenum 1987 beschlossenen Leitlinien der »grundlegenden Umgestaltung der Wirtschaftsführung« als das »vielleicht wichtigste und radikalste Wirtschaftsreformprogramm in unserem Land seit Lenins Einführung der Neuen Ökonomischen Politik 1921«[19]. Interessant ist in diesem Zusammenhang, daß er sich bei der Begründung seiner Reformpolitik in keinster Weise auf Stalin beruft, auch nicht in rhetorischer Art; das »Jahr des großen Umschwungs«, die Kollektivierung, der Stalinsche Zentralismus usw. sind für ihn keine aktuellen Prämissen. Gleichwohl zeigt er sich von einer patriotischen Warte aus geschichtsbewußt. Die Vergangenheit sei für ihn von großer Bedeutung, weil nur durch die Kenntnis der eigenen Geschichte »die Ursprünge der Perestroika«[20] zu begreifen seien. Da die Perestroika die Interessen der ganzen Gesellschaft berühre, gäbe es Konflikte und »mitunter heftige Zusammenstöße zwischen alt und neu«. Die im Weg stünden, leisteten auch Widerstand. Daraus zog er nun den Schluß, daß »das Klima ... in dem Maße gespannter wurde, je tiefer die Perestroika in das Leben eingriff«.[21] Trotz der Widerstände gäbe es keine »vernünftige Alternative« zu der »revolutionären Perestroika«. Ein Zurück könne es nicht geben, da das Risiko für die »Zukunft des Sozialismus und des Friedens« zu hoch sei und ansonsten die Gesellschaft in eine »dauerhafte Stagnation«[22] abgleiten würde.

Da Gorbatschows Reformprogramm nicht einen Teilbereich der Gesellschaft, wie es z. B. bei Nikita Chruschtschow oder Alexej Kossygin der Fall gewesen war, sondern *alle* Sphären betraf und im Endergebnis ein vollkommen erneuertes Gesellschaftssystem entstehen sollte, mußten der Widerstand sowie der offene und versteckte Kampf, oft auch als »Bremsmechanismus« bezeichnet, gegen den Generalsekretär der KPdSU und späteren Präsidenten der UdSSR an Schärfe und Unerbittlichkeit zunehmen. Hierbei muß klar unterschieden werden, aus welchen Beweggründen, auf welcher Interessengrundlage und mit welchen Ambitionen der Kampf gegen Gorbatschows Politik geführt wurde.

Die gesamtgesellschaftliche Umgestaltung, so wie sie von Gorbatschow konzipiert wurde und im wesentlichen bis 1988 auch verwirklicht werden konnte, d. h. Demokratisierung der Gesellschaft, Wirtschaftsreform, Neues Denken, Glasnost und Öffnung, Abkehr vom traditionellen Selbstverständnis als Großmacht usw., lief in aller Konsequenz darauf hinaus, das von Stalin geschaffene Gesellschaftsmodell durch ein anderes, demokratisches zu ersetzen. Es verwundert deshalb auch nicht, daß der erste massive Angriff auf die Perestroika von Anhängern des alten Gesellschaftsmodells erfolgte. Dabei konnte man den Eindruck gewinnen, als hätte es den XX. und den XXII. Parteitag der KPdSU nie gegeben.

Bei Gorbatschows Amtsantritt als Generalsekretär waren die Vorbereitungen für die Feierlichkeiten zum 40. Jahrestag des Sieges über den Faschismus in vollem Gange gewesen. In Moskau arbeitete man z. B. an einem gigantischen Projekt: Ein 72 Meter hohes Siegesdenkmal sollte auf einem 135 Hektar großen Areal entstehen. 1986 wurde dieser Bau, Gegenstand scharfer politischer Auseinandersetzungen um die Vergangenheitsbewältigung und von den Kritikern als eine monströse Verherrlichung Stalins gekennzeichnet, gestoppt. Seither ist er eine politisch-ideologische Investruine, ein Sinnbild für den – vorläufig – letzten Anlauf zur Rehabilitierung Stalins. Symptomatisch war in diesem Fall abermals die Verhaltens- und Vorgehensweise Gorbatschows.

In seiner Rede auf der Festveranstaltung zum 40. Jahrestag des Sieges im Großen Vaterländischen Krieg am 8. Mai 1985 erwähnte er Stalin nur ein einziges Mal. Er gab auch keine Wertung, sondern nannte nur die Tatsache: »Die gigantische Arbeit an der Front und im Hinterland wurde von der Partei, ihrem Zentralkomitee und vom Staatlichen Verteidigungskomitee unter der Leitung des Generalsekretärs des Zentralkomitees der KPdSU (B), Josif Wissarionowitsch Stalin, geleitet.«²³ Im Saal brachen Beifallsstürme aus, so daß er seine Rede nur mit Mühe fortsetzen konnte. Diese Episode verdeutlichte, daß um die Bewertung der Rolle Stalins in der Geschichte des Sozialismus, auch um seine Sozialismuskonzeption, künftig sowohl in der Parteiführung als auch in der Öffentlichkeit Konflikte und politisch-ideologisch motivierte Kontroversen entstehen würden. Stalin aus dem Mausoleum zu entfernen war ein relativ einfacher Vorgang. Aber die Gesellschaft und, um mit Jewgeni Jewtuschenko zu sprechen, »die eigene Seele« von ihm zu befreien, das ist ungeheuer schwer.

Erst 1987 nannte Gorbatschow wieder den Namen Stalins. Am 2. November 1987 setzte er in seiner berühmten Rede »Der Oktober und die Umgestaltung: Die Revolution geht weiter« anläßlich des 70. Jahrestages der Oktoberrevolution deutliche Akzente, als er neue Fakten nannte und Wertungen traf, die einer Abfuhr an alle diejenigen gleichkamen, die eine Stalin-Renaissance nicht nur herbeisehnten, sondern dafür alle Hebel in Bewegung gesetzt hatten. Gorbatschow wandte sich eindeutig gegen die weitverbreitete Legende, daß Stalin nicht von den Gesetzlosigkeiten gewußt habe. »Aus den Dokumenten, über die wir verfügen«, so verkündete er den historischen Fakt, »geht hervor, daß dies nicht so ist. Die Schuld Stalins und seiner nächsten Umgebung gegenüber Partei und Volk für die zugelassenen Massenrepressalien und die Gesetzlosigkeiten ist gewaltig und unverzeihlich. Das ist eine Lehre für alle Generationen.«²⁴ Solch eine klare Aussage war seit langem erwartet worden. Allerdings bediente sich Gorbatschow – und hier zeigte er sich wieder als ein Mann des Konsens und des Kompromisses –, um die Gräben nicht zu tief aufzureißen, der bereits von Chruschtschow geprägten Argumentation, daß Stalin und die Partei zwei verschiedene Dinge seien, Stalin die Verbrechen nicht im Namen, sondern unter Mißbrauch der Partei begangen habe. Gorbatschow, sich indirekt um ein Argument für seine Demokratisierungspolitik bemühend, ging aber einen Schritt weiter und stellte fest: »Es ist vollkommen offensichtlich, daß gerade das *Fehlen des nötigen Niveaus der Demokratisierung* (Hervorhebung – *der Verf.*) der sowjetischen Gesellschaft sowohl den Personenkult als auch die Verletzungen der Gesetzgebung, die Willkür und die Repressalien der dreißiger

Jahre ermöglichte. Offen gesagt – Verbrechen, verübt auf dem Nährboden des Machtmißbrauchs.«[25]

Die dank der Politik Gorbatschows in einem bisher ungewohnten Ausmaß politisierte und »selbständig denkende« Bevölkerung war jedoch nicht bereit, das von ihm unterbreitete Denkmodell, wonach die Partei und die Tätigkeit Stalins hinsichtlich der Repression nicht in einem Kontext zu nennen seien, unkritisch anzunehmen. Generell bewegte sich Gorbatschow von Anfang an auf einem schmalen Grat in der Frage der Wertung der Parteigeschichte sowie der aktuellen Aufgaben und Funktionen, die die Partei in der Perestroika zu erfüllen hatte. Es war ihm klar, daß eine qualitative Veränderung der Gesellschaft nur auf Initiative (»Revolution von oben«) der Partei und mit ihrer Unterstützung vorgenommen werden konnte. Voraussetzung war aber, und in dieser Hinsicht sind Gorbatschows Aussagen eindeutig, daß sich die Partei selbst einem Umwandlungsprozeß, einer »Partei-Perestroika«, unterziehen mußte. So erklärt sich auch seine schonungslose Kritik an Personen und Fehlentwicklungen in der Partei. Doch Gorbatschow zeigte sich inkonsequent, meinte er doch Rücksicht auf den zentralen Apparat nehmen zu müssen. Er ließ z. B. Untersuchungsbehörden solange freie Hand, wie diese sich mit den Skandalen der örtlichen und der Republiksfunktionäre befaßten, nicht das Zentrum tangierten. Als es aber erste sichere Hinweise dafür gab, daß die Quelle für die Mißstände (z. B. in Usbekistan) in Moskau zu finden war, erlosch sein Interesse. Es kam ihm, so scheint es, nur noch auf eine Eindämmung des Schadens an, d. h., die Partei sollte durch neue schwere Fälle von Korruption, Amtsmißbrauch, Vetternwirtschaft usw. – immer waren darin hochrangige Parteifunktionäre verwickelt – nicht noch mehr in Mißkredit geraten.

Gorbatschow unternahm alles, um die Partei aus dem gewohnten Trott zu bringen, ja aus dem Dornröschenschlaf zu erwecken. Es kam schon einer Sensation gleich, daß es ihm gelang, die Wählbarkeit anstelle der Berufung von Funktionären in der Partei und in staatlichen Organen durchzusetzen. Doch die Partei aus der tiefen Krise herauszuführen und sie generell zu erneuern, vermochte er nicht. Die Perestroika, im Namen der Partei begonnen, richtete sich zunehmend gegen die Partei, wobei es *die* Partei schon längst nicht mehr gab. Die anhaltende Krise der Partei bewirkte neben anderen Faktoren eben auch die Krise der Perestroika, welche bereits 1988 deutliche Konturen annahm. Die sogenannte Zeitungsfehde zwischen der »Sowjetskaja Rossija« und der »Prawda« war dafür nur ein Beispiel und erlaubte einen, wenn auch begrenzten Einblick in die Kämpfe zwischen Konservativen und Reformern.

Am 13. März 1988 hatte die »Sowjetskaja Rossija« einen sogenannten Leserbrief der Leningrader Dozentin Nina Andrejewa mit dem trotzig-provokanten Titel »Ich kann meine Prinzipien nicht preisgeben« veröffentlicht.[26] Die Autorin wandte sich generell gegen eine Neubewertung der sowjetischen Geschichte. Die Hinwendung zu einer pluralistischen Diskussion, und darin bestand der Leitgedanke des Artikels, bedeuteten einen Angriff auf die führende Rolle der Partei, was unter allen Umständen zu unterbinden sei. Nina Andrejewa prangerte einen aufziehenden »linksliberalen Sozialismus« an, der einen von Klassengegensätzen losgelösten und damit zu verwerfenden Humanismus propagiere. Sie wandte sich gegen die auch in der UdSSR weitverbreitete Auffassung, wonach die Kollektivierung der Landwirtschaft und die Vernichtung der Bauernschaft eine Hauptquelle für Fehlentwicklungen gewesen seien. Insgesamt wurde die Rückkehr zu einer zentralistisch-administrativen Politik stalinistischen Ursprungs gefordert. Zum Schluß berief sich die Autorin pikanterweise auf Gorbatschows Rede zur Ideologie vom 18. Februar 1988. Die marxistisch-leninistischen Prinzipien, so zitierte sie ihn, dürften »unter keinerlei Vorwänden« preisgegeben werden.

Der später als programmatischer Frontalangriff gegen die Perestroika eingeschätzte Artikel erschien zu einem sorgfältig bedachten Termin. Erstens liefen die Vorbereitungen für die 19. Parteikonferenz, auf der die Stellung der Partei und die Neuregelung ihrer Kompetenzen in der Führung des Landes erörtert werden sollten. Die Absicht Gorbatschows, eine Reform des Parteiapparates durchzusetzen, war allgemein bekannt. Zweitens erschien der Artikel genau zu dem Zeitpunkt, als Gorbatschow seine Reise nach Jugoslawien antrat. Seine Abwesenheit wurde geschickt dazu genutzt, diesem »Aufschrei einer empörten Leserin«, vielmehr dem Gegendokument zur Perestroika-Politik, den Anschein eines offiziellen Parteidokuments zu verleihen. In vielen Parteiorganisationen kursierte er innerhalb kurzer Zeit als Schulungsmaterial.

Erst am 5. April erschien in der »Prawda« eine scharfe Widerlegung – offenbar hatte Gorbatschow im Politbüro einige Mühe, diese Wortmeldung durchzusetzen – des Andrejewa-Artikels unter der Überschrift »Die Prinzipien der Umgestaltung: revolutionäres Denken und Handeln«. Die Grundaussage des »Prawda«-Artikels lautete, daß auf der Grundlage von konservativen und dogmatischen Axiomen keinerlei Ansätze für eine Erneuerung der Gesellschaft gefunden werden könnten. Wer Stalin, wie geschehen, verteidige, fordere zugleich die Anwendung stalinistischer Methoden, spreche sich gegen eine Entwicklung hin zur Demokratie aus, die wiederum ohne Meinungsfreiheit, ohne sachlichen und kritischen Meinungsstreit nicht vorstellbar wäre.

In diesem Richtungs- und Prinzipienstreit zwischen zwei Zeitungsredaktionen, der »Prawda« als dem Zentralorgan des ZK der KPdSU und der »Sowjetskaja Rossija« als dem Parteiorgan der Russischen Föderativen Republik, ist die Haltung Gorbatschows, die Verteidigung seiner Politik, bemerkenswert. Er holte nicht etwa zu einem Rundumschlag aus – dies wäre durchaus vertretbar gewesen –, sondern er versuchte einer Verschärfung des Streites durch eine Versachlichung der Polemik zu begegnen, langfristig Weichen für die Art der Auseinandersetzungen zu stellen. Auf dem sogenannten Medientreffen am 7. Mai 1988 zeigte sich Gorbatschow, flankiert von Jegor Ligatschow, dem Anhänger der »Sowjetskaja Rossija«-Richtung, und von Alexander Jakowlew, dem Vertreter der »Prawda«-Richtung, bemüht, den Grundkonsens in der Parteiführung mit Blickrichtung auf die 19. Parteikonferenz nicht gefährden zu lassen. Er schreckte wohl davor zurück, daß die Parteispaltung, die ohnehin existent war, offensichtlich werden könnte. So ist auch zu erklären, warum in dem Gegenartikel der »Prawda« die Gegner des Reformprozesses nicht beim Namen genannt wurden.

Sehr früh setzte auch die mit einer anderen Stoßrichtung vorgetragene Kritik aus der Partei an der Politik Gorbatschows ein. Für ihre Vertreter ist allgemein der Begriff »Radikalreformer« üblich. Zum Exponenten dieser Richtung entwickelte sich Boris Jelzin, vielmehr hat er sich selbst dazu auserkoren. Von Gorbatschow aus Swerdlowsk nach Moskau geholt, spielte er anfänglich, durchaus mit einem gewissen Erfolg, die »Brechstange«[27] des Generalsekretärs, um eine zutreffende Typisierung Gerd Ruges zu gebrauchen. Jelzin ist sicherlich ein Phänomen der Perestroika, doch kann hier nicht näher darauf eingegangen werden. Relativ früh hatte er sein Thema gefunden – Kampf gegen die Korruption und gegen die Mafia –, und er profilierte sich schnell als Kontrahent Gorbatschows. Im Oktober 1987 kam es erstmals zum offenen Bruch. Jelzin ist ein Populist reinsten Wassers. Seine Popularität resultiert zum größten Teil aus seiner, mitunter recht halsstarrigen Kontrastellung zu Gorbatschow. Doch er hat nichts Vergleichbares an konzeptionellen Vorstellungen aufzuweisen. Daran hat auch seine Amtszeit als Parlamentspräsident der RSFSR nichts geändert. Erschreckend seicht sind diesbezügliche Ausführungen in seinem 1990 veröffentlichten Buch. Jelzins Stärke liegt offenbar in der Ausnutzung der Fehler des um Konsens bemühten und damit abwägenden Gorbatschows. Auffällig ist dabei: Je schärfer er die Angriffe auf Gorbatschow vorträgt, um so plötzlicher und für viele unerwartet wird von ihm das Angebot zum Kompromiß unterbreitet. Die Beendigung des Bergarbeiterstreiks im Frühjahr 1991 – er hatte sich vermittelnd eingesetzt – ist dafür nur ein, allerdings typisches Beispiel.

Trotz aller Popularität scheint Jelzin noch keine Alternative zu Gorbatschow zu sein: weder als politische Persönlichkeit noch als programmatischer Denker. Jelzin präsentiert sich zwar als »Super«-Demokrat und Radikalreformer, und er hat damit Erfolg. Doch bleibt die Frage, ob er dies auch tatsächlich ist. Während seiner Zeit als Parteichef von Moskau gefiel er sich jedenfalls in der Rolle eines »starken Mannes«, dessen wachsamen Auge nichts entgeht. Ungefähr seit Frühjahr 1991 zeigt er z. B. in der Frage der Neustrukturierung der Union sowie in der Nationalitätenfrage unerwartet politischen Realismus. Das Hinüberwechseln von früheren prominenten Gorbatschow-Beratern, wie z. B. des Wirtschaftsexperten Stanislaw Schatalin, in das Lager Jelzins läßt vermuten, daß sich der ungestüme Barrikadenkämpfer Jelzin zu einem gemäßigten Politiker entwikkeln könnte.[28]

Ab 1988 wurde in der sowjetischen Öffentlichkeit davon gesprochen, daß sich die Perestroika in einer Krise befindet. Seit 1989/90 geht die Kunde, daß sie gänzlich gescheitert ist. Diese Auffassungen korrespondieren mit einer vernichtenden Kritik an der Politik Gorbatschows, vorgetragen aus den unterschiedlichsten Richtungen. Klare zeitliche Einschnitte für diesen Wandel in den Wertungen sind schwer auszumachen, inhaltliche Momente hingegen gibt es überreichlich. Oft wird durch die Unzufriedenheit und die pauschale Negation der Perestroika-Politik Gorbatschows die Sicht auf die ungeheuren Veränderungen und Leistungen nach 1985 verdeckt. Wo wären, um die Sache ganz simpel zu formulieren, die Gegner und Kritiker Gorbatschows, wenn er nicht demokratische Prinzipien im öffentlichen Leben, Rede- und Meinungsfreiheit, Normen der Rechtsstaatlichkeit, wie die Unantastbarkeit der Würde der Person, gegen alle Widerstände durchgesetzt hätte? Dies alles gilt heute bereits als etwas Alltägliches, worüber man nicht unnötig Worte zu verlieren braucht.

Mit dem Amtsantritt Gorbatschows ist »unter dem Vorzeichen der Perestroika ... ein Prozeß der Auflösung alter Strukturen von Politik, Wirtschaft und Gesellschaft« eingeleitet worden, »der in Dynamik und Reichtum ohne geschichtliche Präzedenz ist«.[29] Dies ist, obwohl allgemein formuliert, eine den Kern treffende Aussage, die in der allgemeinen Kritik an Gorbatschow überhaupt nicht oder nur partiell Berücksichtigung findet. Es ist ein ziemlich schwieriges Unterfangen, die Frage beantworten zu wollen, *wie* dem anfänglichen uneingeschränkten Ja, wie der Begeisterung für »Gorbi« im In- und Ausland ein nicht minder kompromißloses Nein zum Präsidenten Gorbatschow folgte. Die »Gorbimanie« hielt im Ausland bedeutend länger an. Sie erfuhr erst im Januar 1991 eine deutliche Ernüchterung. In Alexander Puschkins »Epistel an den Zensor« gibt es eine Zeile, die auch auf Gorbatschow zutreffen könnte: »Denk Alexanders Zeit, wie herrlich ihr Beginnen«.

Es steht außer Frage, daß Gorbatschow nicht aufgrund seiner Ämter, sondern aufgrund seiner Botschaften, seiner Persönlichkeit die überragende Figur in der sowjetischen Politik ist. Sein Dilemma als Staatsmann besteht darin, daß er daran scheiterte, woran schon andere vor ihm gescheitert sind. Er wollte die Kluft zwischen Politik und Moral dadurch schließen, daß diesem ambivalenten Begriffspaar neue, auf die Innen- und Außenpolitik gleichermaßen bezogene ethische Kriterien zugeordnet werden. In diesem Sinne sind Glasnost, Perestroika, Neues Denken nicht nur Spezifika der Reformpolitik Gorbatschows in der UdSSR, sondern zugleich auch Momente einer neuen globalen Ethik. In seiner Nobelpreis-Rede[30] äußerte er sich zuversichtlich, daß es gelingen werde, »eine richtige weltgeschichtliche Wahl zu treffen ..., um den schwierigen Übergang zu einer friedlichen Weltordnung zu bewältigen«. Trotzdem ist Skepsis angeraten, denn es gibt wenig Anzeichen, daß das Streben nach Ganzheitlichkeit der Welt, was erklärtes Ziel Gorbatschows ist, auch eine selbstlose Solidarität auszulösen vermag.

Sicher ist die Frage, ob die Perestroika nun gescheitert ist, nicht so ohne weiteres zu beantworten. In der ursprünglich konzipierten Form und Zielstellung ist sie es sicherlich. Doch ist zu berücksichtigen, daß die Perestroika sowohl in negativer als auch in positiver Hinsicht eine Eigendynamik entwickelte, die die ursprünglichen Absichten weit ins Hintertreffen brachte. Gegenläufige Tendenzen sind zahlreich und von der Sache her mannigfaltig. Dazu zählen »eigene« Fehler, wie die – von vielen als Bagatelle angesehene – Antialkoholkampagne, aber auch der riesige Ballast der nicht bewältigten Altlasten der Geschichte, angefangen von der Oktoberrevolution bis einschließlich der Breshnew-Ära, das chronische Unvermögen, den materiellen Lebensstandard der Bevölkerung zu verbessern, die seit 1980 akute und permanente Schwierigkeit, die Menschen ausreichend mit Grundnahrungsmitteln zu versorgen. Es gelang weiterhin nicht, eine Konformität von Demokratisierungsprozeß und Wirtschaftsreform herzustellen, das aber ist unabdingbar. Der notgedrungene Übergang zur Marktwirtschaft, wenn auch zu einer »regulierten«, schafft neue Probleme, hauptsächlich im sozialen Bereich, und verschärft zum gegenwärtigen Zeitpunkt noch die Gesellschaftskrise. Das Jahr 1989, in dem in der DDR, Rumänien, Bulgarien und der Tschechoslowakei zuerst das politische und dann das wirtschaftliche System zusammenbrachen, wirkte sich katastrophal auf die sowjetische Wirtschaft, insbesondere auf die Außenwirtschaft aus. Der RGW, der Rat für Gegenseitige Wirtschaftshilfe, der seit langem mehr recht als schlecht funktionierte, hörte auf zu existieren. Mit einem Schlage waren lebenswichtige Ex- und Importstrukturen der UdSSR beseitigt.

Auf Einzelheiten der »regulierten Marktwirtschaft« kann hier nicht eingegangen werden, es muß aber klar festgehalten werden, daß ohne eine Freigabe des Rubels, d. h. ohne Übergang von einer Binnen- zu einer frei konvertierbaren Währung auch dieses Reformvorhaben zum Scheitern verurteilt ist. Gorbatschow ist sich des sozialen Zündstoffes dieser Problematik voll bewußt, dafür spricht u. a. sein zögerliches Verhalten in den Debatten des Obersten Sowjets vom Herbst 1990.

Nicht nur als »gegenläufige Tendenz«, sondern geradezu als Sprengstoff erwies sich sowohl für die Perestroika als auch für die Existenz der Union die Nationalitätenproblematik. Deren Brisanz wurde von Gorbatschow relativ spät erkannt. Sein eigenes Umdenken, durch die Praxis gewissermaßen erzwungen, vollzog sich langsam und bereitete ihm sichtlich Mühe. Bereits im Dezember 1986 zogen im Zusammenhang mit der Absetzung des kasachischen KP-Chefs Dinmuchamed Kunajew und der Amtseinführung des Russen Gennadi Kolbin erste Sturmwolken auf. In Moskau wurden die Tumulte in Alma-Ata noch als Exzesse von aufgeputschten Nationalisten abgetan. Auch Gorbatschow argumentierte so. Daß die Zentrale in Moskau mit der Einsetzung Kolbins das nationale Selbstwertgefühl schwer beleidigte, kam niemandem in den Sinn. Die Demonstrationen in Alma-Ata, die friedlich begannen, richteten sich nicht gegen Kolbin, sondern gegen die Art und Weise, wie in Moskau über das höchste Parteiamt in Kasachstan entschieden wurde.

1988 stand die Nationalitätenfrage im Mittelpunkt der öffentlichen Diskussionen. Erstens zeichnete sich die Gefahr eines Bürgerkrieges ab, und zweitens gehörte die »grundsätzlich gelöste nationale Frage« zu den von Kritik und Diskussion ausgeschlossenen ideologischen Axiomen. Was als Realität ausgegeben worden war, erwies sich mit einem Schlag als bloße Fiktion. 1987 hatte Gorbatschow noch die traditionelle, von ideologischen Dogmen geprägte Auffassung vertreten. In seiner Festrede vom November ist nachzulesen: »Wir sagen zu Recht, daß die nationale Frage bei uns gelöst ist ... Die Freundschaft der Völker ... ist eine einzigartige Erscheinung in der Weltgeschichte. Wir sehen in ihr eine der Hauptstützen für die Macht und Stärke des Sowjetstaates.« Im gleichen Atemzug bemühte er eine andere stereotype Floskel, deren Ursprung in der Rede Stalins anläßlich des Sieges über den Faschismus zu finden ist. Gorbatschow sagte: »... die Völker unseres Landes ... bringen ... dem großen russischen Volk für seine Selbstlosigkeit und den wahren Internationalismus, für seinen Beitrag ... zum ökonomischen, sozialen und kulturellen Fortschritt aller Völker des Sowjetlandes tiefe Achtung und Dankbarkeit entgegen.«[31]

Im Februar 1988 brach um das Gebiet von Nagorny Karabach zwischen Armenien und Aserbaidshan ein offener, mit Waffengewalt geführter Konflikt aus. In diesem Konflikt zeigte sich Gorbatschow hilflos, ja überfordert. Denn die Zeit für eine politische Lösung der Angelegenheit verstrich ungenutzt. Danach blieb ihm dann keine andere Wahl mehr, als Truppen einzusetzen und das Gebiet unter besondere Kontrolle zu stellen, um dem Gemetzel zwischen Armeniern und Aserbaidshanern Einhalt zu gebieten. Seine sonst übliche Taktik des Sondierens, des Vermittelns und des Konsens war kläglich gescheitert, wie auch später hinsichtlich der baltischen Republiken. Auf dem Februar-Plenum 1988 forderte er dazu auf, sich mit der »Nationalitätenpolitik sehr gründlich« zu befassen. Denn: »Das ist die wichtigste Grundsatzfrage unserer Gesellschaft.«[32] Einerseits rief er dazu auf, die »Würde, Ehre, Kultur, Sprache und Geschichte jedes Volkes« zu achten. Andererseits gab er auch zu erkennen, daß er noch nicht in der Lage war, Äußerungen des nationalen Selbstbewußtseins auch als solche zu begreifen. Vielmehr schien ihm der Kampf gegen jeglichen Nationalismus und Chauvinismus, was auch immer er darunter meinte zu verstehen, das wichtigste zu sein. Den Nationalstolz und den nationalen Reichtum der Völker sah er vordergründig nur im Kontext des sowjetischen Patriotismus und des Internationalismus der sozialistischen Gesellschaft. Alles in allem erschien ihm die Nationalitätenproblematik wichtig genug, um sich mit ihr »sehr gründlich« zu befassen, »sowohl in der Theorie als auch in der Praxis«.[33] Es sollte auch ein Sonder-Plenum des ZK einberufen werden. Auf der 19. Parteikonferenz im Juni 1988 wurde Gorbatschow schon etwas deutlicher. Von der Prämisse ausgehend, daß das »entstandene Bündnis gleichberechtigter Nationen und Völkerschaften« zu bewahren ist, sprach er auch von Problemen, »deren Existenz nicht immer genügend berücksichtigt worden waren«.[34] Namentlich nannte er die Sprachenproblematik, die Kultur, Literatur und Kunst, einschließlich historischer Denkmäler, und den Umweltschutz. Er konnte oder wollte sich nicht eingestehen, daß das »entstandene Bündnis« eine ideologische Fiktion war; die Wunschvorstellung ersetzte die Anerkennung der Wirklichkeit. Noch im Sommer 1988 schien er kein Gespür für die wahren Zusammenhänge zu haben. So rief er dazu auf, »viele Normativakte, die das Zusammenwirken der Union und der Republiken regeln«, auf die Richtigkeit hinsichtlich der »Aufgaben und Erfordernisse unserer multinationalen Gesellschaft«, des »Entwicklungsstandes der Demokratie« zu überprüfen. Generell sah er nur einen Weg, dem Problem Herr zu werden: »Im Rahmen der *entstandenen Struktur* (Hervorhebung – *der Verf.*) des Unionsstaates die maximale Berücksichtigung der Interessen einer jeden Nation und Völkerschaft und der gesamten Gemeinschaft der Sowjetvölker zu sichern«[35]. Hier sei nur angemerkt, daß es bereits zu diesem Zeitpunkt bei den Führungen der Kommunistischen Parteien z. B. in den baltischen und kaukasischen Republiken ernsthafte Überlegungen gab, die Struktur der Union generell neu zu bestimmen. Später tauchte dann dafür der Begriff der »Souveränität der Republiken« im Verband der Union auf. Von einer Loslösung von der Union war zu diesem Zeitpunkt noch nicht die Rede. Da sich Gorbatschow dem »Souveränitäts«-Gedanken hartnäckig widersetzte, verselbständigte sich dieser, geriet er für Moskau außer Kontrolle. Politisch eskalierte er zur Forderung nach vollständiger Unabhängigkeit einzelner Republiken bis hin zum Austritt aus der Union, nunmehr aber unter der Führung der »Nationalen Fronten« und unter Umgehung der kommunistischen Parteien. Die ursprünglich aus der Perestroika hervorgegangene Idee von »souveränen Republiken« in einer erneuerten Union wuchs in die politische Praxis der Ausrufung von souveränen Staaten hinüber. Gorbatschow stand dieser Entwicklung hilflos gegenüber.

Noch auf dem Juli-Plenum 1988 hatte er vollmundig erklärt, »die Tatsache, daß wir in einem multinationalen Staat leben«, verleihe »der politischen Reform einen besonderen Charakter, eine spezifische Färbung und Eigenart«[36]. Gorbatschow demonstrierte ein merkwürdiges Nutzen-Aufwand-Denken. Es sei »nutzvoll«, zugleich jedoch überaus kompliziert, sich mit dieser Problematik zu befassen, aber im Interesse des Staates und der Kommunistischen Partei lohne sich die Mühe. Für die legitimen Interessen der den Republiken den Namen gebenden Titularnationen und der in ihnen lebenden Nationen und Völkerschaften schien er wenig Verständnis aufzubringen, teils aus ungenügender Kenntnis, teils den Ratschlägen inkompetenter Berater folgend. Insgesamt machte Gorbatschow in dieser schwierigen Materie eher den Eindruck, als stochere er mit einer Stange im Nebel herum.

Befragt, ob man mit der Sprengkraft der Nationalitätenfrage gerechnet habe, antwortete 1989 Alexander Jakowlew, Politbüromitglied und ZK-Sekretär, daß es schon »etwas plötzlich« vor sich gegangen sei.[37] Diesen Eindruck hinterläßt auch Gorbatschows Vorgehensweise.

Von »plötzlich« kann indessen überhaupt nicht die Rede sein. Das Aufbrechen nationaler Konflikte in der UdSSR ist auf eine Vielzahl von Ursachen sowohl historischer als auch aktuell-politischer Art zurückzuführen. Diese gehen, um nur einige anzuführen, erstens bis auf die Kontroverse zwischen Lenin und Stalin in der Nationalitätenfrage zurück. Bekanntlich hatte Stalin seine Konzeption durchgesetzt. Zweitens spielten die nicht aufgearbeiteten deutsch-sowjetischen Beziehungen 1939 eine dominierende Rolle (verwiesen sei auf die sogenannten Kalenderdemonstrationen im Baltikum anläßlich des 50. Jahrestages des deutsch-sowjetischen Nichtangriffspaktes sowie des Geheimen Zusatzprotokolls, demgemäß diese Region in die Einflußsphäre der UdSSR überging). Drittens zeitigte die Ausdehnung des autoritär-bürokratischen Systems mit seiner Mentalität und Praxis des Kommandierens, des Administrierens und des Bevormundens verheerende ökonomische, infrastrukturelle und kulturelle Folgen in den Republiken. Viertens wurden die jahrelangen Bemühungen um mehr Selbständigkeit immer als Metastasen des Nationalismus und Chauvinismus abgetan. Fünftens entwickelte sich der Sprachenstreit (Russisch als Amtssprache) zu einem das System erschütternden Politikum. Sechstens wurden die kulturhistorischen Traditionen, einschließlich der Bedeutung der Religion für das Alltagsleben, der Sitten und Gebräuche, gänzlich ignoriert bzw. bewußt unterdrückt. Siebentens, und dies ist eines von vielen Paradoxa, bot erst die von Gorbatschow betriebene Glasnost- und Demokratisierungspolitik die Möglichkeit, über die angestauten ethnischen, politischen, ideologischen, ökonomischen, kulturellen und historischen Probleme im Zusammenleben der Völker frei und offen zu sprechen. Auch wenn Gorbatschow den Erhalt der Sowjetunion in der ursprünglichen Form zur »heiligen Sache« erklärt hat, bleibt es sein Verdienst, den Selbsterkennungsprozeß der Völker, einschließlich des russischen Volkes, initiiert zu haben.[38] Doch aus den Republiken schlagen ihm nur Anfeindung und Kritik entgegen.

Hinsichtlich seiner Auffassungen und Maßnahmen zur Nationalitätenfrage offenbarte er eine Seite als Politiker, die besonders im Herbst 1989 und mit seinem Wirken als Präsident der UdSSR deutlich und schmerzlich werden sollte, ja sogar tragische Züge annahm. Er, der anfänglich den Gang der Politik bestimmte, der agierte, initiierte und dirigierte, sah sich in eine neue Rolle versetzt. Der politische Prozeß verlief in solch einem schnellen Tempo und wies eine solch ungeheure Differenzierung auf, daß Präsident Gorbatschow nur noch die Möglichkeit des Reagierens anstatt des Agierens verblieb. Er befand und befindet sich in einem ständigen Nachtrab. Diese Lage hat ihn aber nicht schicksalhaft ereilt, er hat sich selbst in sie manövriert bzw. ohne ernsthaften Widerstand abdrängen lassen. Mitunter entsteht der Eindruck, als wäre er von seiner eigenen Schöpfung – Perestroika, Demokratisierung, Glasnost, Neues Denken – überholt und links liegen gelassen worden.

Symbolisch und zugleich symptomatisch für den Politiker und Staatsmann Gorbatschow ist, daß er für außenpolitische Leistungen und Ergebnisse – verwiesen sei in erster Linie auf die Rüstungsbeschränkungen – höchste Anerkennung und Zustimmung erfährt, bei innenpolitisch nicht weniger brisanten Fragen und Maßnahmen aber nur noch auf Ablehnung, Verweigerung, Hohn und notgedrungene Duldung stößt.

Die Krise der Perestroika geht ihrem Höhepunkt entgegen, es besteht die Gefahr einer »Balkanisierung« und »Libanonisierung« der Union. Die Krise kann gut ausgehen, sie kann aber auch mit einer Apokalypse, mit einer »Walpurgisnacht« enden. Letzteres würde bedeuten: Sturz und Anklage Gorbatschows wegen Amtsmißbrauch und Verrat am Sozialismus – als eine Variante –, Zerfall bzw. Auflösung der Sowjetunion, Kollaps und totaler Zusammenbruch der Wirtschaft. Fazit dieser Entwicklung wären die abrupte Einstellung des Demokratisierungs- und Perestroikaprozesses und der Rückfall in die Diktatur. Diese Möglichkeit beschäftigt und verängstigt die sowjetische Öffentlichkeit verstärkt seit einiger Zeit. Gesicherte Erkenntnisse, wer oder welche Gruppe, welche politische Kraft solche Ambitionen hegt, gibt es allerdings nicht. Am häufigsten werden Kreise in der Armee genannt, die für einen Coup d'état in Frage kämen. Aus eigener Kraft scheinen sie dazu nicht in der Lage zu sein. Einem zivilen Aspiranten würden sie die Unterstützung sicherlich nicht verweigern. Die sozialen Unsicherheiten im Offizierscorps, die u. a. auf den Rückzug der Truppen aus einigen Ländern des ehemaligen Warschauer Paktes und die Truppenreduzierung zurückzuführen sind, gleichen einem Pulverfaß. Wie ernst die Gefahr einer Diktatur ist, unterstrich Schewardnadse mit seinem Rücktritt vom Posten des Außenministers – aus eben diesem Grund, und er erhebt auch jetzt warnend seine Stimme.

Der Ausgang der Krise könnte aber auch in einen Ausbau, in eine Festigung der Demokratie münden – und zwar mit Gorbatschow. Dazu wären aber vollkommen neue Koalitionen und Konstellationen in der Sowjetunion selbst sowie das Interesse des Auslandes an einer jungen, noch unfertigen, aber perspektivreichen sowjetischen Demokratie erforderlich. Der Bezugspunkt zur westeuropäischen parlamentarischen Demokratie wird in diesem Zusammenhang oft hergestellt, zum Teil wird ihre Errichtung auch unverblümt gefordert und als Bedingung für Leistungen des Westens genannt. Sicher, als Denkmodell ist die westeuropäische parlamentarische Demokratie nützlich und anregend. Doch sie ist historisch über einen langen Zeitraum und auch unter Komplikationen entstanden. Sie ist ein adäquater Ausdruck festgefügter gesellschaftlicher Verhältnisse und Bedürfnisse. »Was London nötig ist, für Moskau ist's zu früh«, hatte bereits Puschkin zu bedenken gegeben.

Die in Westeuropa weitverbreitete Praxis, Glasnost auf Meinungsfreiheit innerhalb der UdSSR zu reduzieren, Perestroika mit Marktwirtschaft gleichzusetzen und Neues Denken lediglich auf eine kurzschlüssige Anerkennung westlich-atlantischer Politiknormen und -kategorien zu reduzieren, spricht nicht gerade dafür, die Entwicklungen in der UdSSR als selbständige, originäre und zum Teil als nicht vergleichbare Prozesse verstehen zu wollen.

Die Sowjetunion ist auf dem Weg, einen eigenständigen, ihren Verhältnissen und Bedürfnissen entsprechenden Funktionsmechanismus der Demokratie zu finden. Belehrungen, Forderungen und Bedingungen gleich welcher Art an die Adresse Gorbatschows sowie der Anhänger der Demokratie in der UdSSR sind fehl am Platze, ja politische Mißgriffe, da sie zusätzlich Stör- und Behinderungsmechanismen auslösen. Vielleicht vollzieht sich zur Zeit der historische Moment einer für die Sowjetunion, und rückblickend auch für die russische Geschichte, entscheidenden Entwicklung. Und warum, diese Frage ist durchaus nicht rhetorisch gestellt, sollten die zu beobachtenden Schwierigkeiten, Komplikationen, die Kampf- und Zerreißproben, die Paradoxa und die politischen Hysterien, aber auch die Gleichgültigkeit, die Mutlosigkeit, die Apathie und die Verzweiflung nicht Geburtswehen der sowjetischen Demokratie anzeigen?

Oft ist die Meinung zu vernehmen, die Schwäche Gorbatschows bestünde u. a. in dem Versuch, auf der Basis von parlamentarischen Gepflogenheiten zu regieren, ohne daß funktionsfähige parlamentarische Mechanismen existierten. Dies ist richtig, doch nur bedingt. Schwerer wiegt vielmehr, daß es nach wie vor größte Vorbehalte und Hindernisse bei der Durchsetzung der Gewaltenteilung gibt, die Schwäche der Exekutive droht zu einem chronischen Leiden zu werden. Der Präsident verfügt über weitreichende Machtbefugnisse, doch sie sind bis jetzt nur auf dem Papier existent, denn es gibt kein verbindliches verfassungsmäßiges Instrument, diese Machtkompetenzen auch effektiv in Anwendung zu bringen. Vielmehr war und ist ein gegenseitiges Annulierungs- und Kassationsverfahren von Zentrale und Republiken typisch. Der Präsident der UdSSR setzt Beschlüsse der Republikparlamente und -regierungen, weil sie nicht im Einklang mit der Unionsverfassung stehen würden, außer Kraft. Aus den Republiken kommt ein imperatives Nein zu den Maßnahmen des Präsidenten, weil diese nicht den dortigen Verfassungen entsprechen würden.

Es ist zum gegenwärtigen Zeitpunkt ein schwieriges Unterfangen, ein emotionsfreies, gerechtes, ein ausgewogenes und objektives Bild von den Leistungen des Politikers und Staatsmannes Gorbatschow zu zeichnen. Es ist nicht gewiß, ob er als ein großer und erfolgreicher Reformer oder »nur« als der »Junge aus Priwolnoje«, der den großen Sprung nach Moskau, ins Zentrum und an die Spitze der Macht[39], geschafft hat, in die Geschichte eingehen wird.

Bisweilen wird Gorbatschow das Etikett angeheftet, er sei der »marxistische Peter I.«. Dieser Vergleich ist nicht gerade glücklich gewählt. Peter war ein Mann des Krieges und damit ein Mann seiner Zeit. Reform und Krieg bildeten bei ihm ein einheitliches Bezugspaar. Am Ende seines Wirkens stand ein erweitertes und gefestigtes Riesenreich mit einer Feudalstruktur und *einem* Fenster *nach* Europa. Reform und Frieden lautet Gorbatschows Botschaft, nicht ein Fenster soll geöffnet, sondern ein europäisches Haus soll erbaut werden. Nicht Rußland *und* Europa, sondern Rußland *in* Europa ist seine Maxime. Wenn schon Vergleiche bemüht werden sollen, so ist das Schicksal des Reformers Joseph II. sicherlich zutreffender. Sowohl Joseph II. als auch Gorbatschow stießen zu Beginn ihrer Reformen auf euphorische Zustimmung, dann folgten Kritik – zu radikal, zu zögerlich, zu kompromißbereit zu sein –, schließlich Ablehnung und Isolation.

Die Krise der Perestroika ist zugleich auch die Krise im politischen Leben Michail Gorbatschows. Seit einiger Zeit bereitet es immer größere Mühe, seine Gedankengänge, seine Argumentation und generell seinen Standpunkt zu verstehen oder wenigstens plausibel zu erklären. Dies betrifft u. a. seine Haltung zur Diskussion um den Unionsvertrag, zur Gestaltung des Verhältnisses zwischen dem Zentrum und den Republiken, zur Budget-Diskussion im Obersten Sowjet im September 1990, zu den repressiven Maßnahmen z. B. gegenüber Litauen, seine Argumentation bei der Programmdiskussion zur Einführung der regulierten Marktwirtschaft, generell seine Vorstellungen von der Marktwirtschaft, von der Gestaltung und Neuordnung der Eigentumsverhältnisse – vieles wäre noch zu nennen.

Gorbatschows Krise erreichte im Vorfeld des Referendums über den Fortbestand der UdSSR ihren vorläufigen Höhepunkt. Wie ernst die Situation für ihn war, zeigte seine Ankündigung im Zentralen Fernsehen am Vorabend des Referendums, notfalls den Rücktritt einzureichen, wenn ein für ihn negatives Ergebnis zustande kommen sollte. Der bis dahin tobende Macht- und Propagandakampf zwischen ihm und Jelzin – die Führungen der Republiken blieben davon nicht verschont – endete bekanntlich mit einem Patt. Diese und andere Drohungen Gorbatschows verfehlten ihre Wirkung nicht, Jelzin mußte seine Siegesfeier noch verschieben (der 12. Juni 1991 ist ja auch kein schlechtes Datum). Nach dem Referendum entkrampfte sich die Situation etwas, moderatere Töne waren zu vernehmen. Gorbatschow nutzte offenbar die Zeit nach dem Referendum zum Überdenken seiner Möglichkeiten und Standpunkte sowie zu einer Analyse der Situation, in der sich das Land, aber auch er selber befanden. Er muß dabei zu klaren und irreversiblen Einsichten gekommen sein, wovon seine Nobelpreis-Rede am 5. Juni 1991 anläßlich der Auszeichnung mit dem Friedensnobelpreis am 20. Dezember 1990 zeugt.

Gorbatschows schwankende Haltung und der nach außen wirkende Eindruck, er habe sich von seinen eigenen Reformvorstellungen, zumindest partiell, distanziert, führen zu der sich verfestigenden Meinung, Gorbatschow sei in den Schoß des Apparates zurückgekehrt, stütze sich nun auf die konservativen Kräfte, sammele sie um sich und betreibe ihre Geschäfte. Inwieweit dies den Tatsachen entspricht, ist nicht überprüfbar. Es müssen vorerst Vermutungen bleiben. Dabei bliebe auch zu bedenken, daß dieser Verdacht, der auf Gorbatschow fiel, seinen Ursprung darin haben könnte, daß der Präsident in seiner Rolle als Vermittler und Schlichter zwischen die Fronten geraten war und zeitweilig die Orientierung verloren hatte.

Auch in dieser Beziehung ist die Nobelpreis-Rede von Interesse, einige, und zwar wesentliche Dinge konnten ins rechte Licht gerückt werden. Gorbatschow versuchte dem festlichen Auditorium verständlich zu machen, daß bei einem Scheitern der Perestroika eine »soziale und politische Explosion« drohe. Was ihn selbst beträfe, so habe er seine Entscheidung getroffen. Denn, so verkündete der Laureat in Oslo: »Wenn es um die prinzipielle Wahl geht, ist die Frage für meinen Teil längst und umfassend entschieden. Nichts, weder Druck von rechts oder links, wird mich jemals vom Perestroika-Standpunkt und von dem Neuen Denken abbringen.« Deutliche Worte, die aber längst in Moskau fällig gewesen wären.

Fast trotzig-drohend ließ er alle wissen: »Ich beabsichtige nicht, meine Standpunkte zu ändern. Die getroffene Wahl ist endgültig. Es ist mein Credo, daß die während der Umgestaltung entstandenen Probleme nur auf verfassungsmäßige Weise gelöst werden können. Deshalb tue ich alles, um den Prozeß innerhalb des demokratischen und reformerischen Rahmens zu halten.« Auf die Ausgangssituation bei seinem Amtsantritt als Generalsekretär eingehend, gestand er ein: »Ich konnte mir damals nicht vorstellen, wie immens unsere Schwierigkeiten waren. Ich glaube, niemand konnte dies zu dieser Zeit voraussehen oder vorhersagen.« Letzteres war nicht eine Frage der Fähigkeit, in die Zukunft zu sehen, sondern eher Ausdruck der in der SU praktizierten Informationsvermittlung – nach dem Motto: »Es kann nicht sein, was nicht sein darf.« Im »Nichtwissen« und »Nichtinformiertsein« des Partei- und Staatschefs lag die Stärke des Apparates, der über den Wert, die Verwertung von Informationen und darüber entschied, ob diese dem ersten Mann im Staate zur Kenntnis gebracht wurden. So ergab und ergibt sich dann eine eigentümliche Abhängigkeit, die man unter Berücksichtigung weiterer Faktoren auch als Einsamkeit der Macht bezeichnen könnte. So beteuerte Gorbatschow, und er machte dabei einen hilfesuchenden Eindruck, nichts von den Ereignissen im April 1989 in Tbilissi (ein Gaseinsatz zur Auflösung eines Meetings kostete 19 Menschen das Leben) und auch nichts von den Vorgängen um den Blutsonntag des 13. Januar 1991 in Vilnius gewußt zu haben. In der Öffentlichkeit wurde er aber der Mitwisserschaft und Mittäterschaft beschuldigt.

Zu Beginn der Reformpolitik habe man, wie er in seiner Rede formulierte, »unvorsichtigerweise zu große Erwartungen« geweckt. Jeder Generalsekretär hatte »Erwartungen« geweckt, daran war nichts Außergewöhnliches. Doch Gorbatschow hatte einen Mechanismus in Bewegung gesetzt, dessen Funktion er nicht verstand, dafür aber die Wirkungen zu spüren bekam. Über den »Bremsmechanismus« und die »Bremser« der Perestroika stritt man in der SU schon längere Zeit sehr heftig. Gorbatschow gab in Oslo zum erstenmal unmißverständlich zu verstehen, daß er nunmehr über genauere Kenntnisse verfüge. Viele wollten eine »Rückkehr zur Vergangenheit«, und zwar die Personen »an den Hebeln der Macht, in der Verwaltung, in der Armee und verschiedenen staatlichen Stellen«. Damit ließ er es aber nicht bewenden. Der Preisträger kritisierte in scharfer Form und überhaupt erstmals in dieser Deutlichkeit die Politik der Breshnew-Ära. »Das autoritär-bürokratische System, das zentrale Staatseigentum und die militarisierte Industrie« hätten alle Kräfte und Kapazitäten des Landes gebunden. Was er sagte, war nun so sensationell nicht, es gehört vielmehr seit einiger Zeit zum politischen Grundwissen eines interessierten UdSSR-Bürgers. Doch aus dem Munde des ersten Mannes im Staate kommend, können selbst Binsenwahrheiten zum Politikum werden. Mit diesen Passagen wollte Gorbatschow deutliche Zeichen setzen, den politischen Klärungsprozeß beschleunigen, seine Position benennen und den Kritikern beweisen, daß mit ihm noch zu rechnen ist.

Für die nächste Zeit benannte Gorbatschow drei Schwerpunkte seiner Reformpolitik: erstens Stabilisierung des demokratischen Prozesses auf der Basis eines breiten sozialen Konsens, zweitens Intensivierung der Wirtschaftsreform, einschließlich Bildung einer »gemischten Marktwirtschaft und eines neuen Systems von Eigentumsbeziehungen«, drittens »energische Schritte zur Öffnung des Landes für die Weltwirtschaft«. Von besonderer Brisanz scheint der zweite Punkt zu sein. In gewisser Weise gab er mit ihm seine Antwort auf die in der Diskussion befindliche Frage, wie die sowjetische Gesellschaft künftig aussehen könnte: Sie ist keine monolithische mehr, auch keine zentralistische, sondern bereits eine, noch in den Anfängen befindliche, »gemischte« Gesellschaft. Neben dem politischen Pluralismus etabliert sich – weitaus schwieriger und komplizierter – der ökonomische in Form von Privateigentum, genossenschaftlichem und Staatseigentum sowie einem weitverzweigten Pachtwesen.

Hinsichtlich des internationalen Aspekts ging Gorbatschow in seiner Rede aufs Ganze: »Die Welt braucht die Perestroika nicht weniger, als sie die Sowjetunion braucht.« Die Konstruktion einer internationalen Verantwortungsgemeinschaft ist nicht expressiv verbis angesprochen, doch sie liegt auf der Hand. Überhaupt präsentierte sich Gorbatschow als Optimist, daß der Übergang zu einer »friedlichen Weltordnung« zu schaffen ist. Voraussetzung dafür seien: »Nicht Machtbalance, sondern Interessenbalance, nicht die Suche nach Vorteilen auf Kosten von anderen, sondern die Suche nach Kompromissen und Einigkeit, nicht die Darstellung von Führung, sondern der Respekt für Gleichheit.« Allein von der Vorstellung auszugehen, daß dies alles in der internationalen politischen Praxis zu realisieren sei – dazu gehört wahrlich schon ein Übermaß an Optimismus und Idealismus. Die Zeit nach dem Zusammenbruch der als sozialistisch deklarierten Systeme – ohne Gorbatschow wären diese Entwicklungen nicht möglich gewesen, so lauten die Hymnen auf ihn –, die einzigartige Brüskierung Gorbatschows durch George Bush im Zusammenhang mit der Ablehnung der sowjetischen Initiative zur Beendigung des Golfkrieges (Bush gab unverblümt zu verstehen, daß es nur noch eine Großmacht gäbe und die dulde keine Störung ihrer Pläne), das Gerangel, ob man Gorbatschow zu den G-7-Verhandlungen nach London einladen – eher zulassen – werde oder nicht, sind bedrohliche Anzeichen einer Tendenz, daß die internationalen »Geschäftsbeziehungen« mit Gorbatschow auf kleiner Flamme gehalten werden sollen. An der Reaktion auf seinen Aufruf, der Westen möge seine Perestroika-Politik nachhaltig unterstützen, wird Gorbatschow prüfen können, ob man ihm von der Warte einer »Darstellung der Führung« entgegentritt oder mit »Respekt für Gleichheit« begegnet.

Mit Gorbatschow ist ein neuer Politiker-Typ an die Schalt-hebel der Macht im riesigen Vielvölkerstaat gelangt. Unter seinem Einfluß bzw. aufgrund seiner Reformpolitik profilie-ren sich aber bereits neue politische Charaktere, z. B. und stellvertretend für Richtungen: Sergej Stankjewitsch, Islam Kerimow (Taschkent), Nursultan Nasarbajew[40] (Alma-Ata). Letzterer gewinnt beständig an Popularität in der Sowjet-union. Im Ausland sind die Genannten wenig oder überhaupt nicht bekannt.

Gorbatschows Leistungen zu analysieren und zu würdigen muß der Zukunft überlassen werden. Jetzt fehlt der dafür er-forderliche historische Abstand.

Für viele Menschen in der UdSSR und in der Welt war Gor-batschow ein Hoffnungsträger. Heute ist er (nur noch?) ein Präsident, den das Volk, da eine Diktatur droht, die Gefahr eines offen ausbrechenden Bürgerkrieges besteht und eine Al-ternative fehlt, notgedrungen im Amte duldet. Ihm haftet der Makel, ein politischer Seiltänzer zu sein, an. Von seinem stür-mischen Engagement beim Eintritt in die große Politik ist nicht viel geblieben, Zeichen geistiger und physischer Er-schöpfung machen sich bemerkbar. Gorbatschow gleicht einem Dirigenten, der einem Orchester vorsteht, das entweder die Arbeit verweigert oder die von ihm vorgelegten Partituren nicht zu lesen vermag. Gleichwohl: Wer die moderne sowjeti-sche Geschichte und die internationalen Beziehungen studiert, wird sich intensiv mit ihm und seiner Politik befassen müssen.

Seit dem Amtsantritt Gorbatschows fiel ein Stein nach dem anderen aus dem Theorie- und Lehrgebäude des Sozialismus heraus. Die Verabschiedung von dem Stalinschen Gesell-schaftsmodell des Sozialismus wirft generell die Frage auf, was denn nun 70 Jahre Sowjetmacht eigentlich bedeuten. Die Skala der angebotenen Auffassungen ist sehr groß. Weit verbreitet ist die These, daß die Entwicklung in der UdSSR überhaupt nicht sozialistisch, sondern eine Frühform des Sozialismus, vergleichbar mit der ursprünglichen kapitalistischen Akkumu-lation, ein bürokratischer, ein Kasernensozialismus gewesen sei. Vom Typ her sei die UdSSR eine »Partokratie«, eine »Kra-thokratie« gewesen. Die vergessen geglaubte Totalitarismus-these erlebte in diesem Zusammenhang eine Renaissance in der UdSSR. Ein bisher äußeres Phänomen verkehrt sich in ein inneres: Militanter Antisowjetismus und Antikommunismus spielen in den ideologischen Auseinandersetzungen eine zunehmende, zum Teil dominierende Rolle. Insgesamt scheint der die Gemüter bewegende Machtkampf zwischen Personen und Gruppierungen ein wesentliches Problem zu überdecken: Seit 1985 eskalieren die Auseinandersetzungen um Ideen und um weltanschauliche Moral- und Wertevorstellungen.

Zu beantworten wird auch die Frage sein, ob unter universalgeschichtlichem Aspekt mit der Oktoberrevolution und den von ihr ausgehenden Entwicklungen tatsächlich eine neue Epoche in der Menschheitsgeschichte ihren Anfang genommen hat. Dies impliziert gleichfalls die Frage, ob die geschichtliche Entwicklung in der UdSSR auf dem Hauptgleis oder auf einer Nebenstrecke der Geschichte verlaufen ist. Die Perestroika Gorbatschows und insbesondere die Ereignisse des Jahres 1989 in Osteuropa zwingen diesbezüglich zu neuen Fragestellungen und Überlegungen.

Eine der wichtigsten Erkenntnisse hinsichtlich der sowjetischen Geschichte dürfte wohl darin bestehen, daß eine Gesellschaft nicht per Dekrete und Beschlüsse errichtet werden kann. Der subjektive Wille, das beste tun zu wollen, verkehrt sich in einen eigentümlichen Entfremdungseffekt – das Gewünschte erscheint als das Tatsächliche. Somit können die – vermeintlich – besten Analysen und Konzepte von der Realität des politischen Alltags mit einem Schlage in Makulatur verwandelt werden. Mit diesem Problem ist Gorbatschow von Anfang an konfrontiert. Als Politiker hat er Mut zum Wagnis bewiesen. Bei der Kalkulation der möglichen Risiken und Folgen seiner Politikkonzeption scheint er aber die »Realitäten des politischen Alltags« deutlich unterschätzt zu haben.

Anmerkungen

Wladimir Uljanow-Lenin

1 Siehe Kautsky gegen Lenin. Hrsg. von Peter Lübbe, Berlin/Bonn 1981, S. 83 f.

2 Siehe Lenin in Selbstzeugnissen und Bilddokumenten – dargestellt von Hermann Weber, Hamburg 1970.

3 Siehe ebenda, S. 19.

4 Siehe Николай Бердяев: Русская релииозная психология и коммунистический атеизм, Paris 1931, S. 15 f.

5 Siehe Wladimir Wejdlé: Rußland. Weg und Abweg, Stuttgart 1956, S. 170.

6 Leszek Kolokowski: Die Hauptströmungen des Marxismus. Entstehung, Entwicklung, Zerfall. Bd. 2, München/Zürich 1977, S. 577.

7 W. I. Lenin: Was tun? Brennende Fragen unserer Bewegung. In: Werke, Bd. 5, S. 364.

8 Ebenda, S. 480 f.

9 Ebenda.

10 A. Martynow: Der große proletarische Führer. In: Die Kommunistische Internationale. Organ des Exekutivkomitees der Kommunistischen Internationale (Leningrad/Moskau), 1924, Nr. 31/32, S. 25.

11 Siehe А. Потресов: О Ленине. In: Коммунист (Moskau), 1990, Nr. 5, S. 118.

12 Rosa Luxemburg: Eine Probe aufs Exempel. In: Gesammelte Werke, Bd. 1/2, Berlin 1970, S. 530 f.

13 Siehe Leo Trotzki: 1905 und 1917. In: Festschrift zum fünften Jahrestag der russischen Revolution, Berlin 1922, S. 10 f.

14 Siehe Выступление Питирима Сорокина накануне Октябрьской революции 1917 года. In: Московские новости, 18. November 1990.

15 W. I. Lenin: Die drohende Katastrophe und wie man sie bekämpfen soll. In: Werke, Bd. 25, S. 331.

16 Ebenda, S. 368, 370

17 W. I. Lenin: Staat und Revolution. In: Werke, Bd. 25, S. 503.

18 Siehe Революция: суд потомков. In: Московские новости, 4. November 1990.

19 Siehe Georgij Sinowjew: Die ersten fünf Jahre Kommunistische Internationale. In: Die Kommunistische Internationale. Leningrad/Moskau 1924 H. 31/32, S. 87).

20 Siehe W. I. Lenin: Die Krise der Partei. In: Werke, Bd. 32, S. 27.

21 Siehe W. I. Lenin: Über den Aufstand in Kronstadt. In: Werke, Bd. 36, S. 528.

22 Siehe W. I. Lenin: Plan der Rede für den X. Parteitag der KPR(B) über die Ersetzung der Ablieferungspflicht durch die Steuer. In: Werke, Bd. 36, S. 525.

23 Siehe Новые документы В. И. Ленина (1920–1922). In: Известия ЦК КПСС (Moskau), 1990, Nr. 4, S. 190 ff.

24 Siehe Ираклий Гозиридзе: Частное расследование или я задлядываю в сейфы власти. In: Литературная Грузия (Tbilissi) 1990, Nr. 6, S. 161 ff.

25 Siehe Сергей Хорунжий: Философский параход. In: Литературная газета (Moskau), 9. Mai 1990.

26 Siehe J. W. Stalin: Genosse Lenin in Erholung. Notizen. In: Werke, Bd. 5, Berlin 1952, S. 118 f.

27 Henri Guillebeaux: Wladimir Iljitsch Lenin, Berlin 1923, S. 9.

Josif Stalin

1 Kurt Hager: Stalin als Wissenschaftler und Theoretiker. In: Neues Deutschland, 30. November 1949.

2 Walter Ulbricht: Über den 20. Parteitag der Kommunistischen Partei der Sowjetunion. In: Neues Deutschland, 4. März 1956. Nachdruck in: SED und Stalinismus. Dokumente aus dem Jahre 1956, Berlin 1990, S. 113.

3 Siehe Beschluß des ZK der KPdSU »Über die Überwindung des Personenkults und seiner Folgen« vom 30. Juni 1956. In: Die Geheimrede Chruschtschows. Über den Personenkult und seine Folgen, Berlin 1990, S. 86 f.

4 Leo Trotzki: Spanische Lehren, Berlin 1976, S. 4.

5 Aldous Huxley: Schöne neue Welt, Frankfurt am Main 1989, S. 1.

6 Robert Payne: Stalin. Macht und Tyrannei, München 1989, S. 390.

7 Ebenda, S. 527.

8 Alexander Zipko: Die Philosophie der Perestroika. Die Grundlagen der Reformpolitik Michail Gorbatschows, München 1990, S. 201.

9 Hans Hecker: Stalin, Stalinismus: Probleme, Tendenzen und Begriffe in der neueren Literatur. In: Osteuropa (Stuttgart) 1979, Nr. 12, S. 965–980.

10 J. W. Stalin: Zu den Fragen des Leninismus. In: Werke, Bd. 8, Berlin 1952, S. 19.

11 Maximilien Rubel: Stalin, Hamburg 1989, S. 8.

12 Leo Trotzki: Terrorismus und Kommunismus. In: Leo Trotzki: Terrorismus und Kommunismus. Karl Kautsky: Von der Demokratie zur Staatssklaverei. Hrsg. von Hans-Jürgen Mende, Berlin 1990, S. 89.

13 Николай Симонов: Размышления о пометках Сталина на полях марксистской литературы. In: Коммунист (Moskau), 1990, Nr. 18, S. 74.

14 Siehe Leo Trotzki: Terrorismus und Kommunismus, S. 100–102.

15 Maximilien Rubel: Stalin, S. 96.

16 Иван Товстуха: Сталин. In: Деятели СССР и революционного движения в России, Moskau 1989, S. 698–700.

17 Isaac Deutscher: Stalin. Eine politische Biographie, Berlin 1990, S. 47.

18 J. W. Stalin: Werke, Bd. 1, Berlin 1952, S. 343 (Anmerkung 1).

19 Leo Trotzki: Mein Leben, Frankfurt am Main 1987, S. 441.

20 Robert Payne: Stalin. Macht und Tyrannei, S. 11.

21 Ebenda, S. 93.

22 Николай Симонов: Размышления ..., S. 77.

23 J. W. Stalin: Der XV. Parteitag der KPdSU(B), 2.–19. Dezember 1927. Politischer Rechenschaftsbericht des Zentralkomitees, 3. Dezember. In: Werke, Bd. 10, Berlin 1953, S. 321.

24 Siehe Wladislaw Hedeler: Die Rückkehr der ausgebürgerten Philosophen: In: Deutsche Zeitschrift für Philosophie (Berlin), 1990, Nr. 12, S. 1224–1228; Derselbe: Stalin und die Philosophen. In: Deutsche Zeitschrift für Philosophie (Berlin), 1991, Nr. 5, S. 528–535.

25 Isaac Deutscher: Stalin, S. 377.

26 Siehe Roy Medwedew: Let History Judge. The Origins and Consequences of Stalinism, New York 1971, S. 510.

27 J. W. Stalin: Brief an Xenofontow. In: Werke, Bd. 9, Berlin 1953, S. 134.

28 J. W. Stalin: Über die Grundlagen des Leninismus. In: Werke, Bd. 6, Berlin 1952, S. 69.

29 Siehe В предчувствии перелома. Последние письма Ф. Э. Дзержинского. In: Коммунист (Moskau), 1989, Nr. 8, S. 79–88.

30 Leo Trotzki: Die verratene Revolution. Was ist und wohin treibt sie?, Essen 1990, S. 29.

31 Siehe Nikolai Bucharin: Bemerkungen eines Ökonomen. In: Internationale Pressekorrespondenz (Berlin), 1928, Nr. 117, 118, 119.

32 Siehe Gawriil Popow: Das Programm, von dem sich Stalin leiten ließ. In: Initial (Berlin), 1990, Nr. 5, S. 477–487.

33 Siehe Nikolai Bucharin. 1929 – Das Jahr des großen Umschwungs, Berlin 1991, S. 136.

34 Siehe Gawriil Popow: Das Programm ..., S. 481.

35 Siehe Nikolai Bucharin: Ökonomik der Transformationsperiode. Mit Randbemerkungen von Lenin, Berlin 1990.

36 J. W. Stalin: Über J. M. Swerdlow. In: Werke, Bd. 6, Berlin 1952, S. 248.

37 Ebenda, S. 248.

38 J. W. Stalin: Vor Erfolgen von Schwindel befallen. Zu den Fragen der kollektivwirtschaftlichen Bewegung. In: Werke, Bd. 12, Berlin 1954, S. 168.

39 Siehe Документы свидетельствуют. Из истории деревни накануне и входе коллективизации. 1927–1932, Moskau 1989.

40 Der Fall des »Bundes der Marxisten-Leninisten«. In: Schauprozesse unter Stalin 1932–1952, Berlin 1990, S. 21–44.

Nikita Chruschtschow

1 Am 16. Oktober erschien in der »Prawda« die Mitteilung, daß das Außerordentliche Oktober-Plenum des ZK der KPdSU »der Bitte« des Gen. N. S. Chruschtschow entsprochen habe, »ihn von den Funktionen des Ersten Sekretärs des ZK der KPdSU, des Mitgliedes des Präsidiums des ZK der KPdSU und des Vorsitzenden des Ministerrates der UdSSR angesichts seines vorgerückten Alters und der Verschlechterung des Gesundheitszustandes zu entbinden«. Das war eine glatte Lüge. Der eigentliche Sachverhalt sollte nicht an die Öffentlichkeit dringen. Später wurden bei diesen vordruckähnlichen Formulierungen nur noch Namen und Funktionen eingesetzt, und niemand war mehr so recht in der Lage, die zutreffende Diagnose – ob medizinisch-biologische oder »politische« Krankheit – zu ermitteln.

2 Siehe Chruschtschow erinnert sich. Hrsg. von Strobe Talbott, eingeleitet und kommentiert von Edward Crankshaw, Hamburg 1971, S. 327. Die Zeitschrift »Woprosy istorii« besorgte die Ausgabe der Memoiren Chruschtschows in der Sowjetunion. Mit Nr. 2/1990 einsetzend, erschien die Fortsetzungsfolge unter dem Titel Мемуары Никиты Сергеевича Хрущёва. Mit der Veröffentlichung wurde auch der jahrelange Streit um die Echtheit der Memoiren, die bereits zuvor von seinem Sohn, Sergej Chruschtschow, bestätigt worden waren, beigelegt.

3 Н. Барсуков: Март 1953-го. In: Правда (Moskau), 27. Oktober 1989.

4 Am 19. März brachte die »Literaturnaja gaseta« einen Artikel ihres Chefredakteurs, Konstantin Simonow, mit der Überschrift

Священный долг писателей. Simonow bezeichnete Stalin als »unsterblich« und als »größten Genius aller Zeiten und Völker«. Chruschtschow reagierte auf diesen Artikel äußerst scharf und drohte, Simonow ablösen zu lassen. Simonow selbst führte diese Reaktion – für den Uneingeweihten recht unbegreiflich – auf eine »Explosion der persönlichen Gefühle Chruschtschows« zurück. Siehe Константин Симонов: Глазами человека моего поколения. Размышления о И. В. Сталине, Moskau 1989, S. 286. Chruschtschow tat indessen nichts anderes als seine Pflicht, d. h., den erwähnten Beschluß des Präsidiums des ZK zu erfüllen.

5 Zit. in: Елена Зубкова: Маленков, Хрущев и »оттепель«. Полемические зарисовки. In: Коммунист (Moskau), 1990, Nr. 14, S. 89.

6 Siehe Chruschtschow erinnert sich, S. 327 ff; Ф. Бурлацкий: Хрущёв, штрихи к политическому портрету. In: Никита Хрущёв. Материалы к биографии, Moskau 1989, S. 12 ff; derselbe: После Сталина. Заметки о политической оттепели. In: Новый мир (Moskau), 1988, Nr. 10, S. 164 ff.

7 Ф. Бурлацкий: Хрущёв, S. 14.

8 Siehe Н. Барсуков: Еще впереди xx съезд … In: Правда (Moskau), 17. November 1989; Елена Зубкова: Маленков, S. 90 ff.

9 Verwiesen sei u. a. auf seinen Widerstand, die von Stalin befohlene Offensive im Raum Charkow im Frühjahr 1942 fortzusetzen. Wie bekannt, endete sie mit einer katastrophalen Niederlage der Roten Armee. Siehe Chruschtschow erinnert sich, S. 188 ff.

10 Siehe Алексей Аджубей: Те десять лет, Moskau 1989, S. 39 ff. Der Autor veröffentlichte eine in seinem Besitz befindliche autobiographische Niederschrift der Frau Chruschtschows, Nina Petrowna Kuchartschuk.

11 Siehe Chruschtschow erinnert sich, S. 61.

12 Siehe И. П. Кожукало/Ю. И. Шаповал: Н. С. Хрущёв на Украине. In: Вопроси истории КПСС (Moskau), 1989, Nr. 9, S. 85–98.

13 Огонёк (Moskau), 1987, Nr 30, S. 8.

14 Siehe Ф. Бурлацкий: Хрущёв, S. 10.

15 Советская культура (Moskau), 15. Oktober 1988.

16 Siehe Алексей Аджубей: Те десять лет, S. 134–140.

17 Siehe Über den Personenkult und seine Folgen. Rede N. S. Chruschtschows in der internen Sitzung des XX. Parteitages der KPdSU, 25. Februar 1956. In: SED und Stalinismus. Dokumente aus dem Jahre 1956, Berlin 1990, S. 13 f.

18 Ebenda, S. 65.

19 Siehe Н. Барсуков: Провал »антипартийной группы«. Июньский пленум ЦК КПСС 1957 года. In: Коммунист (Moskau), 1990,

Nr. 8, S. 89–108; Roy Medwedjew; Chruschtschow. Eine politische Biographie, Stuttgart/Herford 1984, S. 162ff.

20 Siehe Н. Барсуков: Провал, S. 105, 102f.

21 Siehe Рой Медведев: Хрущёв. Политическая биография, Moskau 1990, S. 123.

22 Gegen den Beschluß des Präsidiums, Chruschtschow abzusetzen, auftretend, hatte Shukow gesagt: »Die Armee ist gegen diesen Beschluß, und kein einziger Panzer rührt sich ohne meinen Befehl von der Stelle.« Es besteht die Auffassung, daß Shukow damit Chruschtschow einen tiefen Schrecken eingejagt und ihm, Shukow, dies letztlich die politische Karriere gekostet habe. Siehe Ф. Бурлацкий: После Сталина, S. 196.

23 Darauf verweist nachdrücklich Сергей Хрущёв: Пенсионер союзного значения. In: Никита Хрущёв. Материалы, S. 225ff.

24 Prawda (Moskau), 18. April 1964.

25 So u. a. für die Timirjasew-Landwirtschaftsakademie in Moskau. Chruschtschow wollte sie aus Rache, da sie nicht seinem Favoriten in der Agrarwissenschaft, Lyssenko (!), folgte, aus Moskau in die Provinz, »näher« an die Basis, umsetzen lassen. Ähnliches hatte er auch mit der Akademie der Wissenschaften vorgehabt, ebenfalls aus Verärgerung; aber auch dieses Unternehmen verlief im Sande.

26 Der Schriftsteller Anatoli Streljany bezeichnete ihn sogar als »letzten Romantiker«. Siehe А. Стреляный: Последний романтик. In: Дружба народов (Moskau), 1988, Nr. 11.

27 W. I. Lenin: XI. Parteitag der KPR(B), 27. März–2. April 1922. Politischer Bericht des Zentralkomitees der KPR(B), 27. März. In: Werke, Bd. 33, S. 266.

Leonid Breshnew

1 Известия (Moskau), 19. August 1989.

2 Siehe Z. Mlynař: Nachtfrost. Erfahrungen auf dem Wege vom realen zum menschlichen Sozialismus, Köln/Frankfurt am Main 1978, S. 226f.

3 Siehe M. Voslensky: Nomenklatura. Die herrschende Klasse der Sowjetunion, Wien/München/Zürich/Innsbruck 1973, S. 366ff. sowie А. Авторханов: От Андропова к Горбачеву. Фрагменты книги. In: Октябр (Moskau), 1990, Nr. 8, S. 130ff.

4 Siehe П. Медведев: Л. И. Брежнев: набросок политического портрета. In: Рабочий класс и современный мир (Moskau), 1988, Nr. 6, S. 146.

5 Siehe derselbe: Хрущёв и Брежнев. In: Неделя (Moskau), 1990, Nr. 13, S. 17.

6 H. A. Kissinger: Memoiren 1968–1973, München 1979, S. 1287.

7 Siehe Эдвард Герек о Леониде Брежневе. In: Литературная газета (Moskau), 1990, Nr. 39, S. 12.

8 Siehe Г. Арбатов: Из недавнего прошлого. In: Знамя (Moskau), 1990, Nr. 10, S. 204.

9 Zit. in: P. Медведев: Л. И. Брежнев, S. 153.

10 Siehe J. Levada/V. Schejnis: Wie es zur Stagnationszeit kam. Eine politische Analyse der Jahre 1964 bis 1968. In: Wir brauchen die Wahrheit. Hrsg. von G. Meyer, Köln 1988, S. 417 ff.

11 Правда (Moskau), 9. Mai 1965.

12 Siehe КПСС в резолюциях и решениях съездов, конференций и пленумов ЦК, Bd. 10, Moskau 1986, S. 419 f.

13 Siehe ebenda, S. 446 f.

14 F. Burlazki: Breshnew und das Ende der Tauwetterperiode. Gedanken über eine politische Karriere. In: Initial (Berlin), 1990, Nr. 5, S. 499.

15 Siehe Правда (Moskau), 5. Dezember 1964.

16 Siehe F. Burlazki: Breshnew und das Ende …, S. 499.

17 Siehe M. Morozow: Leonid Breshnew, Stuttgart/Berlin/Köln/Mainz 1973, S. 219.

18 Siehe Правда (Moskau), 6. Juli 1966.

19 Правда, (Moskau), 20. Juli 1966.

20 Siehe J. Dornberg: Brezhnev. The Masks of Power, New York 1974, S. 209.

21 Siehe F. Burlazki: Breshnew und das Ende …, S. 501.

22 Siehe H. Gelman: The Brezhnev Politburo and the Decline of Detente, Ithaca/London 1982, S. 96 ff.

23 Siehe Z. Mlynař: Nachtfrost, S. 202 ff.

24 Siehe H. Adomeit: Militärische Macht als Instrument sowjetischer Außenpolitik: Überholt? Unbrauchbar? Unentbehrlich?. In: Die Sowjetunion als Militärmacht. Hrsg. von H. Adomeit/H. – H. Höhmann/G. Wagenlehner, Stuttgart/Berlin/Köln/Mainz 1987, S. 217 ff.

25 Siehe Г. Арбатов: Из недавнего прошлого. In: Знамя (Moskau), 1990, Nr. 9, S. 210.

26 Siehe H. Gelman: The Brezhnev Politburo …, S. 99 f.

27 Siehe Z. Mlynař: Nachtfrost, S. 208.

28 Siehe Арбатов: Из недавнего прошлого. In: Знамя (Moskau), 1990, Nr. 9, S. 215.

29 Ebenda.

30 Siehe Z. Mlynař: Nachtfrost, S. 205.

31 Siehe ebenda, S. 194.

32 Siehe Янош Кадар о »пражской весне«. In: Коммунист (Moskau), 1990, Nr. 7, S. 102.

33 Siehe Известия, (Moskau), 19. August 1989.

34 Siehe Prag, 21. August … Revolution, Intervention, Invasion, München 1968, S. 76f.

35 Известия (Moskau), 19. August 1989.

36 Siehe R. Rotermundt/U. Schmiederer/H. Becker-Panitz: Die Sowjetunion und Europa. Gesellschaftsform und Außenpolitik der UdSSR, Frankfurt am Main 1979, S. 138f.

37 Siehe Р. Медведев: Л. И. Брежнев, S. 148f.

38 Siehe derselbe: Они окружали Сталина: Штрихи из жизни Михаила Суслова. In: Юность (Moskau), 1989, Nr. 12, S. 76.

39 Siehe derselbe: Л. И. Брежнев, S. 157f.

40 Siehe Г. Арбатов: Из недавнего прошлого. In: Знамя, (Moskau), 1990, Nr. 9, S. 212.

41 Siehe Р. Медведев: Л. И. Брежнев, S. 150.

42 Siehe ebenda, S. 155.

43 Siehe B. Korsch: The Brezhnev Personality Cult – Continuity, Jerusalem 1987.

44 Nikolai Gogol: Die toten Seelen, Leipzig/Weimar 1989, S. 281.

Juri Andropow/Konstantin Tschernenko

1 Astrid von Borcke: Zwischen Revision und Reaktion. Die SU und der Machtwechsel. Berichte des Bundesinstituts für wissenschaftliche und internationale Studien (Köln), 1983, Nr. 14, S. 17.

2 Siehe Камиль Баялинов: Тринадцать месяцев Константина Черненко или ставка номенклатуры. In: Литературный Киргизстан (Frunse), 1989, Nr. 9, S. 97–99.

3 Siehe Zhores Medvedjew: Andropov. Der Aufstieg zur Macht, Hamburg 1983, S. 147f.

4 Siehe Zhores Medvedjew: Der Generalsekretär. Michail Gorbatschow: politische Biographie, Darmstadt 1986, S. 181; Zhores Medvedjew: Andropov, S. 83–88.

5 Siehe Zhores Medvedjew: Andropov, S. 40.

6 Siehe Владимир Соловьёв/Елена Клепикова: Борьба в Кремле, New York/Jerusalem/Paris 1986, S. 27; Рой Медведев: Конец сладкой жизни для Галины Брежневой. In: Совершенно секретно (Moskau), 1990, Nr. 2, S. 11–13; Zhores Medvedjew: Andropov, S. 28.

7 Коммунист (Moskau), 1982, Nr. 17, S. 9–11.

8 Коммунист (Moskau), 1982, Nr. 17, S. 10.

9 Siehe Владимир Соловьёв/Елена Клепикова: Борьба в Кремле, S. 35–41.

10 Siehe Astrid von Borcke: Zwischen Revision und Reaktion, S. 13.

11 Hans-Herman Höhman: Die sowjetische Wirtschaft zu Beginn der

achtziger Jahre. In: Die SU im Übergang von Breshnew zu Andropov, Berlin 1984, S. 74.

12 Astrid von Borcke: Zwischen Revision und Reaktion, S. 14.

13 Геннадий Лисичкин: За ведомственным барьером. In: Новый мир (Moskau), 1985, Nr. 10, S. 168.

14 Ebenda, S. 168.

15 Astrid von Borcke: Zwischen Revision und Reaktion, S. 14.

16 Siehe Фёдор Бурлацкий: Брежнев и крушение оттепели. Размышления о природе политического лидерства. In: Литературная газета (Moskau), 1988, Nr. 37, S. 13.

17 Juri Andropow: Ausgewählte Reden und Schriften, Berlin 1983, S. 225 f.

18 Вадим Печенев: Третья программа КПСС: уроки недавней истории. In: Огонёк (Moskau), 1990, Nr. 23, S. 10.

19 Juri Andropow: Ausgewählte Reden und Schriften, S. 225 f.

20 Siehe Георгий Арбатов: Из недавнего прошлого. In: Знамя (Moskau), 1990, Nr. 10, S. 211.

21 Олег Калугин: Откровенность возможна лишь тогда, когда за тобой закроется дверь. In: Московские новости, 24. Juni 1990.

22 Dusko Doder: Machtkampf im Kreml. Hintergründe des Wechsels von Breshnew zu Gorbatschow, Stuttgart 1988, S. 162.

23 Ebenda, S. 192.

24 Ebenda, S. 193.

25 Ebenda, S. 171.

26 Siehe Георгий Арбатов: Из недавнего прошлого. In: Знамя (Moskau), 1990, Nr. 9, S. 204; Nr. 10, S. 208.

27 Siehe Harry Gelman: The Brezhnev Politbüro and the Decline of Detente. Ithaca/London 1982, S. 66–68.

28 Siehe Zhores Medvedjew: Andropov, S. 79.

29 Siehe ebenda, S. 184 f., 187 f.

30 ЦК КПСС в резолюциях и решениях съездов, конференций и пленумов ЦК, Bd. 7, Moskau 1971, S. 249–256.

31 Решения партии и правительства по хозяйственным вопросам, Bd. 5, Moskau 1968, S. 658.

32 Ebenda, Bd. 13, S. 78–119.

33 Juri Andropow: Ausgewählte Reden und Schriften, S. 238. Siehe auch Перестройка: гласность, демократия, социализм. Постижение, Moskau 1989, S. 481–589.

34 Dusko Doder: Machtkampf im Kreml, S. 218.

35 Siehe Елена Боннэр: Голодовка. In: Огонёк (Moskau), 1990, Nr. 21, S. 6.

36 Siche Андрей Васильев: Недоговариваем. In: Комсомольская правда (Moskau), 7. August 1990.

37 Siehe Русская мысль (Paris), 12. Januar 1984, S. 6.

38 Siehe Наталья Горбаневская: Предсмертное законотворчество Андропова. In: Русская мысль (Paris), 8. März 1983, S. 4.

39 Ebenda.

40 Astrid von Borcke: Zwischen Revision und Reaktion, S. 12–13.

41 Растущее бремя советской помощи. In: Посев (Frankfurt a. M.), 1984, Nr. 9, S. 25.

42 Г. Брудерер: Новые стратегические концепции СССР и США. In: Посев (Frankfurt a. M.), 1984, Nr. 7, S. 25.

43 Siehe Правда (Moskau), 7. Januar 1983.

44 Boris Meissner: Sowjetische Kurskorrektoren. Brezhnew und seine Erben, Zürich 1984, S. 41.

45 Siehe Камиль Баялинов: Пятнадцать месяцев Юрия Андропова. In: Литературный Киргизстан (Frunse), 1989, Nr. 8, S. 95.

46 Международная жизнь (Moskau), 1984, Nr. 1, S. 3–5.

47 Литературная газета (Moskau), 4. Juli 1990.

48 Коммунист (Moskau), 1984, Nr. 3, S. 13.

49 О нём анекдотов не ходило. In: Русская мысль (Paris), 1. März 1984, S. 2, 4.

50 Коммунист (Moskau), 1983, Nr. 10, S. 10.

51 Siehe Лев Овруцкий: Новый человек или двести лет одной иллюзии. In: Огонёк (Moskau), 1989, Nr. 29, S. 27.

52 Siehe Александр Рар: На смену кремлёвским старцам. In: Русская мысль (Paris), 14. März 1985, S. 160. Dusko Doder: Machtkampf im Kreml, S. 309.

53 Siehe Рой Медведев: Конец сладкой жизни для Галины Брежневой, S. 11–13.

54 Камиль Баялинов: Тринадцать месяцев Константина Черненко, S. 101.

55 Siehe ebenda.

56 Siehe Владимир Соловьёв/Елена Клепикова: Борьба в Кремле, S. 178–184.

57 Siehe Пётр Крушин: Загадки с маршалом Огарковым. In: Посев (Frankfurt a. M.), 1984, Nr. 10, S. 37.

58 Siehe Владимир Соловьёв/Елена Клепикова: Борьба в Кремле, S. 178–184.

59 Ebenda, S. 192.

60 Siehe Boris Jelzin: Aufzeichnungen eines Unbequemen, München 1990, S. 132.

Michail Gorbatschow

1 Речь товарища А. А. Громыко на пленуме ЦК КПСС, 11 марта 1985 года. In: Коммунист (Moskau), 1985, Nr. 5, S. 6 f.

2 Dusko Doder im International Harold Tribune/Washington Post Service, 19. März 1985.

3 Siehe dazu u. a. Boris Jelzin: Aufzeichnungen eines Unbequemen, München 1990, S. 81.

4 Eduard Schewardnadse: Abrechnung nach dem Rücktritt. In: Der Spiegel (Hamburg), 1991, Nr. 23, S. 148.

5 Michail Gorbatschow: Über die Einberufung des turnusmäßigen XXVII. Parteitages der KPdSU und die mit seiner Vorbereitung und Durchführung verbundenen Aufgaben. Referat auf dem Plenum des ZK der KPdSU, 23. April 1985. In: Michail Gorbatschow: Reden und Aufsätze zu Glasnost und Perestroika, Moskau 1989, S. 4, 10 (im folgenden: Reden und Aufsätze).

6 Ebenda, S. 6.

7 Siehe ebenda, S. 7.

8 Einen interessanten Einblick in die damalige Atmosphäre gewährt Lutz Lehmann: Wie die Luft zum Atmen. Ein Journalist erlebt die Perestroika, Hamburg 1988.

9 Franz Kafka: Beim Bau der Chinesischen Mauer. In: Das erzählerische Werk, Bd. 1, Berlin 1983, S. 478.

10 Franz Kafka: Der Prozeß. In: Das erzählerische Werk, Bd. 2. Berlin 1983, S. 320.

11 Siehe Reden und Aufsätze.

12 Michail Gorbatschow: Perestroika. Die zweite russische Revolution. Eine neue Politik für Europa und die Welt. Erweiterte Ausgabe, München 1989.

13 Ebenda, S. 17.

14 Ebenda, S. 9, 10.

15 Siehe Reden und Aufsätze, S. 471.

16 J. W. Stalin: Das Jahr des großen Umschwungs. Zum 12. Jahrestag des Oktober. In: Werke, Bd. 12, Berlin 1954, S. 115.

17 Дж. К. Голбрейт: Экономический прогресс в изменяющемся мире. In: Коммунист (Moskau), 1989, Nr. 1, S. 114.

18 Michail Gorbatschow: Perestroika, S. 61, 62.

19 Ebenda, S. 38.

20 Ebenda, S. 51.

21 Ebenda, S. 62 f.

22 Ebenda, S. 70.

23 Reden und Aufsätze, S. 35.

24 Ebenda, S. 537.

25 Ebenda, S. 536.

26 Siehe Neues Deutschland (B), 2./3. April 1988.

27 Gerd Ruge: Michail Gorbatschow. Biographie, Frankfurt am Main 1990, S. 229. Es ist ein empfehlens- und lesenswertes Buch, weil kenntnisreich und mit großem Taktgefühl geschrieben.

28 Am 12. Juni 1991 wurde Jelzin in geheimen und freien Wahlen in der RSFSR zum Präsidenten der größten Teilrepublik der UdSSR gewählt. Es ist anzunehmen, daß zwischen Präsident Gorbatschow und Präsident Jelzin nun die Phase der Konfrontation dem Ende entgegengeht und an ihre Stelle die Kooperation tritt. Die Wahl Jelzins könnte – entgegen der vorherrschenden Meinung – zu einer Festigung der Position Gorbatschows führen.

29 Die Sowjetunion unter Gorbatschow. Stand, Probleme und Perspektiven der Perestroika. Hrsg. von Hannes Adomeit/Hans-Hermann Höhmann/Günther Wagenlehner, Stuttgart/Berlin/Köln 1990, S. 7.

30 Der Wortlaut der Rede ist abgedruckt in: Правда (Moskau), 6. Juni 1991.

31 Reden und Aufsätze, S. 550.

32 Ebenda, S. 630.

33 Ebenda, S. 629, 630.

34 Ebenda, S. 696, 697.

35 Ebenda, S. 698.

36 Ebenda, S. 754.

37 Der Spiegel (Hamburg), 1989, Nr. 3, S. 121.

38 Zur Thematik Perestroika und Nationalitätenfrage siehe Uwe Halbach: Brisanz der Nationalitätenfrage. In: Die Sowjetunion unter Gorbatschow, S. 111 f.

39 Der Lebensweg Gorbatschows von seiner Kindheit bis zum Generalsekretär der KPdSU ist ziemlich gut aufgearbeitet. Siehe dazu die entsprechenden Kapitel bei Gerd Ruge sowie ferner bei Zhores Medwedew: Der Generalsekretär Michail Gorbatschow. Eine politische Biographie, 1987: Christian Schmidt-Häuer: Michail Gorbatschow, München 1987; Michail Gorbatschow. Hrsg. von Donald Morrison, Rastatt 1989. Ähnliche Arbeiten von sowjetischen Autoren liegen noch nicht vor.

40 Nasarbajew, Jahrgang 1940, ist ein überzeugter Anhänger und Verfechter der regulierten Marktwirtschaft, und dies nicht verbal, sondern in der Tat. Wahrscheinlich ist Kasachstan hinsichtlich des von Gorbatschow formulierten Ziels der Schaffung von gemischten Eigentumsverhältnissen am weitesten in der Union vorangeschritten. Die Erfolge, ins Verhältnis zur Union oder auch zur RSFSR gesetzt, sind beachtenswert. Von nicht geringer Bedeutung ist dabei, daß er diese im wesentlichen über die Partei und deren Strukturen

bewerkstelligt. Allerdings hatte er vorher eine lautlose Auswechslung der Parteikader (Kreis- und Gebietssekretäre) durch Anhänger der Marktwirtschaft bei gleichzeitiger Reduzierung des Apparates vorgenommen. Im Zentrum und auch in den anderen Republiken befindet sich die Partei in der Frage der Durchsetzung der Marktwirtschaft im Hintertreffen bzw. auf alten Positionen des Zentralismus. Fernab vom Moskauer Politgetöse, in aller Stille – so möchte man meinen – vollziehen sich in Kasachstan innovative Entwicklungen, die für die gesamte Union von Bedeutung werden könnten.

Nursultan Nasarbajew und Hans-Dietrich Genscher sind die ersten Laureaten des vom Kiewer Zentrum für politische und innovative Studien gestifteten Grigori-Skoworoda-Preises.

Inhalt

Vorwort   5

Ludmila Thomas
Wladimir Uljanow-Lenin (1870–1924).   7

Wladislaw Hedeler
Josif Stalin (1879–1953).
(K)ein Theoretiker?   41

Lothar Kölm
Nikita Chruschtschow (1894–1971).
Mut zum Risiko oder die Einsamkeit der Macht   71

Viktor Knoll
Leonid Breshnew (1906–1982).
Das »goldene Zeitalter«   105

Marina Fuchs
Juri Andropow (1915–1984) und
Konstantin Tschernenko (1911–1985).
Von Übergang zu Übergang   150

Lothar Kölm
Michail Gorbatschow (2. März 1931).
Quo vadis, Sowjetunion?   189

Anmerkungen   225